THE FUTURE OF COMPETITIVE STRATEGY

Unleashing the power of data and digital ecosystems

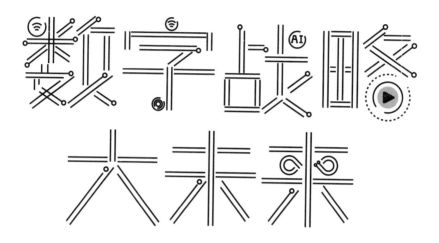

数字战略大未来

[印度]莫汉·苏布拉马尼亚姆(Mohan Subramaniam) —— 著
林丹明 徐宗玲 —— 译

中国出版集团
中译出版社

图书在版编目（CIP）数据

数字战略大未来 /（印）莫汉·苏布拉马尼亚姆 (Mohan Subramaniam) 著；林丹明，徐宗玲译 . -- 北京：中译出版社，2023.3
书名原文：The Future of Competitive Strategy：Unleashing the Power of Data and Digital Ecosystems
ISBN 978-7-5001-7360-1

Ⅰ.①数… Ⅱ.①莫… ②林… ③徐… Ⅲ.①数字技术—应用—企业管理 Ⅳ.① F272.7

中国国家版本馆 CIP 数据核字 (2023) 第 041140 号

The Future of Competitive Strategy by Mohan Subramaniam © 2022 Massachusetts Institute of Technology
Simplified Chinese translation copyright © 2023
by China Translation & Publishing House
ALL RIGHTS RESERVED
著作权合同登记号：图字 01-2023-0694

数字战略大未来
SHUZI ZHANLVE DA WEILAI

著　　者：[印度] 莫汉·苏布拉马尼亚姆
译　　者：林丹明　徐宗玲
策划编辑：朱小兰　朱　涵
责任编辑：朱小兰
文字编辑：朱　涵　刘炜丽
营销编辑：任　格　王海宽
出版发行：中译出版社
地　　址：北京市西城区新街口外大街 28 号 102 号楼 4 层
电　　话：（010）68002494（编辑部）
邮　　编：100088
电子邮箱：book@ctph.com.cn
网　　址：http://www.ctph.com.cn

印　　刷：北京中科印刷有限公司
经　　销：新华书店
规　　格：710 mm×1000 mm　1/16
印　　张：21.5
字　　数：230 千字
版　　次：2023 年 4 月第 1 版
印　　次：2023 年 4 月第 1 次印刷

ISBN 978-7-5001-7360-1　　　定价：79.00 元

版权所有　侵权必究
中 译 出 版 社

重磅推荐

莫汉·苏布拉马尼亚姆的研究和写作非常出色，他描述企业如何从数字化转型之旅中获得价值。他将技术与战略结合起来，并利用了数据新的扩展角色，这一能力对企业领导者非常有帮助。

——乔·普雷斯顿
新百伦体育用品集团总裁兼首席执行官

对于所有希望在数字时代保持活力的企业来说，莫汉·苏布拉马尼亚姆提出了一个新的竞争战略范式。本书为企业寻求竞争优势提供了独特的视角。

——贾汗季·东吉
喜利得公司执行委员会成员兼候任首席执行官

莫汉·苏布拉马尼亚姆的这本书优雅简洁，它提供了一个框架，可供任何企业平衡现有客户的管理压力和为未来客户创建需求。发现企业的数字客户、数字竞争者及数字能力的价值并制定竞争战略，这是一个重要理念，应该渗透到所有企业的战略思维当中。

——普拉文 K. 科普利
达特茅斯学院塔克商学院管理学教授

本书是工业企业在新的数字时代有效竞争的必读之作。现在是"为未来做好准备"的时候,而本书为如何做到这一点提供了宝贵见解。

——法比奥·马拉西
沃而福公司总裁兼首席执行官

这本富有洞察力的书包含一个相当实用的数字化框架,并且有很好的示例,可供商业领袖和从业者战略性地运用数据和数字生态系统的力量,从而为企业创造可持续的竞争优势。

——阿南塔·拉达克里希南
印孚瑟斯技术有限公司首席执行官

世界上不缺乏管理思想。每年都有数以万计的研究人员、从业者和专家发布大量的文章、书籍、论文、帖子和播客,但只有少数人承诺真正推动实践,而敢于深入探讨未来管理的人就更少了。本书被选入我们经典的管理前沿系列丛书,我们试图在本系列中展示这种罕见的想法——对实践有意义,以证据为基础,为未来而构建。

——罗伯特·贺兰德
麻省理工学院《斯隆管理评论》常务董事

推荐序一
Preface 1

2023年伊始，全世界都见证了人工智能（AI）技术发展的重要里程碑。由美国OpenAI开发的人工智能聊天机器人ChatGPT，在两个月内便吸引了过亿的活跃用户，成为历史上用户增长速度最快的应用程序。其依赖大语言模型（LLM）、超强算力、万亿单词的人类语言数据，带来了颠覆式的人工智能交互体验，将"数字智人"的大幕缓缓升起。

面临"后互联网的数字智人"时代，人类生活方式、经济运行模式和社会组织形态都将迎来巨大的变革。当人们在线询问ChatGPT哪些职位会被替代，"数据输入和处理、客服、翻译任务、报告撰写和内容生成"是它给出的答案，而人们也预测许多知识型工作者，包括程序员、法律工作者、教师、会计师等十大职业也都可能被替代。那么，企业又将面临怎样的挑战，需要做好哪些准备以应对未来？《数字战略大未来》这本书，为企业家们提供了很有洞见的思考框架，比如以下三个原则：认识数据的新潜力、理解数字生态系统、为数字战略培养新思维。

　　数据是"数字智人"的血液系统，是数字世界的基础构成，是数字经济的关键要素。2020年，美国、欧盟、中国相继发布数据战略政策，突显了数据的战略价值。即使是传统企业，现在也必须高度重视大数据特性及其价值范式，紧跟数据智能产品服务的大趋势。作者敏锐地提出数据使用方式正在从"偶发性"向"交互性"转变，伴随着物联网传感器、网站浏览跟踪和App端用户互动的普及，智能技术的广泛应用让数据分析与反馈实时完成。这不仅帮助企业动态调整产品服务，还通过"精准个性化"的关联产品实现智能交叉营销，具备彻底颠覆传统的广告营销模式的潜力。产品由此成为用户交互数据的渠道，数据也变身为企业重要的创收来源。

　　本书还从企业竞争战略的高度，提出面向未来的商业数字竞争战略框架，面对以微软、谷歌为代表的大型科技企业的平台经济模式与人工智能技术的双重优势，企业将通过建立数据驱动型优势，在数字生态系统中开展竞争。本书所提出的"数字变革"的四个层次，清晰勾画出传统商业中相互分离的生产系统与消费系统，如何在数字生态体系中被有机组合为并行、循环体系。产业界可以选择"用魔法打败魔法"的变革战略，以垂直行业数据资源整合的方式，构建数字客户、数字竞争者、数字能力的行业大数据平台。欧盟正在打造行业数据公共空间，如医疗、交通等行业，发挥欧盟工业产业优势，以数据驱动数字化产品服务创新体系，就是书中战略

推荐序一

框架的重要案例。

2022年12月19日,《中共中央 国务院关于构建数据基础制度更好发挥数据要素作用的意见》提出要逐步形成具有中国特色的数据产权制度体系,制定全国统一的数据交易、安全等标准体系,降低交易成本等目标。国家充分重视数据资源的流通与价值发现,为数字化、智能化提供数据源动力。期待这本《数字战略大未来》能帮助更多中国企业提升数字战略意识,抓住数据要素红利,加速数字化转型,让中国从制造大国走向智造强国。

2023年3月
于北京清华园

推荐序二
Preface 2

首先祝贺林丹明和徐宗玲两位教授将 IMD 商学院莫汉·苏布拉马尼亚姆教授的新作《数字战略大未来》翻译成书，感谢两位译者为中国传统企业的转型升级所做的工作。

尽管书名中用了"未来"一词，但在身处数字化前沿的中国，以互联网平台为中心的面对消费者市场的各类服务已经取得迅猛发展，在很大程度上可以说"未来已来"。居于传统行业的企业家们深刻感受到数字化转型的迫切性，急需系统的理论来指导实践。我很高兴获得这个机会，将两位教授翻译的这部新书推荐给中国读者，我也相信它将为中国企业的数字化转型提供系统性、实战性的战略解决方案。

在过去二十年间，中美两国是数字经济最为活跃的两大经济体。长江商学院也得益于其世界级教授对中美两国数字化进程的理论研究和亲身参与，于 2020 年 9 月在新冠疫情中推出面向全球招生的线上英文课程"新冠疫情驱动的中国数字化"（COVID-19 Driven Digitalization in China），同年11月携手IBM和SAP推出专门帮助传统企业家系统学习数字化转型的"智能商业学堂"课程。从2023年起，长江商学院把数字化转型作为新的战略重点，将推出更多帮助中外企业转型的系列课程。希望本书能成为中国企业管理者系统学习、研究、实践数字化转型的一部重要参考著作。

如书中所述，数字化不同于信息化，相比于技术上的升级，思维的变革更为重要。面对当前纷繁复杂的竞争环境，传统企业要冷静判断自身的竞争优势与数字巨头有何不同。传统企业首先要了解数字巨头的商业模式，但要避免盲目模仿。苏布拉马尼亚姆教授由此提出了"系留数据"的概念（即传统企业的数字平台源于产品生成的数据），这是传统企业差异化竞争的关键。传统企业必须构建"量身定制"的数字生态系统，从其获取的数据中释放新价值，并利用这些数据建立竞争优势。

但传统企业的数字化转型不能局限于"系留数据"。60多年前，哈佛商学院的教授西奥多·莱维特提出了一个著名的观点：公司之所以经常失败，是因为它们过于狭隘地关注产品和服务，而忘记了考虑更大的问题——消费者真正想要什么。这个问题被莱维特称为"营销近视症"。苏布拉马尼亚姆教授也相类似地提出一个"数字近视症"的问题，即企业将目光局限于从产品、服务和行业属性中寻找竞争优势，而没有注意到客户的偏好已经从这些属性转向了新的数据驱动型服务和体验。在我看来，这种"近视""短视"行为根源于我在2013年9月提出的人类"集体短视"。具体到企业中，短期盈利与股东当期回报是其首要目标，不少企业家往往缺乏长线思维，仅仅聚焦于自己任期内的成绩和收益，这也是影响企业家作出数字化转型决策的重要因素之一。

在本书中，苏布拉马尼亚姆教授展开讨论的中心框架就是将数字生态系统理解为生产生态系统和消费生态系统的结合体。其中，来自生产生态系统的竞争是传统企业相对容易理解的，因为这些竞争方式通常是传统企业比较熟悉的类型。而在消费生态系统中，传统企业将可能面临"非常不同，甚至完全陌生"的"来自新生代数字竞争者的巨大颠覆性威胁"，可称为"颠覆性竞争"。这是传统企业最容易忽略而又最致命的"盲点"。数字时代的激流已经到来，企业只有拥抱数字生态系统，才有机会成功避免被颠覆的命运，并开创出全新的行业与领域，实现我所说的对全球产生重大影响的"大风流创新"。

苏布拉马尼亚姆教授在书中引用了大量案例，一步步地传授挖掘数据"金矿"的工具和方法，提醒传统企业注意数据隐私和共享壁垒等问题。值得注意的是，真正的数据生态构建并不是凭企业一己之力能够完成的，这是一个与商业伙伴、竞争对手、客户，甚至社会上不直接相关人员互动的过程。只有参与的人越多，所产生数据量越大，数据生态的价值才会越大。这就要求企业深度融入社会，既能够从社会中获得更多数据资源、创意和机会，也要肩负起社会责任，让数字化转型的成果惠及更多人。

在数字化时代，企业不仅要考虑如何竞争，更要考虑如何合作。希望本书能够带给读者进一步的思考，帮助大家探索如何借助数字经济提供的新平台与更多的机构、组织和个人跨界协作协同，系统地应对经济发展及社会和谐的问题与挑战，进行社会创新，从而为人类做出更大的贡献。

项兵
2023 年 3 月

推荐序三
Preface 3

日前，我认真地阅读了《数字战略大未来》一书，爱不释手。

在管理学界，学者们对"竞争战略"一词耳熟能详，讲起来也是头头是道，我也是在中国的改革开放初期便接触此词。在此之前，由于管理的二重性的认定，在管理学界与实践界中所采用的多是企业间竞赛之类的词汇，闭口不谈竞争，也很少涉及战略。

1985年，我在学习加拿大麦吉尔大学的MBA（工商管理硕士）课程时，一位讲授《微观经济学》的加拿大教授将迈克尔·波特的《竞争战略》一书送给我，使我开启了对竞争战略的了解。这种战略基于产业经济学的分析框架，对企业所在的行业与生产的产品进行研究，从而探求企业竞争优势发展的途径。后来，迈克尔·波特的"五力模型"风靡于中国的管理学界与咨询业，继而被引为圣典。时至今日，仍有人对此模型青睐有加。

到了20世纪80年代末,国外学术界开始反思此模型,认为它过于静态,不能真正解释企业获得竞争优势的根源。于是,关于核心能力的理论应运而生,试图从企业内部能力的角度来构建竞争战略。在企业竞争战略的问题上,理论界用了近20年的时间讨论是动态竞争还是静态竞争的问题。如同"钟摆"一样(Hoskisson,1999),理论家们始终是在企业外部或企业内部的角度上进行思考。

近年来,随着国际局势的风云变幻、全球疫情带来的社会变化、世界经济体系的分工变化,以及芯片半导体、云服务、区块链、AIGC、实时互动等技术的快速发展,企业正面临着一个极度"VUCA"[VUCA,volatility(易变性)、uncertainty(不确定性)、complexity(复杂性)、ambiguity(模糊性)]的竞争格局。在这种风云诡谲的竞争大潮下,企业在掌握竞争博弈、把握竞争时机的速度和对竞争优势的打造上都遇到了极高的挑战。为此,理论界与实践界不断地探讨新的发展模型,不再纠结以往强调单兵能力的做法,而是采用全方位、立体化的思考方式。生态系统战略便应运而生,帮助企业获得自己的竞争新优势。在本书中,作者苏布拉马尼亚姆正是立足实践,从构建消费生态系统和生产生态系统这两者的数字能力的角度提出了数字竞争战略的分析框架,打破了理论的桎梏。

从中国的实践来看,中国企业的数字化历程发展与中国的移动互联网发展、5G通信基础设施的普及,以及近年来云计算、大数据、AI等技术的进步同频共振。分别以2014年和 2018 年为里程碑，中国经历了从移动化向数据化再到数智化的发展阶段。数字化竞争战略从最初中国少数"天生数字化"行业（例如互联网）的企业竞争战略，逐渐转变成了各行各业构筑竞争壁垒的战略之一。

在这种新的环境条件下，中国大部分企业选择在移动互联网、智能互联网时代乘着天生数字化企业的技术发展浪潮弯道超车。但由于自身行业数字化基础比较薄弱，最开始的信息化基础没能打好，多数的企业都不得不面临以下的内部发展问题：

一、数字化和竞争力目标没有清晰结合，盲目抄大公司经验，为了数字化而数字化，结果学成"四不像"。企业在数字化转型上投入巨大，但是对于自身想从数字化中要什么、用数字化改善什么、期待数字化带来什么等关键问题都没有想清楚。同时，企业中缺乏从经营问题、业务问题到数据问题的关键回答人和负责人，企业也对转型路径、关键节点决策缺乏策划和把控，最终造成投入产出失调。

二、数据治理和安全薄弱，造成数字化转型内力不足。企业数字化转型，是从"人工"到"数据"的转变，其资产必然会数据化，进而形成数据资产，包括企业的采购数据、研发数据、生产数据、销售数据等。因此，企业对自身数据安全、信息安全和商业秘密安全等问题的担心，便成为中国企业数字化转型的关键问题。

三、组织力未配套，缺乏与数字化相适配的组织架构、管理流程、人才梯队和激励机制，导致数字技术和业务无法合力。这让企业在难以吸引到人才来发展新技术的同时，又损伤了其原有业务发展的主观能动性。例如，行业软件的开发者要对产业、工艺很熟悉，但熟悉 IT 的人缺乏专业的行业知识，对场景中的用户、流程工艺、关键环节不是很清楚。工艺、专业双栖人才的稀缺，导致专业化的信息软件自主开发永远跟不上业务的诉求，只能摸着石头过河，边琢磨边研发，被动适应和追赶。等慢慢熟悉可以投入生产时，机会窗口早已过去。这让企业面临资金投入量大且成效难以在短期内实现预期和评估的困难，甚至需要承担投入成为沉没成本的风险。

为此，企业管理者不仅需要管理思维，更要像数据科学家一样思考。管理者要率先建立数字思维，将管理问题、经营问题转化为数据问题。一方面，管理者对于企业的资源禀赋、竞争力历史了如指掌，在此基础上来针对性地构建数字化竞争力便更具可行性。企业数字竞争力的一部分由企业历史能力积累和传统价值链的结构决定，所以业务与数据的联系性越强，业务端更容易积累数据资产，也更能生成准确的数据洞见。如果企业原有业务的竞争壁垒来自 C 端的规模积累，那么可以考虑消费生态系统的数字竞争战略；如果企业原有的竞争壁垒来自对供应链上游体系的控制，那么可以考虑生产生态系统的数字竞争战略；而那些本身就具有平台性特征的企业，便可以尝试全面的数字生态系统运营的数字竞争战略。

另一方面，管理者必须明确数据战略是企业战略的最重要部分，数据资产是公司形成战略壁垒的重要资产，数据生态的生态位带来的竞争力是建立竞争壁垒的一部分。管理者需要从现在依据核心业务价值链来考虑数据化的战略旅程，绘制数字旅程（数据在业务中流通的路径）、关键数据的合作界面，考虑数字化产品和服务的形态，打造与数字化转型相适配的组织力和文化，而这些努力从现在开始仍不算晚。

本书译者不仅在高等教育管理上可圈可点，在学术上也是笔耕不辍。继向中国读者译介《金字塔底层的财富》《人机平台》等书后，他们又认真翻译了本书，以期学界与实践界能够直面竞争的现实，提出更多的商业模式，引起战略上的理论升华。希望各界读者能够体会到译者的苦心，将理论联系实际，真正为中国企业的竞争战略探讨出一条新的道路。

2023 年 3 月

于泰国正大管理学院

前 言
Preamble

　　三十多年前,我攻读博士学位时即与竞争战略领域结缘。在那个时候,产业组织经济学对这一领域产生了重大影响。它助力企业在自身行业背景下制定竞争战略。行业特征影响企业的盈利能力,因此,企业必须按照行业力量与自身优势的最佳整合方式进行竞争。这种观点为学者提供了简洁的概念框架和强大的实证检验基础。对于绝大多数依旧遵照价值链驱动这一商业模式的从业者和企业来说,这一观点还为其提供了在各自行业中定位的务实方法,并为他们提供了获取竞争优势的明确指导方针。

　　到了21世纪初,新技术开始引起我们的注意。尤其是软件的力量变得显而易见,互联网开始改变传统的业务流程。我们注意到数字链接的指数级扩展和数字平台的出现。企业,尤其是科技企业,开始将它们周围的世界视为生态系统而不是行业。

我顺着这些观察到的趋势开始思考：以生态系统而非行业为基础的竞争战略会是什么样子呢？当时的想法很模糊，但我的愿望和目标十分明确：首先，为竞争战略建立新框架，使生态系统具有与主流的行业框架相同的深度和严谨性；其次，使这些框架与绝大多数采用价值链商业模式开展竞争的工业企业相关，而不是仅仅与基于平台商业模式运营的新技术企业相关。

2014年10月，在一次聚会上，我碰巧与巴拉·耶尔（Bala Iyer）重逢。我是在即将从波士顿大学战略管理专业博士项目毕业时初识巴拉的，彼时他还是波士顿大学信息系统系的一名"青椒"（青年教师）。这次重逢时，他已经去了巴布森学院，而我留在了波士顿学院。我们对生态系统这一话题进行讨论，彼此间的共识让我们认为有必要把话题进一步深入下去。

从此，我们每周见面两到三次，每次的讨论持续数小时。他从技术角度入手，而我则提供战略层面的观点。我们早期的想法集中于如何在应用程序接口（API）的基础上构建数字生态系统。当时，帮助软件程序相互沟通的API已为技术界所熟知。但在工业界内，API帮助创建新生态系统的潜力并不那么明显。因此，我们发表了几篇关于API对工业企业的战略意义的论文。不幸的是，仅在我们开始合作几年后，巴拉便英年早逝。但他已经播下了宝贵的思想火种，让我得以将其培育成长。

在那段时间，我还在世界各地举办高管教育研讨会。这些研讨会让我有机会向那些具备丰富数字领域经验的高管展示新思维，并利用这难得的讨论机会扩展我的想法。建立竞争战略的数字生态系统框架的关键要素随之开始形成。

我自从开始这项工作以来，数字化产生的动力不断聚集增强。现在，传感器和物联网已经遍布工业世界，数据的力量有目共睹。从行业思维方式转变为数字思维方式也成为如今迫在眉睫的需求。换句话说，竞争战略的新未来已来。

本书为竞争战略的数字化未来奠定了基础。我希望你喜欢阅读它，就像我享受撰写它一样。

目 录
Contents

导　言 · 001

第 1 章
建立数据储备：我们能从数字巨头那里学到什么？

数字平台的兴起：数据的赋能作用 · 031

数字巨头的整固：数据的核心作用 · 036

本章学习要点 · 043

第 2 章
利用数据储备：关于 API，我们应该了解些什么？

什么是 API？· 048

API 的工作原理 · 049

数字巨头如何发挥 API 的价值 · 051

通过内部聚焦发挥 API 的价值 · 051

通过外部聚焦利用 API 的价值 · 054

本章学习要点 · 059

第 3 章
传统企业的数字生态系统结构

什么是数字生态系统，为什么它们很重要？·067

为什么行业很重要？·069

行业网络·072

从价值链网络到生产生态系统·077

从互补网络到消费生态系统·085

生产生态系统和消费生态系统之间的差异·089

数字生态系统和工业 4.0·094

本章学习要点·096

第 4 章
从生产生态系统释放数据价值

源自生产生态系统的经营效率·102

使用产品和用户数据获取进阶经营效率·110

利用生产生态系统跨越数字化转型的前三个层次·122

本章学习要点·128

第 5 章
从消费生态系统释放数据价值

系留数字平台·134

传感器数据的属性·139

系留数字平台框架·145

战略要点·154

本章学习要点·157

第 6 章
数字客户

扩大传感器在产品中的采用程度・163

为什么数字客户不一样？・164

数字客户的战略意义・169

本章学习要点・179

第 7 章
数字竞争者

数字生态系统的竞争动态・185

对抗数字竞争者的分析框架・203

数字竞争者情报・207

本章学习要点・211

第 8 章
数字能力

战略目标・217

资源・219

流程・227

战略范围・234

建立数字能力・237

本章学习要点・242

第 9 章
迫在眉睫的数据之争

马萨诸塞州 2020 年投票提案：问题 1·248
关于数据力量日益强大所引起的社会担忧·251
塑造数据作用的监管力量·254
传统企业该怎么做？·258
本章学习要点·259

第 10 章
数字竞争战略

数字竞争战略：一个分析框架·264
新兴数字生态系统的数字战略推动力·269
数字竞争的战略选择·279
制定行动计划·284
结束语·289

致　谢·291
译后记·293
注　释·299

导 言
Introduction

《经济学人》在 2017 年 5 月 6 日的头条文章宣称:"世界上最有价值的资源已不再是石油,而是数据。"1 这篇文章让人们注意到,亚马逊(Amazon)、谷歌(Google)、苹果(Apple)和脸书①(Facebook)等少数数字巨头已经垄断了数据资源所产生的大部分价值。这些数字巨头凭借数字平台驱动的商业模式主导着我们的经济,实际上已经取代了埃克森美孚(Exxon Mobil)、通用汽车(General Motors)和波音(Boeing)等历史悠久的行业巨头,进入世界上最有价值的企业之列。面对这种对商业价值秩序的颠覆,那些任职于传统企业,以价值链驱动的商业模式为基础、在行业领域拥有丰富经验的首席执行官们会问,为什么我们不能从新近发现的数据潜力中受益?我们应该做些什么才能释放数据的价值?

数据可以释放经营业务的价值,但绝大多数传统企业对此仍

---

① 2021 年 10 月 28 日,Facebook 首席执行官马克·扎克伯格宣布,Facebook 更名为 "Meta"。——译者注

知之甚少。例如，麦肯锡全球研究院2019年的一份报告强调，到2030年，现代数字技术可以帮助企业为全球GDP增加13万亿美元。但报告也发现"各行业与数字前沿仍然存在很大的差距"。[2]该研究表明，大多数企业尚未制定从未来的新机遇中受益的战略。几十年来，企业在行业内生产和销售产品[①]，[3]以此获取竞争优势。但它们现在还需要从数据中获取竞争优势，在此，数据指的是那些由现代技术帮助生成的企业产品数据，以及企业可以从自身发展出的数字生态系统中所利用的数据。

应对这一挑战人们需要三个方面的知识：一是对数字技术改造现行数据的利用方式产生新的理解；二是把商业环境重新理解为数字生态系统；三是用新的思维方式和框架制定战略，建立数据驱动型优势，在数字生态系统中开展竞争。

本书意在提出企业如何从数据中获取竞争优势的见解。它提醒人们关注现代数字世界的竞争新动态，同时阐释企业如何利用自己或他人的数据来建立优势。本书可作为企业推动数字化转型、执行现代数字战略的指南。在下文，我们将先探讨基本概念，为后续章节的分析奠定基础。

福特汽车公司的故事

为了对后续论述有所了解，让我们看看福特汽车公司（Ford Motor Company）为适应不断变化的商业环境而采取的一些新举措。

[①] 本书用"产品"一词泛指实体产品和实体服务。——译者注

福特是工业时代的元老,也是汽车行业最初的领袖,它在 2018 年承诺投入 110 亿美元,用于其为期十年的数字化转型工作。[4] 该计划的一项基本特征便是广泛采用传感器,它们被安装在福特汽车中,通过各种源头采集数据,包括实时检测并描述发动机性能、制动性能、轮胎压力、路况和空气质量等方面。这些传感器以每秒 50 次的速度更新数据,仅在驾驶一小时后,它们便会产生大约 25G 的数据。[5]

借助这些数据,福特就能够提供若干新的"智能"汽车性能。比如,汽车可以自行检测,提醒司机注意盲点区域的车辆,以此帮助司机保持自己的车道,在碰撞即将发生之前自动刹车;在司机同意时,汽车会自动适应限速,并在检测到前方交通拥堵时减速;电动汽车则会为司机提供有关当前和预计充电状态的信息,告知计划行驶距离所需的充电时间;在充电站,如果由于停电、插头脱出或类似事件导致充电意外停止,电动汽车还会提醒用户;一些新型的电动汽车还能够规划路线,合理安排旅途中的充电节点。

福特还通过其 SYNC 车载通信系统及其应用程序商店提供的一系列与用户手机相连的 App(应用程序)来进行数据传输。除了将司机从 A 点带到 B 点,福特的 App 还会在驾驶过程中提供贴合司机生活方式的服务。例如,有一个 App 可以通过 Alexa(亚马逊旗下的智能语音助手)订购星巴克咖啡,[6] 通过评估实时的位置、天气和交通数据,汽车可以预测星巴克咖啡应该送交顾客的准确时间,确保其可以随到随取;福特的 MyPass 则可以通过关联网银,自动完成购买。这些功能使得福特如今的汽车能够像"车轮上的智能手机"一样运行。[7]

然而，福特也意识到，这些举措只是一个开始。数字化转型之旅任重道远，福特也正努力大幅扩展"智能"辅助驾驶性能，期望使其汽车实现完全自动驾驶。它计划在商用车队① 实现"永久的正常运行"，车队里的每辆汽车都将可以预测组件故障的时间，以此安排维修及提前备件。⁸ 福特的另一个目标是将基于App的服务扩展到订购咖啡以外的新领域，例如帮助司机找到空余的停车位，或者在司机身陷交通拥堵时找出替代路线。

关键点和新问题

福特公司的例子为其他企业提供了一些有益启示。并非每家企业都计划在未来十年投资数十亿美元，它们也未必需要如此。但每件产品都的确可以通过数据与用户产生新的互动方式。产品生成的数据所创造的商机向所有企业敞开大门。而且，随着商机范围的不断扩大，数据也刺激所有企业探寻创造价值的新举措。

然而，这也引出了一些更重要、更广泛的问题。例如，**数据能够产生新的价值创造机会的基础是什么？企业如何构思这些机会范围？如何将其最大化？企业如何在竞逐这些机会时建立竞争优势？**

为了回答以上问题，企业首先需要理解一些关键原则，这些原则关系到它们如何形成、引导有效的数字举措。接下来，我们讨论三个相关原则，一窥每一家渴望在现代数字世界中竞争的传统企业的成败关键。这些原则还引出了本书后续章节将详述的现代数字竞

---

① 商用车队是指汽车制造商按用户需求提供车型，向用户租借的车队。——译者注

争战略的基本概念。

原则 1：认识数据的新潜力

使用数据本身并不新奇。大多数企业都拥有与其产品、市场和运营相关的数据。它们对这些数据进行分析，以此获取洞见来助力决策。例如，基于销售数据分析，福特公司可以知道自己的哪些车型在哪些地区经哪些经销商之手更受欢迎。此类分析结果就经常被用于产品开发、产能规划和营销，这也是传统企业一贯的做法。不过在今天，现代数字技术已经让数据的使用不再拘泥于这类传统方式。

交互式数据

现代数据使用方式的重心正在从偶发性转向交互性。偶发式数据由离散的事件生成，例如，供应商发运组件、企业生产或销售产品，等等。与此不同，交互式数据则采取流式传输，它们源自传感器和物联网对资产性能和产品–用户交互的持续跟踪。这种对资产及其运营参数的持续跟踪可以提高生产力。例如，在钢水温度过高时，跟踪温度变化的传感器就会将其保持正确的温度范围，从而提高了钢厂的生产质量和产量。此外，嵌入产品的传感器还可以推动用户体验的革命性改变。

福特汽车有许多新功能，如变道辅助、自动刹车、汽车充电状态警报、订购咖啡的 App，等等。它们都基于实时洞见，只能通过交互式数据实现。与此类似，通用电气公司（General Electric

Company，GE）的喷气发动机通过在飞行过程中与飞行员互动，帮助飞行员们优化燃油消耗。之所以能做到这一点，乃是利用了喷气发动机运行时的交互式数据，包括逆风、顺风、湍流和飞机高度等。百宝力（Babolat）网球拍抓取交互式数据，跟踪记录球员的表现并推荐改进方法。泰普尔丝涟（Tempur Sealy International）床垫则可以记录用户使用过程中的心率、呼吸模式和身体运动的实时数据，以此帮助他们改变睡姿，提高睡眠质量，从而使产品取得成功。⁹

传统企业还可以使用基于接入网络或App的传感器抓取交互式数据。例如，《华盛顿邮报》就借助此类数据为其网站读者推荐他们可能会感兴趣的新闻报道。美国银行（Bank of America）的Erica App通过跟踪用户消费行为进行互动，从而延伸出商家退款确认、每周支出分析、到期账单提醒等功能。好事达保险公司（Allstate Insurance）通过App抓取用户驾驶过程中产生的交互式数据，从而帮助他们养成更安全的驾驶习惯。总之，传统企业可以采用以下几种基于传感器的方法抓取交互式数据（见图0.1）。

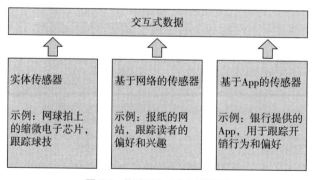

图0.1 传感器生成交互式数据

注意：亚马逊和优步（Uber）等数字平台通常仅使用接入网络或App的传感器，而传统企业还可以使用实体传感器。

实时数据和事后数据：新的洞见

来自产品与用户交互的实时数据最终会变成事后数据，对其进行分析可以生成回溯洞见。但是，如果这类事后洞见溯自累积的传感器数据，那么它们就具有一些值得注意的属性。首先，传感器数据帮助企业找准其发展事后洞见的对象。在这里，我们可以考虑福特公司示例中的两个对象：一是发动机之类的汽车部件；二是司机。福特公司通过发动机中的数百个传感器积累数据，为每个发动机创建专属的数据档案。同样，福特也会汇总来自多个传感器的数据，为每位司机建立其个人数据档案。这种做法使福特能有所作为，例如单独分析每台发动机的性能，预测它何时可能发生故障；也能够了解每位司机的若干特征，例如司机为电动汽车充电的频率，或者其驾驶的安全程度。配备传感器的产品用得越是广泛，企业可以形成事后洞见的主体就越多。

对于每份数据档案，累积的传感器数据有助于企业推演开发更深入的洞见。如卡特彼勒公司（Caterpillar）了解到客户将公司的平地机用于推送重质泥土还是轻质砾石；睡立能（Sleep Number）床垫汇总了客户每晚的睡眠质量；好事达保险公司了解了服务订户的驾驶安全程度；耐克公司（Nike）可以发现用户主要将跑鞋用于跑步还是健走。

传感器持续提供实时数据，这些数据帮助企业进一步完善并生成关于产品及用户的精细资料。由此产生的深刻洞见为企业打下根基，使它们在个性化产品性能、客户体验以及创造价值等方面获得亮眼表现。例如，卡特彼勒公司开发设计了一款新型平地机，可以更有效地推送砾石，从而降低生产成本，提供更具竞争力价格的同时，提高了利润空间；睡立能公司推出了旨在改善睡眠的新型健康服务；好事达公司为驾驶习惯更为安全的司机推出更具吸引力的定制保费；耐克公司为更精确地适合客户"健走、跑步两不误"的偏好而推出了一款别致的新鞋。

现代数字技术放大了数据的作用

现在，企业可以从交互式数据中获得各种洞见，它们昭示着传统产品用途的转变。产品不再仅仅意味着提供功能、建立品牌和创造收入；产品还是生成数据的重要渠道，而数据可作为客户新体验的源泉。与此相应，企业也将观察到数据和产品的角色互换。传统上，数据的主要作用是支持产品；现在则是产品支持数据，而不是数据支持产品。究其原因，产品成为新型的产品 – 用户交互数据的渠道，而数据则是由传感器和物联网等现代数字技术提供支持。由于这种角色逆转，产品不再是传统企业的唯一收入来源，数据也成为重要的创收渠道。随着现代技术对数据关键特征的改变，数据在当今的企业中扮演着越来越重要的角色（见表 0.1 和表 0.2）。

此外，产品并不是交互式数据的唯一来源。各种不同的数据源都可以通过传感器生成交互式数据。此类数据可以来自供应商，资产，各环节流程（如装配、制造、银行贷款申请、保险索赔），物流服务，零售货架等，它们可以与企业的传统数据库以及社交媒体等替代数据源合并起来。

表 0.1 转换中的数据特征

现有特征	新特征
·偶发式：由离散事件产生，如每次销售床垫产品时产生数据	·交互式：通过持续的互动产生，如通过床垫中的传感器产生的、用于评估睡眠质量的有关心率和呼吸模式的连续数据流
·以汇总形式存储，如不同类型、零售渠道或地理位置的床垫的收入总和	·创建个人档案，如某人某段时间的具体睡眠状态
·主要从存储数据的事后分析中提取价值，如为什么某型号床垫的销售量会在某零售渠道或地理位置发生变动	·从实时的交互式数据和存储数据提取价值，如使用实时数据改善用户睡眠质量，并通过分析存档数据了解睡眠模式

技术层面的飞跃帮助企业更好地发掘实时数据和积累下来的事后数据，进一步提升了企业处理新兴数据的能力。云技术取得最新进展，使企业有能力应对每个传感单元产生的大量数据档案和持续不断的实时数据。人工智能、机器学习和数据分析等技术相继出现，进一步丰富了从每份数据档案生成洞见的方法。[10] 通过物联网连接，企业还可以对各种资产之间的实时数据进行能动处理。例如，借助联网停车场，福特公司可以在获司机许可的情况下共享汽车的位置数据，引导司机前往空闲的停车位。此外，通过汇总传感单元之间传递的实时数据并对这类累积数据进行智能化分析，企业也会从中受益。如，百保力公司就会分析用户的联网球拍上传的用户运动表现累积数据，然后为该用户推荐适合其能力的教练或水平相近的对手。未来数年，这样的联网信息预计会达到 300 亿到 500 亿份之间，为发掘数据价值以获得竞争优势创造了巨大机会。[11]

表 0.2 扩展中的数据角色

示例	数据的现行角色	数据的新角色
床垫公司	·优化供应结构 ·优化生产调度、库存和配送物流 ·优化产品设计 ·根据客户需求，定制营销和销售计划	·跟踪床垫与用户的互动，通过传感器监控睡眠质量 ·使床垫实时适配睡眠数据，提高睡眠质量 ·与光源、音箱等房间内的外部实体共享实时睡眠数据，提高睡眠质量 ·使床垫成为一种健康产品，创造新的数据驱动型服务
保险公司	·评估人群风险，如家庭险客户的家庭构成 ·设计营利和竞争政策 ·提高处理索赔的效率 ·针对不同细分市场制定有效的营销活动，以增加人群基数，减少客户流失，降低平均风险	·监测个人风险，如通过传感器监测个人住所 ·损害预警，如水管受冻的可能性 ·主动避损，如要求房东在其水管受冻之前向管道通热水 ·提供损害之后的服务，如损害无法避免则派遣维修人员 ·通过新的数据驱动型服务，将保险业务从赔偿损失转向预防和维护

原则 2：理解新兴的数字生态系统

为了释放数据的新潜力，企业需要有一个数据接收网络来共享数据。有些接收者位于企业价值链内部。例如，福特汽车任何特定组件的传感器数据都会与组织内的接收者共享，它们包括软件设计部门、AI 中心、数字服务协调单位、备件库存仓库和服务经销商等。接收者可以协调彼此之间的活动，提出预测性维护服务等新型数字服务。企业价值链之外的接受者则有亚马逊（借助其 Alexa 智能音箱）、星巴克、银行以及天气或交通 App 等，它们彼此协作，进而对上文所提到的福特咖啡服务产生影响。数据生成者和接收者组成的网络构成了企业的数字生态系统。对于传统企业来说,这样的网络有两个组成部分:一是其价值链内部组成的生产生态系统;二是其价值链之外生成的消费生态系统。[12]

生产生态系统

生产生态系统源于企业内部的数字联系,发生联系的主体涉及生产和销售产品的各种实体、资产和活动,包括供应商、研发、制造、组装和分销渠道。之所以发生这类联系,是由于传感器和物联网的连接贯穿于企业的价值链活动。因此,生产生态系统为企业提供了释放数据价值的内部途径。例如,通过供应链中的传感器网络,企业可以跟进库存使用的实时状态,实现更紧密的库存协调;借助智能工厂中的传感器,企业可以同步机器、机器人和生产装配单元的沟通方式,简化工作流程,进一步提高经营效率。

借助产品中的传感器,生产生态系统通过传输产品生成的数据来提升与新产品功效相关的性能和服务,从而帮助释放新价值。如,产品按单个客户的使用数据来调整属性。此外,企业还可以跟踪此类服务的结果,进行改进,并以有形的指标来显示效果。通用电气公司为其飞机发动机引入了"基于结果"的服务,确保飞行员在飞行时遵循发动机指南,从而降低燃料消耗。因此,除了传统的发动机销售收入,通用电气还将通过这类服务获得额外收入。

其他企业可以采用类似方法,推出按客户使用数据改善产品效果的智能产品。例如,通过 App 跟踪并显示欧乐 B(Oral-B)智能牙刷的刷牙结果,从而改善用户的刷牙习惯;卡特彼勒公司用传感器监控机器实时的使用和磨损情况，从而减少了它们在建筑工地的停机时间。这些都是企业从生产生态系统中释放新价值的例子。当研发、产品开发、营销、销售和售后服务等部门以数字方式连接，接收、分析传感器数据，生成、共享数据信息并做出反应时，这一新价值就被释放出来。传感器网络在企业价值链内部的分布越广泛、越复杂，企业的生产生态系统就越庞大。

消费生态系统

与生产生态系统不同，消费生态系统关注价值链的外部联系。消费生态系统源于外部实体网络，该网络与产品的传感器衍生数据相互补充。如，根据汽车传感器传输的数据，作为零售商的星巴克向司机提供咖啡服务；又如，停车位向汽车发出数字信号，表示它空闲可用。企业并不直接控制外部实体网络，这一点有别于价值链中的部门和实体。随着越来越多的资产以数字方式连接，这一独立的实体网络也在扩展。例如，当更多星巴克之外的零售商或更多停车场之类的资产以数字方式与传感器数据相互补充时，福特公司的消费生态系统就趋于扩大。

对于绝大多数企业而言，在数据和数字连接的现代进展之前，消费生态系统并不存在。在这里，我们举一个例子：嵌入传感器的灯泡所引发的新消费生态系统。"智能灯泡"包含传感器，用于收集关于运动、物体位置和声音等条件的数据，这些数据为各方开辟了创造价值的新机会。消费生态系统可能在多个领域出现，具体取决于智能灯泡生成的数据及其所吸引的第三方。通过感应到理应空置的房屋内的异动，智能灯泡中的传感器可以启动由警报和移动

App 组成的安保服务生态系统；通过感知和跟踪仓库中的存货，灯泡创建了一个改善物流的实体生态系统；通过感应枪声，灯泡又生成了一个由摄像头、911 接线员和救护车组成的生态系统，有利于改善街区安全。消费生态系统为传统企业的扩张开辟了新的途径，它们提供了释放数据价值的新方式。

消费生态系统和数字平台

生产生态系统开启释放价值的内部途径，消费生态系统则开启了外部途径。然而，为了从这一途径获取价值，企业必须协调互补实体之间的数据交换。换句话说，企业必须作为一个数字平台运作。总部位于波士顿的初创企业 Cimcon 开发了一种枪声感应智能灯泡，该公司同时也运行一个平台，将摄像机等单元与警察局、救护车和医院等实体连接起来。[13] 福特公司的咖啡服务通过一个平台而得以实现，该平台协调汽车司机、Alexa、星巴克、各种 App 开发者和银行之间的数据交换。对于产品来说，平台是新的想法，[14] 但它也有先例可循，许多成熟的数字平台协调着多个第三方之间的交流。例如，脸书协调朋友和群组之间的新闻和信息共享，而优步拼车平台则协调司机和乘客之间的交流。

基于数据运行的生态系统

无论是生产还是消费，数据都是贯穿数字生态系统的共同线索。生产生态系统中，数据的运用发生在数字连接的价值链内部；消费生态系统中，数据的运用发生在数字连接的互补实体之间。这两种方法都将企业的竞争范围从产品扩展到产品产生的数据，两者都为企业变革客户互动方式带来新机遇。它们联手助力企业，使之预见数据的潜力全景。然而，按不同类型分析生态系统很重要，因为它们涉及不同的商业模式，即价值链模式与平台模式，两者所需的能力有很大差异。认识这些差异有助于企业更好地进行战略规划，在制定数字战略时考虑更广泛的方式。

总之，数字生态系统可以被理解为生产生态系统和消费生态系统的结合，它是传统企业部署数据、塑造数字竞争战略的关键。数字生态系统正是促成企业释放其所获取的数据全部潜力的最重要力量，而传统企业构建及融入数字生态系统的具体方式会显著影响它们利用数据实现数字战略的成效。

数据和数字生态系统推动数字化转型

根据不同的数据类型和数字生态系统类型，传统企业可以在四个渐进的层次释放数据的价值。[15] 随着逐步深入，传统企业变革现有商业模式所遇到的挑战也会越来越多。换言之，这四个层次对应数字化转型的四个梯队（见图0.2）。

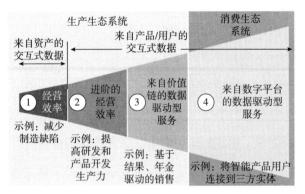

图0.2 数字变革的四个层次

在第一层次，企业利用价值链中资产和机器通过传感器和物联网促成的交互式数据，以此提高价值链的效率。例如，福特公司利用传感器、物联网、增强现实、虚拟现实和 AI 等手段，在其工厂使用基于视觉的自动化油漆检查系统，改进了对汽车缺陷的检测。

在第二层次，企业利用来自产品 – 用户的交互式数据，进一步提高价值链活动的效率。例如，基于从产品和用户的交互数据中获得的洞见，卡特彼勒公司设计了一款效率更高的新型平地机，能更有效地推送砾石。与来自资产的数据相比，使用来自产品 – 用户的交互式数据面临更大的挑战。在第二层次，企业将其数字变革效率收益的范围从资产使用扩展到更广泛的流程方面，如研发、产品开发等。

在第三层次，企业利用来自产品 – 用户的交互式数据，生成基于数据驱动的新服务。如，通用电气公司借助产品与用户之间的交互数据，提高了燃油效率，并通过新的保险协议，将航空公司节省燃油成本的一部分作为自己的利润。因此，数据不仅能够提高企业的生产效率，还能开拓新的利润空间。与前两个层次相比，这需要对现有商业模式进行更大的变革。

最后，在第四层次，企业利用从产品 – 用户处获取的交互式数据，把用户与第三方实体联系起来，从而将产品或价值链扩展到数字平台。以派乐腾公司（Peloton）为例，该公司利用其健身设备产生的交互式数据创建用户社区，并将个人用户与合适的教练进行匹配。对于那些使用价值链驱动的商业模式且缺乏数字平台经验的传统企业而言，这是最具挑战性的层次。

在前三个层次，企业需要开发生产生态系统，第四个层次则要求企业将重心转移到消费生态系统。我们将在后文详细阐述传统企业如何放大从数字生态系统获取的数据的价值，从而度过这四个层次。

将数字生态系统理解为生产生态系统和消费生态系统的结合体，这一构想形成了本书讨论的核心框架。相应地，针对企业需求而量身定制的数字生态系统是传统企业数字竞争战略的关键支撑，也是本书所述思想的基石。

原则3：为数字战略培养新思维

数字竞争战略是企业运用数字生态系统数据以建立竞争优势的一系列选择。这种战略不同于传统的竞争战略，后者立足于企业所处行业，意在通过产品建立优势。因此，为了将竞争焦点转移到数据和数字生态系统，我们需要重新审视和建构许多与产品和行业相关的基本前提。

传统竞争战略的基本前提

对于用产品进行竞争的企业来说，将商业环境定义为行业自有其道理。出于竞争优势源于行业属性这一关键前提，竞争战略也被认为是利用行业属性获得优势。这一论点因迈克尔·波特（Michael Porter）在20世纪80年代提出的"五力模型"而广为流行，它帮助企业确定关键杠杆，以此影响行业属性、建立竞争优势，从而获得高于行业平均水平的回报。[16]为了发挥产品实力，企业想方设法在行业内培育相对于买家、供应商和替代品的非对称力量。这些企业设法削弱行业对手的实力，并进一步利用规模等方面的行业属性（如巨额固定成本要求、生产能力或在广告上的高额投资），将行业进入者限制在少数老牌企业，从而占据主导性的市场份额。通过价值链及其用于生产和销售产品的一系列相互依赖的基本活动，企业建立了这方面的能力。

数字竞争战略的基本前提

当企业利用产品生成的数据进行竞争时，传统竞争战略的基本前提便发生了变化。首先，为了发挥数据实力，企业需要一个数据接收者的网络。在企业、客户和合作者之间开展数据交换、分析数据意义的环境下，企业拥有的制造产能（或是空置酒店房间数、零售面积）突然变得不太重要。在此环境下，重心转移到与资产相关的数据，以及从这些数据中获益的人如何与这些数据相连接。对于渴望采用现代数字战略开展竞争的传统企业而言，竞争优势的主要来源和基础不再是行业，而是数字生态系统。对它们来说，在培育超越传统竞争对手的优势时，只关注行业属性已不再奏效，战略开始转向利用数字生态系统的属性来获取竞争优势。数字生态系统取代行业，成为企业的主要商业环境和竞争舞台。

需要新思维

我们不妨考虑一下，当福特公司计划在未来几年推出配备全自动驾驶汽车的自动驾驶车队时，从传统战略到数字战略的变革如何依次展开。[17]据该公司预测，未来的客户不太在意汽车所有权，他们更喜欢订购汽车使用服务。例如，用户可能选择这样的服务：自动驾驶汽车在需要时到达，它了解用户的日程安排，根据不同目的地计划行程，并且能够量身定制，满足各种生活需求，比如，前往用户最喜欢的商店，为用户推荐个性化的新闻、视频或音乐，等等。

在这种情景之下，汽车的数据管理属性变得比物理属性更重要。用户可能不太关心他们驾驶的是哪个特定品牌或型号的汽车，他们更看重的是汽车提供的数据驱动型服务。因此，与传统行业的属性相比，数字生态系统变得更为重要，它们为福特公司注入机会和实力，使之能够提供数据驱动型服务。事实上，这种数字生态系统的边界涵盖了所有可以为汽车的数据驱动型服务生成和共享数据的实体，已经超越了传统汽车行业的边界。

进而言之，数字生态系统的竞争改变了许多关于行业竞争的基本前提。现在，竞争对手不仅有提供相似产品的企业，而且还有掌握相似数据访问权限的企业。福特公司有了新的竞争者，例如优步公司和与谷歌同为 Alphabet 公司旗下的自动驾驶汽车技术企业慧摩公司（Waymo），它们在相似的数据访问领域开发出不同的数据驱动型服务，以此展开竞争。对福特公司众多的传统行业竞争对手来说，如果它们仍然只提供产品，其竞争力就会逐渐走弱。

随着竞争焦点转向数据驱动型服务，福特公司现在需要发展管理数字平台的新能力，现行的生产、销售汽车的价值链能力不得不退居其次。福特需要吸引新客户加入平台，以此获得传感器数据。这又要求它改变目前吸引顾客购买福特牌汽车的营销策略。福特公司必须考虑到这样一个事实：新的数字竞争对手可能会免费提供平台服务，以期吸引平台用户并获取他们的数据，而福特现行的商业模式并不能有效地面对这一挑战。

数字巨头通常会免费赠送许多平台服务，因为它们了解网络效应的作用和重要性。[18] 随着客户数量的提升，平台也会变得更具吸引力。网络效应已成为新的数字世界的标志，但它们早在旧工业世界中就已有所体现。比如，当越来越多QWERTY键盘布局的用户放弃了替代的布局方案时，使用QWERTY键盘布局的打字机就会受益。[19] 然而，这些好处以前只是与少数产品相关，只在被称为"网络行业"的特定行业中有所体现。[20] 如今，传统产品像许多数字平台一样配备传感器并生成交互式数据，网络效应遂变得越来越普遍，成为众多商业领域的关键优势来源。为了实施数字战略，福特公司也必须通过其平台建立起网络效应。网络效应的优势会呈指数式增长，其结果往往是赢者通吃。[21] 如果福特公司最终胜利，那么，与该公司现有的制造规模化运营之类的壁垒相比，网络效应将会对提供数据驱动型驾车服务的新竞争对手形成更为强大的壁垒。表0.3对这些思路进行了总结。

表0.3 概念的演化和战略思维的转变

概念域	传统竞争战略前提	现代数字战略前提
竞争工具	产品	数据
商业环境	行业	数字生态系统
能力库	价值链	智能价值链和数字平台
竞争壁垒	规模	网络效应
客户提供的价值	购买产品	购买产品并提供交互式数据
竞争者	产品竞争对手	数据竞争对手

在新的数字世界中规划前进道路

随着竞争重点从产品转向数据，企业将面临与福特公司类似的挑战。它们需要找到新的方法，以便在浮现的数字生态系统中竞争。然而，数字生态系统的兴起并不意味着现有的行业概念彻底失去价值。这些概念有助于企业维护基于产品的优势，这一优势不仅帮助企业获取在数字生态系统中竞争所需的新资源，还帮助企业转向新的实力地位。例如，福特公司可以利用其品牌和庞大的客户群来开发具有强大网络效应的流行平台。虽然本书主要讨论数字竞争战略，但它也回顾了传统竞争战略的若干关键概念，以此发现两者的差异和相互依赖性。展望未来，企业将不得不在传统实力和新晋实力所需的思维方式之间取得平衡，从而更好地适应其独特竞争环境。

本书提供了企业规划前行路径所需的信息。比如，读者将得到以下问题的答案：企业应如何建立新的数据储备？它们如何吸引客户并使之提供交互式数据？它们如何构建最适合其业务的新型数字生态系统？在数字生态系统中寻找新的价值来源时，它们如何保持现有的产品实力？为了运用生产生态系统的数据，企业应该采取什么样的战略？它们在消费生态系统中应采取什么战略？企业如何将它们的产品延伸到平台？它们应如何与平台竞争？它们如何发现数字生态系统中的新竞争者？它们应该培养哪些新能力？最后，它们如何利用在数字生态系统中获取的交互式数据来帮助自己建立竞争优势？

本书的核心和结构

本书的核心是：传统企业如何打造数字生态系统，释放新的数据价值，从而实施数字竞争战略。本书围绕这一主题展开讨论。各章节的思想均立足于数字生态系统这么一个中心框架，它是生产生态系统和消费生态系统的结合。这类数字生态系统为传统企业释放新的数据价值"量身定制"，它们有别于为人熟知的数字巨头的数字生态系统。本书在提出数字生态系统框架，促成传统企业保持现有的产品驱动型实力的同时，从数据中发现新的价值。总之，本书是一次新颖的"从数据到数字战略"之旅，它重点介绍四个关键的数字化推动元素，即生态系统、客户、竞争者和能力，探讨如何利用这些元素获取竞争优势和增长动力（见图0.3及表0.4）。

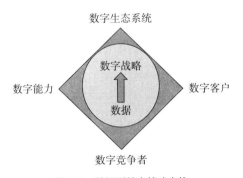

图0.3 数据到数字战略之旅

表 0.4　本书概览

导言	本书核心思想	为什么善用生态系统数据是竞争优势的新来源
第1章	建立数据储备：我们能从数字巨头那里学到什么	传统企业怎样模仿数字巨头，开发数据的力量
第2章	利用数据储备：关于API，我们应该了解些什么	API如何为数字生态系统战略奠定基础
第3章	传统企业的数字生态系统结构	传统企业应该如何审视自己的数字生态系统，什么是生产生态系统和消费生态系统？它们有何不同，又有何联系？为什么它们是传统企业数字竞争战略的重要基础
第4章	从生产生态系统释放数据价值	如何释放生产生态系统的数据价值
第5章	从消费生态系统释放数据价值	如何释放消费生态系统的数据价值：什么是系留数字平台
第6章	数字客户	谁是数字客户？它们与传统客户有何区别？企业如何建立数字客户群
第7章	数字竞争者	谁是数字竞争者？它们与当前的行业竞争者有何不同？企业如何认识它们？如何评估它们的威胁
第8章	数字能力	什么是数字能力？它们与当下工业时代的能力有何不同？企业如何打造它们
第9章	迫在眉睫的数据之争	传统企业该如何应对全社会对数据隐私和数据驱动型竞争优势的日益关注
第10章	数字竞争战略	企业的数字竞争战略是什么？如何找到最优的战略，又该如何执行战略

数字生态系统放大了数据的力量,为传统企业提供了释放数据价值的不同选择。**数字客户**提供了产品和用户之间交互的数据,这对于传统企业推出新增收益的数据驱动型服务至关重要。**数字竞争者**通过访问类似数据进行竞争,它们有别于传统企业所熟悉的、凭借同类产品进行竞争的对手。数字战略的关键环节,就是谋划应对数字竞争者。最后,传统企业需要新的**数字能力**,以便释放数据的价值,并通过数字竞争战略开拓新领域。

第 1 章和第 2 章,我们将详细阐述企业如何建立强大的数据储备并提高利用数据的能力。第 1 章深入探讨了传统企业可以从数字巨头那里学到的、关于利用数据力量的知识。这一章揭示了数字巨头的内部运作方式,以及它们如何通过数字平台释放数据力量,从而提升自身的能力。这一章重点介绍了传统企业将这些见解应用于自身业务、进而制定数字战略的具体方式。

第 2 章论述 API ,即促成不同软件程序相互沟通的工具。API 能够将各种软件程序整合在一起,在众多企业之间共享数据,并建立复杂的指令来指导公司如何处理数据。因此,它们促成了企业之间前所未有的价值共创合作,推动了当今数字生态系统出现和发展。这一章重点介绍数字巨头如何使用 API,并探讨传统企业如何借鉴这些巨头的最佳方案,为其自身的数字生态系统战略奠定基础。

第 3—5 章深入探讨数字生态系统的运作方式,分析企业如何最大程度发掘系统,释放数据的价值。第 3 章阐述了本书的核心框架,将数字生态系统解释为生产生态系统和消费生态系统的结合。通过各种示例,这一章阐释传统企业如何构建、运作生产生态系统和消费生态系统。它分析了生产生态系统和消费生态系统之间的差异，并提醒企业：执着于价值链可能会带偏分析角度，使自己局限于生产生态系统。这一章表明，将消费生态系统视为数字生态系统的一个追加维度，有助于传统企业避免陷入偏见，从而开辟新的价值创造途径。

第4章详细介绍了生产生态系统，通过各种案例对企业如何利用该系统提高经营效率、提供新的数据驱动型服务进行描述。我们区分了两种价值：第一种价值来自使用生产生态系统所提高的经营效率；第二种价值来自运用生产生态系统的新的数据驱动型服务。这一章举出若干例子，说明传统企业如何执行这些价值选项。

与第4章相似，第5章讨论消费生态系统如何促成新的数据驱动型服务。这一章引入"系留数字平台"（tethered digital platform）这一新概念，它帮助传统企业将当下的产品延伸到平台上。我们讨论一组权变因素，它们决定了产品向平台延伸的时机、原因和方式，并且讨论当平台方案可行时，传统企业可以选择的模式。系留平台战略是企业数字生态系统战略的另一个重要组成部分。

第6章介绍了数字客户的概念，他们在使用企业产品或者与企业产品产生交互时提供传感器数据。这一章凸显这些客户与企业传统客户的不同之处，强调他们对于企业尝试制定数字战略的重要性。这一章还讨论了各种方法，帮助企业建立数字客户基础，并扩大从数字客户那里获取的传感器数据范围。

第7章介绍了数字竞争者的概念，它们是具有类似数据访问权限的竞争者。这一章探讨企业如何预测和发现数字竞争者，揭示与其展开的竞争动态的性质,并解释企业如何评估自身相对于这些竞争者的实力。这一章还讨论了传统企业在制定数字生态系统战略时如何与其数字竞争者相抗衡。

第 8 章讨论了在数字生态系统中利用数据进行竞争所需的新型数字能力。它阐述了从生产生态系统和消费生态系统中释放数据价值所需的能力,并且讨论了传统企业在制定数字竞争战略时如何将新的数字能力与现有能力相结合。

在一个隐私和安全日益受到关注的世界上,数据和数据分享面临挑战,第 9 章便对此进行讨论。这一章为传统企业提供了一些指导,以期平衡它们从共享数据中获得的价值与负面外部效应。

第 10 章汇总各章的洞见,提出建立数据驱动的数字竞争战略需秉持的整体观,为传统企业提供了制定和实施数字竞争战略所需的行动计划。

本书的愿景

1960 年,哈佛商学院的西奥多·莱维特教授发表了一篇有影响力的论文——《营销近视症》。[22] 他指出,当企业只关注现有产品时,往往会忽视客户不断变化的需求。例如,专注于制造马车鞭的企业未能看到客户已从马车转向其他形式的交通工具了。为了避免这种近视,他呼吁企业回答这样一个问题:"我们从事什么业务?" 举个经典的例子,如果马车鞭企业问了相应的问题:"我们从事马车鞭业务还是运输业务?"那么它就可能免于被颠覆。它可能改弦更张,销售更适配新交通工具(而不是马车)的产品。

"业务"的概念很快成为"行业"的代名词。甚至莱维特的原创文章也经常穿插"业务"和"行业"这两个词。顺理成章之下，他的著名问题更常见地被解释为："我们在哪个行业？"这种思路隐含的一个相关后续问题是："我们应该如何调整产品，以便适应不断变化的行业趋势？"按照这一思路，上述马车鞭企业应尝试调整产品，以便适应不断变化的运输行业趋势。

在现代数字世界中，莱维特的说法依然成立。"我们从事什么业务？"仍然是一个生死攸关的问题。然而，这个问题的解释方式已经改变。现代的近视已经从营销近视变成数字近视。数字近视源于企业坚持依靠产品和行业打造竞争优势。当企业未能看到客户偏好从常规产品转向新的数据驱动型服务和数字体验，或未能发现数字生态系统中数据产生新的价值对扩大它们业务范围的帮助时，就会发生这种情况。

本书旨在拓展读者的战略视野，帮助读者克服常见的数字近视陷阱。如果你是当今众多高管中的一员，正在寻找从数据中释放更多价值并重振传统商业模式的新见解；或你正在寻找使自己的产品能够提供更丰富的客户体验的方法；抑或你希望将自己的竞争领域从传统的行业边界扩展到新的数字生态系统，乃至寻求建立新的数字能力，以便在现代世界用优秀的现代数字战略进行竞争，那么你就应该阅读这本书。

第 1 章

建立数据储备：我们能从数字巨头那里学到什么？

时间回到 2020 年 1 月,在新的十年开始之际,全球市值最高的十大公司有七家是数字巨头,其中五家——苹果、微软、谷歌、脸书和亚马逊,它们的总市值超过 5 万亿美元,占整个标准普尔 500 指数公司市值的 20% 左右,而且很可能在未来几年进一步巩固市场主导地位。[1] 促成这些公司崛起的最重要因素是它们的"数据功力"。[2]

这些公司的崛起得益于互联网的广泛应用。它们首先利用互联网和软件建立数字平台,随后利用数字平台释放出前所未有的数字力量。尽管苹果和微软的出现早于互联网,但它们也是通过互联网和数字平台来确立起市场主导地位。与其他公司不同,苹果通过其产品(例如,智能手机、平板电脑和笔记本电脑)确立起自己的地位,但其 iOS 等数字平台在其崛起过程中发挥了重大作用。其他一些著名公司也是凭借数字平台实现快速崛起,如爱彼迎(Airbnb)、优步、阿里巴巴、腾讯、百度、网飞(Netflix)、电子湾(eBay)

和高朋（Groupon）等。它们有一个共同点：其数字平台对现行的数据使用方式进行了创新。

传统企业也可以采用以上方法，理解这一点至关重要。事实上，这就是我们写这本书的原因。传感器、物联网和AI等现代技术使企业有可能效仿数字巨头，利用数据获取优势。传统企业也可以建立强大的数据储备。然而，如果想这样做的话，它们首先要了解数字平台的内部运作机理。

平台

平台负责连接多个用户并促进他们之间的交流。虽然"平台"这一术语往往与亚马逊、爱彼迎或优步等数字巨头联系在一起，但实体平台其实已经存在好几个世纪了。集市有五千多年的历史，它把商人和顾客吸引到一起，人们用金钱换取粮食、牲畜和其他商品。现代购物中心也用类似方式将商家和消费者联系起来，起到了平台作用。[3] 因此在实体平台，交换发生在参与者物理距离相近的地方。

互联网出现之后，参与者不再需要在同一个地方进行交换。图书出版商与购书者之间，抑或音乐制作者与听众之间，彼此可以在没有实体店的情况下进行交换，亚马逊和苹果的平台就是例子；信息源和信息搜索者之间的交流可以在没有图书馆的情况下实现，谷歌的搜索引擎正属于此例；想社交的朋友可以在不透露有形存在的情况下进行交流，脸书便精于此道。[4] 在上述各种情况中，交换的数据都可以借助软件在互联网上进行处理，参与者不必同处一地。

例如，网飞使用软件处理电影片名和用户选片之类的数据，在互联网上促成电影租赁，顾客无需访问实体店即可成交。

数字平台的兴起：数据的赋能作用

在物理空间进行实体交换的传统企业最先感受到数字平台的竞争影响。网飞取代百视达（Blockbuster）成为领先的视频租赁零售商；亚马逊初涉在线图书零售便对巴诺（Barnes & Noble's）实体书店和市场地位产生了冲击。长尾优势和网络效应优势成就了亚马逊的竞争影响，这两项优势源于一个事实，即参与者不必同处一地就可以进行交换。数据使数字交换成为可能，它也使企业能够从这两种优势中受益。下面，我们将使用家喻户晓的公司实例进一步解释这两种优势。由于我们从源头追述数字平台的发迹之路，因而一些例子可能比较常见。但我们意在先使用熟悉事例引入基本概念，以便在后续章节使用这些基本概念推展新的分析框架。

长尾优势

长尾是待售商品统计分布的一部分，在其中，不为人知和不受待见的商品数量远远超过受欢迎的商品。[5] 例如在电影或音乐行业，只有少数制作备受热捧，大部分作品则几乎无人问津。少量热销商品代表着统计分布的"头部"，而大量遇冷商品则代表着"长尾"（见图1.1）。

在传统市场环境下，物理空间的限制将交换的范围限制在少数热销商品。因此,实体平台主要受益于有限的头部商品,即分布曲线左侧所代表的最受欢迎的商品。然而,当交换参与者不需要共同的实体空间时,物理空间的限制就不再起作用。因此,数字平台不仅能从热销商品获益,还能发掘更多鲜为人知的商品,即在图1.1的曲线上以浅灰色显示的曲线长尾那部分,数字平台由此获得了长尾优势。[6]

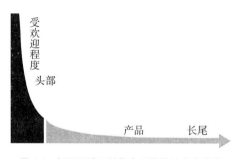

图1.1　长尾理论下待售商品的统计分布曲线

让我们看看网飞如何利用长尾优势与百视达在视频租赁市场展开竞争。这两家公司都撮合电影制作商和租片顾客之间的交换。对于百视达来说,实体交换发生在遍布全美的数千家商店中。由于每家商店的空间有限,百视达的商业模式聚焦于少数热销大片,亦即依赖顾客在逛商店时最可能选中的"百视达"大片,商店通常对热销大片进行多份备货。而对网飞来说,数据驱动的影碟租赁服务从一开始就通过公司网站和软件在互联网上进行。租客通过互联网选择影碟,无需访问线下商店。网飞设有大约50个大型仓库,每个仓库可存储数百万张影碟,被选购的商品通过邮政服务送到租客手中,从而避免像百视达那样受商店空间的限制(即便百视达曾在黄金商业地点拥有超过8000家商店)。因此,网飞可以提供范围广泛的商品，不仅是流行大片，而且还有数以千计的冷门影片。这就让网飞获得相对于百视达的长尾优势。

此外，网飞还使用其他战略进一步强化其长尾优势，其中之一便是采用付费订阅的服务模式。由于按月收费，网飞的收入并不依赖于单部影片的租金，因而能够保留数以千计难以租出的冷门影片。相比之下，百视达只有在商店租出影片时才能实现收益。因此对百视达来说，未出租影片会带来沉重的成本负担。这使得百视达更加依赖流行大片，也就是那些热门的头部商品。

网飞战略的另一个方面是使用基于软件的推荐引擎来"推送"那些冷门影片，而百视达则仅仅依靠流行大片"拉动"（见本章稍后的详细介绍）。总而言之，相对于百视达，网飞具有强大的长尾优势，以此在视频租赁市场站稳脚跟。

网络效应优势

数字平台有数据"穿针引线"，又不需要共同的实体空间促成交换，因此其用户数量所受到的限制也就更少了。随着平台用户数量增多，其对每个用户的吸引力也就越来越大，这一属性被称为网络效应优势。[7] 网飞可以邀请电影制片人在其数字平台上播放影片，而无须顾虑影片的受欢迎程度。由于互联网覆盖广阔，该公司还可以扩大其订阅用户群体，甚至吸引那些来自人口稀少的偏远小镇、原本甚少租片的顾客。对于百视达来说，在这些地方开实体店做生意并不划算。随着越来越多的订户加入网飞的平台，电影制片人也有动力提供更多的影片，而随着越来越多的电影制片人提供影片，订阅用户又从中受益。

网络效应是数字平台取得成功的一个内在因素。究其原因，数百万用户可以通过数据驱动和软件驱动的交换相互连接，而实体空间驱动的交换则只能"望网兴叹"。有两种类型的网络效应优势值得注意，它们是直接网络效应优势和间接网络效应优势，其区别产生于平台吸引到的不同用户组。在这里，"用户组"是指相似用户的集群。例如，电影制作人在网飞平台上构成了一个用户组，而顾客则构成另一个用户组。

当某位用户因更多的同组用户加入平台而体验到更多价值时，直接网络效应优势随之产生。如，脸书对用户的价值在于，用户通过该平台更有可能发现新的"好友"。与此类似，文档用户发现使用微软办公软件的好处更多，因为其他用户往往也选择这款软件，这使得共享文档和协作变得更加容易。

当一组用户从平台上的其他用户组受益时，间接网络效应优势就会出现。例如，当越来越多的 App 开发者在脸书平台上提供声田（Spotify）音乐流媒体或星佳（Zynga）社交游戏之类的服务时，脸书平台的用户就会从中受益。苹果的 iOS 操作系统和谷歌的安卓操作系统让其用户与数百万 App 开发者"面对面"，从而建立了显著的间接网络效应优势。

随着数字平台规模的扩大，其网络效应优势也会增强。然而，这种优势与传统企业的规模优势并不相同。传统的规模优势来自供给侧的规模经济，[8] 其中，效率收益源于庞大的供应量。例如，与较小的 DVD 租赁连锁店相比，百视达通过数千家商店提供大量 DVD 租赁服务。这不仅降低了单位广告成本，所产生的大额订单也利于百视达与制片人讨价还价，降低影片的采购成本。

与规模优势相反，网络效应优势来自需求侧的规模经济。[9]这一优势随着需求的增加而增加，效率收益源自庞大的用户网络。网络的价值之所以增加，乃是因为消费者需求的相互依赖性，即消费者的消费选择受到网络中其他消费者选择的影响。[10]换句话说，加入某网络的人越多，其他人跟风加入该网络的可能性就越大。用户数量越多，网络效应优势就越明显。例如，对脸书来说，其主要优势不是诸如平台底层技术之类的供给侧规模经济，而是其庞大用户网络带来的需求侧规模经济。不过，一些数字平台可以同时取得供需两侧的规模经济。比如，亚马逊的规模不仅有助于维持与巴诺相似的低采购成本（供给侧规模经济），而且还带来了巴诺实体商业模式所缺失的网络效应优势（需求侧规模经济）。

数字平台的早期优势和数据的赋能作用

数据驱动的交易能够使类型众多、数量庞大的用户连接起来，数字平台由此取得了长尾优势和网络效应优势。受电子商务的影响，数字平台最初只是影响商品和服务的销售方式，对商品和服务生产的影响则较小。电子商务为生产商提供更多的销售选择，从而使其受益。例如，图书出版商的零售渠道可以是巴诺实体店，也可以是亚马逊网上平台；电影制片人的发行渠道可以是百视达实体店，也可以是网飞平台。因此，在2001年，商业战略大师迈克尔·波特认定互联网商业模式只是对传统战略的补充，[11]并不足以成为撼动大局的颠覆者。

数字巨头的整固：数据的核心作用

20年后的今天，有几家因互联网大潮而生的企业已经改头换面，成为强大的数字巨头。智能手机日益普及、电信带宽不断加大、数字连接全面升级，这些广泛的技术进步放大了数字巨头的力量。对于数据驱动的数字交换活动来说，技术发展使商机呈指数式增长，这些巨头也成为数据流动的主导渠道。此外，在竞逐新技术机遇的同时，数字巨头还强化了数据在商业模式中的作用。数据不再只是促进数字交换的辅助工具，而是推动数字交换后来居上的核心动力。为了帮助理解这种转变，让我们考察数字巨头如何激活数据的一个特定维度——交互式数据的潜力。

交互式数据

交互式数据是数字平台的固有元素。用户为了参与数字交换而与平台进行交互的细节会被平台网站或 App 通过软件抓取，由此产生交互式数据。亚马逊能抓取客户在其网站浏览商品时生成的所有数据。类似地，谷歌能抓取用户在找到满意答案之前尝试的各种提问方式生成的所有数据。于是，平台的网站或 App 充当了收集这些交互式数据的传感器。

当交互被实时跟踪时，交互式数据也就成了实时数据。在数字平台上进行交换需要实时数据。例如，实时数据使优步能将特定乘客与特定司机进行匹配；谷歌则使用实时数据为搜索查询匹配适合的答案。

然而，交互式数据远不止于促成实时数字交换，它还有一个更大的价值。为了释放这一价值，数字巨头利用了交互式数据的三个重要属性：形成深刻见解的能动性、与外部实体共享的可适性，以及丰富数字体验的可扩充性（见图1.2）。以下，我们将对这些属性逐一进行解释。

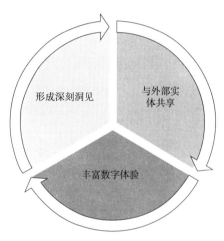

图1.2　交互式数据的属性

形成深刻洞见。交互式数据实时捕捉多种业务场景。具体示例包括：用户正在搜索的书籍或电影、乘客等待乘车的位置、互联网搜索期间的提问、用户对另一个用户帖子的评论，等等。交互结束时，实时数据就变成事后数据。数字巨头汇总事后数据，为每位用户创建个人数据档案。不断重复的交互又进一步丰富了这些数据档案，每份档案被这些追加数据逐渐完善。随着时间的推移，这些数据档案帮助企业深入了解每位用户。源源不断的交互式数据逐渐勾勒出个人用户的细枝末节，深刻的洞见由此形成。

例如，无论成交与否，亚马逊都会在用户浏览商品时生成交互式数据。相比之下，实体店没有类似的浏览信息，其汇总数据仅限于在商店售出的商品。更重要的是，亚马逊的大规模运营产生了海量的交互式数据，其现在已占据近50%的电子商务市场份额，[12] 每分钟都要接待超过4 000名独立访客。[13]

更普遍地说，由于人们的日常活动日益依赖于数字界面，这便极大地促使数据流向数字巨头的数据档案库。2012年，全世界就有22亿活跃的互联网用户。[14] 2019年，这一数字增长到44亿。[15] 这些数据流量规模庞大，使数字巨头得以获取前所未有的海量交互式数据。谷歌每秒处理4万次搜索；[16] 脸书每天产生27亿个"点赞"操作，每分钟扫描超过3TB的数据。[17]

交互式数据还能捕捉用户个性的细微之处。在谷歌上搜索，或者亚马逊上浏览商品时，都会显示许多真实的个人偏好信息。同样，脸书上的点赞模式或照片墙（Instagram）上的分享时机也暴露了用户的许多内心想法。当大量如此细微的实时数据输入用户个性化的数据档案时，深刻的洞见就会浮现。数字巨头使用强大的算法和AI，将其进一步深化，从而获得对个人用户的深刻了解。例如，脸书甚至可以在某对情侣决定结婚之前就预测他们可能何时结婚，[18] 而微软则通过Office 365和领英（LinkedIn）了解用户的工作技能和工作关系（详见第2章）。因此，脸书和谷歌一共控制了价值880亿美元的数字广告市场约60%的份额，究其原因，它们了解每位用户的偏好和行为，能够针对用户的需求精确发送微定位消息。[19]

与外部实体共享。假设优步的交互式数据显示：有一名女性深夜在不安全的地点候车，那么实时更新的信息将表明该乘客的上车时间、旅途路线，以及到达时间。优步可以与App开发人员共享这些数据，后者又可以实时地向乘客指定的用户发送短信，以此监控乘客的安全状况。但是，只有数据被实时共享时，此安全功能才有意义。如果数据在事后（如乘车之后一天）共享，那就没什么价值。

因此，交互式数据的实时元素释放了一种不同类型的价值，它只有在实时共享数据时才能获得。换句话说，如果交互式数据未能实时共享，那么一些创造价值的机会就会消失。对于数据接收者来说，事后的数据也没什么用处。于是，具有瞬态价值的实时数据适合与App开发者等外部实体共享，且数据的专有价值分毫未损。而对于汇总数据来说，其价值并非瞬态，而是随着时间的推移而不断提高。此外，与外部实体分享汇总数据存在风险，保持竞争优势的需要让数据处于保密地位。例如，优步就不太可能与外部实体分享乘客和司机的个人资料。

现代数字技术使共享实时数据变得轻而易举。共享活动通过API技术协议而得以实现。[20]API使两个以上的软件程序能够相互沟通，并在众多的实体中共享信息（详见第2章）。在共享实时数据的可适性驱动下，数字巨头的数字平台化身数字生态系统。在平台上共享数据的实体越多，数字生态系统就越庞大、越活跃。

丰富数字体验。优步向乘客指定的朋友共享实时数据，从而确保乘客安全，由此提供了数字体验。数字体验是一种数据赋能的体验。优步还提供其他的数字体验。对于想去机场的乘客，它可以提供在线值机服务；对于想去餐厅的乘客，它可以提供餐厅评级信息并帮助用户选择最佳餐厅，同时协助预订餐桌，展示菜单并推荐菜品。所有这些数字体验之所以成为可能，乃是因为乘车过程中生成的交互式数据与外部实体（航空公司和餐馆）实现交换，而这些实体的数字基础也补充了优步的交互式数据。传统出租车公司由于缺乏交互式数据，无法提供同等的数字体验，只能提供干净整洁的汽车、彬彬有礼的司机等实体服务，并未超越优步所提供的服务范围。

交互式数据以多种方式丰富了数字体验。首先，交互促成了实时体验，也就是用户与数据平台交互的实时体验。优步提供的数字体验就是用户在乘车过程享受到的实时体验；亚马逊也为浏览书籍的用户提供类似的数字体验，例如用户会在实时浏览时收到提示，得知该作者所著的其他书籍、其他作者的类似书籍、其他用户对这些书的评论等，所有这些都与用户的浏览同时发生。其次，交互式的实时数据适合共享，能够激励互补性的实体为数字体验"锦上添花"，使之更具新意。优步可以依赖大量的 App 开发者，借助他们发现更具创意的服务和体验。再次，随着时间的推移，企业通过交互式数据加深对每位用户的了解，由此打造"量身定制"的个体数字体验。例如，用户对优步推荐餐厅及餐点的反馈让优步能够进一步完善用户的数据档案。

交互式数据的力量

交互式数据让数字巨头更加强大，使数字巨头得以将影响力扩展到其数字平台的核心业务之外。阿里巴巴和腾讯是中国的数字巨头，它们利用交互式数据在银行业节节进取。这些数字巨头的数字

第 1 章　建立数据储备：我们能从数字巨头那里学到什么？

平台有五个相互关联的核心要件：搜索、电子商务、支付服务、社交网络聊天和娱乐服务。相应地，这些平台服务从消费方式等一系列用户行为中提取海量交互式数据。

例如，当用户想买车时，阿里巴巴和腾讯知道用户对款式和提车时间的偏好，对用户的信用记录、家庭住址等信息也了如指掌。这些都是来自交互式数据的洞见，它们使阿里巴巴和腾讯在提供贷款方面比传统银行更具竞争力。此外，这两家公司利用数字体验提供便捷化服务，如数字化的贷款服务，推荐价格优惠的汽车，将用户与合适的经销商进行联系等，摆脱了传统银行那些繁文缛节。于是，阿里巴巴和腾讯自然而然地成为当今中国消费者贷款的主要贷方（详见第 8 章）。

除了商品和服务的销售方式，数字平台还能通过交互式数据影响商品与服务的生产方式。网飞现已涉足影视制作，从其收集的交互式数据中获得洞见，由此形成大规模定制的实力，表现出传统的影视制作者无法企及的能力。在这里，让我们回顾前一章福特公司帮助司机订咖啡的例子。获取交互式数据是福特提供此类服务的着眼点，也是谷歌和优步准备在汽车行业大展拳脚的原因。数字巨头建立了数字基础，通过各种交互式数据完善用户数据档案。在未来，用户可能更在意定制化的驾车服务而非具体的汽车性能，使得数字巨头能够发挥在这方面具备的强大竞争优势。例如，谷歌可以利用对个人用户的了解（日程安排、购物偏好、家庭关系等），提供无缝对接的个性化驾车服务。

数字巨头的数据优势

总的来说,数字巨头利用数据推动了优势相互强化的循环(见图1.3)。

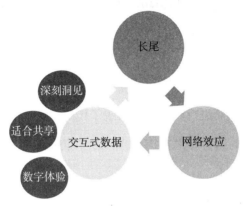

图1.3 数字巨头的数据优势

数据促进数字交换,数字交换带来长尾优势和网络效应优势,而这些优势又强化了企业的数字平台。随着数字平台一路走强,用户也持续向其提供大量交互式数据,这类数据可形成深刻洞见,反过来向用户提供有价值、极具吸引力的数字体验。

反过来,交互式数据也增强了长尾优势和网络效应优势。例如,网飞和亚马逊在多用户交互中获得深刻洞见并加以利用,进一步开发长尾产品。网飞根据用户之前的观看历史推荐他们可能喜欢的影片,其中许多属于此前用户较少发现的长尾品类的冷门作品,如果没有网飞力荐,用户多半不会选中这些影片。多年来,网飞深入了解每位用户的偏好,打造了魅力十足的推荐引擎,该引擎推动了网飞80%以上的观影时间的产生。[21]

第1章　建立数据储备：我们能从数字巨头那里学到什么？

同样，亚马逊利用其深刻洞见向用户推荐商品，其中许多属于长尾库存商品。亚马逊的用户洞见既来自亚马逊会员服务（Amazon Prime）的交互式数据，也来自 Alexa 等其他信息源。由此，亚马逊在向用户推荐商品方面建立了强大的实力，其超过三分之一的产品销售源于其购买推荐①。22

交互式数据强化了长尾优势，也顺势强化了网络效应优势。网飞推销长尾产品的能力吸引了更多制片人；同理，亚马逊将长尾商品与用户偏好进行匹配的能力也吸引了更多卖家。随着越来越多的制片人和卖家加入平台，更多订阅用户和买家也被平台所拥有的众多品类所吸引。网飞和亚马逊便由此更强化了它们的网络效应优势。

总之，数据优势的三个核心来源——长尾、网络效应和交互式数据——是相互强化的。

本章学习要点

传统企业应该从数字巨头那里学些什么？大多数传统企业都不是平台，它们该如何利用数字思维？上述讨论如何应用于围绕价值链构建的传统商业模式？这些都是以下章节试图回答的问题。但在我们深入探讨有关细节之前，不妨先看看下面一些可以引发思考的要点。

首先，传感器和物联网可以提供交互式数据。对于传统企业来

---

① 亚马逊的这一功能 "People who bought this also bought this" 直译为"买了这一产品的其他用户还选购了这些商品"。相较于传统的推荐模式，这一功能体现出更强的客观性。——译者注

说，一个关键点是交互式数据及其在打造强大数据资源方面的作用。大多数传统企业并没有交互式数据，也没有现成的系统来实时跟踪客户与产品的互动。然而，现代的传感器和物联网技术支持它们构建这样的系统。传统企业也可以从这些传感器生成交互式数据，从而为传统数据资源注入新的活力和新的价值创造潜力。它们也可以使用交互式数据深入了解客户，从而为用户提供新型数字体验。

其次，企业必须开发数据共享的手段。数据共享是另一个关键点，大多数传统企业并不与价值链之外的外部实体共享数据，因为它们的大部分数据都没有适合这种共享的瞬态实时元素。但有了来自传感器的交互式数据之后，传统企业就可以选择共享；一旦传统企业找到共享数据的方法，它们就会走上探索数字生态系统的道路，进而从数据中释放更多价值。

最后，企业可以利用交互式数据构建数字平台，以此创造了有利可图的新型商业模式。通过标准化生产，传统企业利用供给侧规模经济建立了基于价值链的商业模式。亨利·福特曾提出"人们可以选择任何颜色的 T 型车——只要它是黑色的"，它体现了长期以来依赖标准化生产提高效率的工业制造基础。这种思维引致的商业模式从根本上遏制多样性，不利于长尾优势和网络效应优势的产生。而通过传感器生成交互式数据，帮助传统企业调整其商业模式，传统企业便可将现有价值链扩展成为数字平台，从长尾优势和网络效应优势中获益。

后续章节将详细阐释以上想法。但在此之前，我们将首先对数字巨头释放数据价值的另一个重要方面进行讨论，即第 2 章所讨论的 API 及其构成数字生态系统基础的方式。

第 2 章

利用数据储备：关于 API，
　我们应该了解些什么？

第 1 章强调了交互式数据的重要性，阐明它们是数字平台不可或缺的一部分。如该章所述，数字巨头利用这类数据形成对用户的深刻洞见，生成强大的数字体验。在此基础上，本章将进一步探讨数字巨头实现这些结果的具体方法。我们将剖析数字巨头的内部运作机制，揭示它们释放交互式数据的力量和通过数字生态系统放大数据价值的方法。

如果传统企业希望效仿数字巨头释放数据价值的方法，那么就必须了解 API 的重要性；如果传统企业计划用交互式数据提供新型数字体验来吸引客户，那么就必须了解 API 的工作原理；如果传统企业希望将其价值链商业模式扩展到数字平台，那么就必须开发前沿的 API 管理能力；如果传统企业试图打造在数字生态系统中进行竞争的新型数字能力，那么就必须学习如何运用 API 网络的力量。本章以数字巨头为例，介绍 API 如何发挥作用并产生价值，重点突出传统企业可以从中学到的知识，以及 API 在塑造企业现代数字战略中的作用。

什么是API？

API是使不同软件程序能够相互沟通的机制，同时为促成软件程序沟通提供功能和规则。API可以将各种软件程序组合在一起，并整合各种来源的数据。它们可以发起大量指令，满足企业的数据处理要求。因此，API实现了企业之间前所未有的数据共享和协作。例如，作为领先的旅行预订数字平台，亿客行（Expedia）通过API整合各方数据，几乎涵盖了所有相互竞争的航空公司、数以千计的酒店、度假村、租车公司以及支付服务商。[1] 这样一来，该公司可以提供无缝对接的旅行体验，客户可通过其网站一次性完成预订机票、酒店、租车和其他度假或商务旅行服务。

20世纪80年代早期，商业性的软件应用数量不断增长，API也随之被采用。为了集成组织内不同软件程序的功能，即便是传统企业也在一直使用API。例如，企业可以利用API将客户关系管理（CRM）软件与工资软件进行对接。这样做的好处之一，就是自动将某位销售人员的工资单数据与销售生产率数据进行共享，使其获得应得的奖金。

然而，直到最近，许多传统企业仍然将API基本看成附属于企业资源规划（ERP）系统——一套供企业用于收集、存储、分析和管理来自若干种价值链活动数据的应用软件——之下的技术工具。因此，API通常被置于企业IT部门的权限范围内。但随着API的重大战略意义开始被传统企业所重视，它如今也日益为人所知，传

第 2 章　利用数据储备：关于 API，我们应该了解些什么？

统企业决策层日益将 API 视为开启数字生态系统新格局的关键和塑造数字生态系统战略的基础。在现代数字世界中，所有企业高管都必须好好理解 API，我们将在下文通过数字巨头使用 API 的案例帮助加深这种理解。

API 的工作原理

API 提供了一种结构化的方法，使不同的数字服务通过通用语言在互联网上进行沟通。² 例如，考虑以下两项数字服务：谷歌地图（提供位置数据的服务）和 Yelp（为牙科诊所、咖啡店等服务机构提供用户评级的服务）。这两项服务叠加起来，就可以为那些想要标明自己位置和网站评级的机构增加价值，而 API 正是实现这种增值的手段。在这个案例中，谷歌和 Yelp 是"供应商"，而牙科诊所或咖啡店等服务机构则是"消费者"。供应商的软件提供数据和功能，供消费者的软件使用，API 则在其间集成此类需求（见图 2.1）。

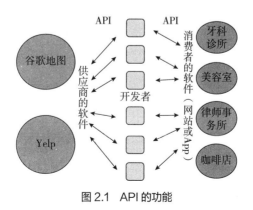

图 2.1　API 的功能

随着数以百万计从事 API 开发的软件程序员出现，这种集成的大规模发生成为可能。[3] 他们懂得如何发现 API 并将其与更多 API 结合起来，从而为客户创建新功能。例如，开发者可以帮助富达国际投资公司（Fidelity Investments）巧用谷歌地图的功能，在该公司网站上列出公司所有的办公地点。集成多种数字服务功能的网页也称为混聚（Mashup），由 API 提供支持。

API 是开发者编写新程序功能的构件，它提供了定制用户体验所需的灵活度。这些新功能不仅可用于富达案例中的网站或 App，还能用于协整企业的商业模式，Twilio 便是一个提供这类 API 的通信平台，开发者用其来定制诸如语音呼叫、文本或视频消息之类的通信流，以此满足不同的用户需求。作为领先的数字平台，电子湾就使用 Twilio 的 API 来促进市场上买卖双方之间的沟通。例如，买家出价购买产品的那一刻，卖家就会收到通知；一旦卖家确认，负责收寄包裹的服务商就会收到通知。在此过程中，买卖双方任何时候都可以拨打服务热线来获取帮助。Twilio 的 API 提供了极具灵活度的定制通信流动方式，这是电信公司无法提供的服务。大多数电信运营商的核心商业模式仍是销售标准化的通信连接方案，而不是对不同客户所需的通信流动方式进行定制（如电子湾需要的方式）。Twilio 的 API 便在其中担当桥梁，一端连接死板的电信运营商，另一端指向希望为最终用户创建友好的沟通驱动型体验的软件开发者。

从根本上说，API 可以充当数据管道并改进数字服务的功能。接下来我们将对数字巨头的案例进行分析，以此提炼出可用于传统商业环境的经验。

第 2 章　利用数据储备：关于 API，我们应该了解些什么？

数字巨头如何发挥 API 的价值

数字巨头通过两种方法来利用 API 的属性以产生价值。第一种方法是内部聚焦。在这里，API 提高了软件开发过程的内部效率，为数字巨头的数字服务创造了更强大的功能。使用这种方法时，数字巨头还将 API 作为吸收数据的内部管道。API 助力数字巨头，将其服务生成的数据导入内部数据档案库，从而完善用户数据档案，加深对用户的了解。

第二种方法是外部聚焦。在这里，API 被用于导入外部资源，助力数字巨头改进数字服务的功能。API 同时也是将数据分配给外部实体的管道。在此过程中，API 借助第三方实体提供的"奇思妙想"扩展用户的数字体验。然而，这种方法也要求数字巨头权衡通过 API 进行广泛数据共享所带来的矛盾，即数字体验带来极大便利的同时，也对用户隐私造成损失（详见本章及第 9 章）。下面，我们考察内部聚焦和外部聚焦的方法。

通过内部聚焦发挥 API 的价值

通过内部聚焦方法，API 增强了内部数字平台的能力。聚焦于内部的 API 也被称为私有 API。[4] 例如，谷歌用私有 API 将谷歌搜索引擎功能植入公司的其他多个产品，包括谷歌地图、谷歌相册、谷歌新闻和谷歌文档等。此举使谷歌得以避免重复工作，提高软件开发的效率。谷歌已开发的部分软件也可以在新的软件产品中重复使用。就像拼乐高积木一样，谷歌用上 API 之后，其产品的任何功能（如搜索）可以独立交换、重用，并与其他多个功能（如地图）共享。这样一来，谷歌强大的搜索引擎就能在其现有及未来的各种产品中发挥作用。

另外，谷歌的产品也是交互式数据的来源。用户与谷歌相册或谷歌文档交互时，谷歌会知道他们正在与谁分享照片或文档；用户与谷歌地图交互时，谷歌会知道他们的当前位置和目的地；用户阅读谷歌新闻时，谷歌会知道他们感兴趣的话题、政治倾向和其他偏好。API 对这些数据进行集成，并将数据流传输到指定的存储库。除了增强软件设计功能，API 还充当内部管道，使谷歌得以从众多软件产品中引导数据。此举丰富了个人用户的数据档案，加深了对他们的了解。

与谷歌类似，微软将 API 用于 Office 365 套件，它是微软办公套件的订阅服务。微软办公套件包含全球用户所熟悉的产品，如 Word、Excel、PowerPoint、Outlook 和 OneNote。在此之上，Office 365 提供了其他产品，包括 Skype for business（用于视频会议）、SharePoint（用于与同事进行智能且安全的文档共享）、OneDrive（云存储服务）、Microsoft Teams（用于同事之间聊天式的协作），以及为企业客户提供的 Yammer（企业社交网络）。

与谷歌的情形一样，API 使微软得以实现上述产品许多功能之间的交换和共享。例如，Skype 中的聊天功能也用于 Teams 和 Yammer，Word、Excel 和 PowerPoint 的功能是 SharePoint 的重要组成部分。这些产品也都像谷歌一样对用户交互数据进行收集。因此，微软知道用户在其 Office 365 中所做的事情。它知道用户的会议安排（通过 Outlook）、同事（通过 Teams）以及某些技能（通过

第 2 章 利用数据储备：关于 API，我们应该了解些什么？

SharePoint）。它可以根据电子邮件的收发信息对用户关系进行跟踪。通过识别同时修改 SharePoint 中同一文档的人员，微软还能知道谁与谁正在进行合作。通过 API 引导并协助集成这些产品所收集的交互式数据，微软建立起名为 Office Graph 的企业界人士用户数据档案，就像脸书、亚马逊和谷歌在消费圈所做的那样。

微软于 2016 年收购领英，极大地扩充了交互式数据的访问范围。领英在全球拥有超过 5 亿会员，是名副其实的专业人士社交网络。微软利用 API 将领英的数据与 Office 365 产品的数据合并，从而为其 Office Graph 注入强大的动力。该公司还将机器学习和商业智能流程应用于这些累积数据，其结果是一系列崭新的个性化数字体验。例如，领英会根据员工当前从事的项目推送报道文章，而 Office 365 则向员工推荐其当前或未来的工作可能需要联系的导师或专家。就像谷歌和脸书那样，微软还发布了基于用户数据档案的定向广告，这让该公司 2016 年至 2019 年的广告收入超过 70 亿美元。[5]

除了引导数字巨头自身产品收集的数据，API 还助力从外部实体收集数据。例如，脸书的 API 可以使脸书点赞按钮出现在第三方实体的网站上。以美容院网站为例，用户每次点击该按钮，该美容院都会被推荐至该用户所有的脸书好友那里。脸书则通过这些"赞"获取更多数据，从而补充了其平台收集的数据。由此看来，脸书在第三方网站上设置点赞按钮，就是在这些网站上放置传感器，由 API 将这些传感器的数据导入内部数据存储库。脸书通过 API 而使点赞按钮"多种多收"，抓取大量额外的交互式数据，并通过 API 将其导入自己的数据存储库，从而加深了对个人用户的了解。

通过外部聚焦利用 API 的价值

所谓外部聚焦，是指数字巨头用 API 整合外部实体的资源，以期增强自身数字平台的功能。这里用到的 API 也称为公共 API。外部聚焦时，数字巨头通过 API 将数据向外界分享，以此激励开发者和其他外部实体，以期发现进一步丰富其数字平台功能的方法。这样做的前提假设是：当成千上万的独立实体（而不是一个组织）各显奇能时，创新的想法更有可能出现。这就是"百花齐放"的方法。让我们看看推特（Twitter）的例子。

API 促进"百花齐放"

推特早期的用户界面对固定用户不够友好，平台在首次推出后一度陷入困境。所幸当时推特正推行开放的 API 政策，开发者可以自由访问其数据源。第三方开发商 TweetDeck 利用公共 API 在推特引擎之上构建了更好的用户界面。TweetDeck 的面板允许用户分开展示发送和接收的推文，同时以更具创新性的方式展示用户资料。它的界面特色大受欢迎，推动推特业务量激增。最终，推特于 2011 年收购了 TweetDeck。

2014 年，谷歌公司以 32 亿美元从位于帕洛阿尔托的内斯特实验室（Nest Labs）购入内斯特（Nest），它是一个可编程的自学式智能电子恒温器，该产品通过"内斯特作品（Works for Nest）"计划而对外开放 API。[6] 通过这一举措，谷歌除了单方面寻找能够与其内斯特相关联的合作伙伴，其他公司也能主动探寻将自己的产品

第 2 章 利用数据储备：关于 API，我们应该了解些什么？

与内斯特相连接的办法。例如，梅赛德斯 – 奔驰（Mercedes-Benz）汽车与内斯特连接，从而在司机即将到家时发出提醒，以便内斯特及时调整家居温度；相应的，内斯特也知道司机何时离家，从而更改家居温度设置。同理，三星的智能吸尘器在用户离家时开始清洁；JennAir 烤箱在开机时通知内斯特调低室温，以降低其产生的热量对室温的影响；Jawbone 腕带跟踪用户的运动状态，根据用户睡眠状态让内斯特相应调整室温；惠而浦（Whirlpool）和家庭能源供应商与内斯特连接，使洗衣机和洗碗机等电器的运行时间错开用电高峰期。API 通过各种来源传输数据，包括汽车的 GPS 数据、各种电器的物联网数据等，内斯特可以使用现代分析工具对这些数据进行分析，从而推出新的服务。

以上所有合作都从实验开始。有些实验会成功，其他的会失败。但是，仅仅几个爆款应用就可以证明所有努力都值得付出。API 的作用便是推动这些实验的开展。这就是谷歌前首席执行官兼执行主席埃里克·施密特（Eric Schmidt）所说的 URL 战略——先普及（Ubiquity First，U），后收入（Revenue Later，RL）。他解释说："如果你能建立一种可持续的、吸引眼球的业务，那么你总能找到好办法将其变现。"[7] 企业对无处不在且大规模开放的 API 的投资，势将引发第三方对企业数据的更多兴趣，这又反过来增加了合作成功的概率，扩大未来的创收机会。

API 扩展了数字服务的使用

向开发者公开 API 还有助于扩展数字服务的业务量。例如，网飞在2008年前所未有地公开了API，使外界能够访问其内部数据资产。开发者可以浏览和搜索网飞庞大的内容目录、检索用户评分、管理用户的视频队列，并将网飞视频播放按钮植入自己的应用之中，网飞的业务量由此激增。到2014年，网飞的API支持了大约5 800万订阅用户，已远高于2008年的900万左右。[8] 这些新的用户可以在任天堂游戏机、智能手机等各种数字设备上观看影视内容。

类似地，商业沟通平台Slack也因其API战略在短短几年积累大量人气。这家成立于2009年的公司吸引了1 200万名日常活跃用户，2019年的估值超过200亿美元。[9] Slack以其创造性的功能而广为人知，它可以无缝集成多种数字服务，包括谷歌邮件、谷歌文档、谷歌日历和Trello等项目管理应用程序。Slack有多种功能，可以在某个公司内创建定制的工作场所，用户可在其中进行实时对话；其建立的"渠道"则将协作范围扩展至公司外部人员；其网络机器人"bot"则可以根据各人的日程安排，自动找到同事之间的最佳会议时间。由于Slack持开放的API政策，其用户得以享用一系列巧妙的功能。[10]

但API未必需要一直保持对外披露。在战略需要时，API可以关闭，其访问权限也可以修改。目前，网飞已不再对外提供2008年那样的开放访问权限，它只对少数选定的合作伙伴继续开放API。网飞在早期希望各种数字设备广泛采用其服务，并形成彼此一致的数字体验。当这一目标实现之后，该公司便改变了API政策。在用户群达到理想规模之后，推特也进行了类似调整。为了更好地控制用户与其服务交互的方式，推特已经叫停了许多曾用推特API推出自己产品的开发者。由此看来，API可以被供应商当成战略杠

第 2 章 利用数据储备：关于 API，我们应该了解些什么？

杆来发挥自身优势。因此，对那些作为 API 提供者的消费者或者合作伙伴来说，他们在确定自身商业模式对特定 API 提供商的依赖程度时，应牢记这一点。

API 和隐私问题

企业保持 API 对开发者开放可以极大地增强数字平台的功能属性。举个例子，现代智能手机的功能已经爆炸式增长。因为开发者已经围绕苹果的 iOS 系统和谷歌的安卓系统这两个主流操作系统平台创建了数以百万计的 App。智能手机因此变得无所不能，改变了我们的生活。与此同时，所引发的隐私问题也值得我们关注。

以苹果和谷歌在新冠疫情大流行期间的工作为例，这两家公司携手创建接触者追踪服务，以期实现控制感染传播的目标。[11] 两家公司提供了可相互操作的 API，使开发者得以创建适用于 iOS 平台和安卓平台设备的服务。该项功能计划按如下方式工作：智能手机感知并跟踪彼此靠近的人，如果这组人中有人发现自己呈新冠阳性，那么就通过公共卫生管理部门的 App 将阳性信息输入智能手机，被追踪到曾在阳性人员附近活动的人士便会收到来自公共卫生管理部门的信息，通知他们采取自我隔离等措施。

但是，这项功能必须获得用户的许可才能奏效。用户对于让公共机构监控自己的行踪和人际交往存在疑虑也情有可原。事实上，在撰写本书时，该项计划在美国的实施已经因隐私关注而受阻。但奥地利、比利时和加拿大等国已经付诸实施。[12]

对于所有收集个人交互式数据并建立用户数据档案的企业来

说，隐私问题都非常重要。交互式数据流及其创建的数据档案当然可以用来增强数字体验，这些数字体验也当然可以为日常生活提供极大便利。但通过跟踪个人日常生活来挖掘个人身份也会导致个人隐私被侵犯。

Alexa可以监听用户。[13] 这种监听当然可以为消费者提供方便的服务。例如，Alexa听到用户说洗碗机刚刚坏了，于是立即让三家彼此竞争的洗碗机服务公司拨打电话。但其也可能是一个大问题。例如，没人希望在与自己的配偶争吵后接到离婚律师的电话。同样的道理，福特可能会了解司机对咖啡的偏好，并在其驾驶过程中推荐新的咖啡店。有些人会认为这是对隐私的侵犯，其他人则可能认为这是一种便利。

现代数字世界中，如何在提供创新性便利和保护消费者隐私之间两相权衡，这是企业面临的严重挑战与棘手问题。世界各国政府都在考虑重新安排法规监管，企业也在寻找解决方案，API在其中左右为难。需要注意的是，API只是一种工具。每家企业都有责任思考如何使用这一工具，使之既提供便利，又不侵犯隐私。企业应该如何处理这些问题呢？从一开始，企业就要想好让谁使用开放的API，并安排对API使用的监控。

苹果公司推出了一种工具，让个人用户了解苹果为其建立档案的细节程度。[14] 问题是其他企业是否会效仿苹果，向用户公开它们所知的用户信息？此外，所有数字业务都会严谨使用API吗？我们怎样才能知道，数字业务采取了足够的预防措施保护用户隐私？这些都是监管者关心的问题。[15] 个体消费者对解决这些问题几乎无能为力。远离互联网，抑或不使用智能手机App，都不是现实的选择。

然而，当大众被动员起来时，个人就可以影响政府进行重大立法。企业、个人和政府正在尝试各种方法，实现目标的道路可能崎岖曲折。本书第 9 章将详细介绍传统企业管理相关问题的方法，包括数据隐私、数据安全，以及变化中的数据共享监管环境等。

本章学习要点

传统企业应当如何利用 API 创造价值？对于这个重要的问题，数字巨头的经验给出了有价值的参考答案。尽管许多传统企业可能熟悉 API，但它们也可以借鉴数字巨头的做法，通过多种方式，将传统 ERP 系统之内的现有 API 应用（如对接 CRM 与工资单）加以扩展。

API 使数字连接得以实现，本质上，它们就是为了连接各种软件单元而出现。随着传感器的普及和物联网的扩展，API 可以连接的软件单元多不胜数。毕竟，所有传感器和物联网产品都有软件组件。也就是说，通过扩展 API，企业在新兴软件单元之间建立了更多联系。反过来，这又有助于传统企业激活新的数字生态系统，为释放数据的力量打开更多途径。因此，API 是传统企业在数字生态系统环境下竞争的关键。

在应用 API 时，数字巨头借助了内部聚焦和外部聚焦。对于传统企业来说，这两种方法有助于构建结构化途径，扩展 API 应用，立足于生产生态系或消费生态系统，打造数字生态系统战略。如本书导言所述，生产生态系统利用了企业内部涉及产品生产和销售的团体和活动之间的联系，包括研发、制造、组装和分销渠道。消费生态系统聚焦于外部连接，源于一个外部实体网络，这些实体补充了企业自己的数据源（如企业产品上的传感器）。

上述区别有助于传统企业评估其当前的 API 应用，同时发现 API 应用的扩展方向。由此，API 可以为传统企业提供数字生态系统战略的基础（见图 2.2）。

图 2.2　API 的层次

在生产生态系统中，API 的"I"所代表的"接口"（Interface）部分有两层。第一层是企业内部接口，它在 API 连接企业内部的软件程序或软件单元时被激活。通过 API 将企业的 CRM 软件与工资软件连接起来，这是企业内部接口的一个例子。第二层是供应链接口，它将 API 连接到位于企业外部的供应链内部单元。将供应商（或零售商）的库存跟踪软件与制造厂的生产调度软件连接起来，这是供应链接口的一个例子。企业可能会问，在我们当前的 API 应用中，这两个层次在哪里？这些 API 的用途是什么？我们已有的业务该如何扩展？

互补接口是第三个接口，其位于消费生态系统内部，在 API 对外开放时被激活。本书的导言部分描述了福特的车载计算机系统，该系统将车辆与附近的咖啡店进行连接，以便司机订购的饮料能随到随取，这一方法类似于本章所述的内斯特案例。图 2.2 展示了互补接口的工作示例。

第 2 章 利用数据储备：关于 API，我们应该了解些什么？

如果传统企业打算将现有产品扩展成为数字平台，那么互补接口中的 API 就至关重要。一家老牌企业可能会问，我们在互补接口中有 API 吗？如果没有，我们该如何开发？我们可以从中产生哪些额外的数字服务和相关体验？

接下来的章节将解释传统企业如何跨越以上三个接口，从而扩展 API 的使用。以下是我们将深入探讨的两个基本点：

第一，传统企业可以利用 API 在生产生态系统中做更多的事情。许多传统企业用 API 协调各种业务功能软件之间的沟通，如管理库存水平、机器产出或生产调度等。基于这个角色，API 还可以重新调整这些软件的交互方式，帮助企业重新配置业务流程，提高价值链的敏捷性。

API 的现有功能在数字生态系统环境中扩展，企业也从传感器、物联网和 AI 等新技术中受益。在这个新的环境下，价值链升华为数字化的生产生态系统，API 在其中扮演着更为重要的角色。究其原因，乃是因为 API 是库存自我优化、机器产出、生产调度等智能业务流程的支柱，为新的数据驱动型服务奠定了基础。

第二，传统企业可以为其消费生态系统开发新的 API。数字生态系统为企业通过智能产品提供新型用户体验带来了新机遇。智能产品带来许多新型用户体验，它们源于产品与消费生态系统的互动，在其中，产品与用户的交互数据与外部第三方实体共享。对于许多传统企业来说，消费生态系统可能是新生事物，这些企业可能并没有用于与外界共享数据的 API，也没有太多与第三方实体（如激活 API 互补接口所需的开发者）打交道的经验。这是一个传统企业可以向数字巨头学习的领域。尤其是传统企业计划将其基于价值链的业务扩展到数字平台时，这种学习尤其必要。

无论是对于生产生态系统还是消费生态系统，API 都是为新型数字体验传输数据的强大机制。因此，API 为企业的数字生态系统建立了基础数据管道。基于此，我将在接下来的三章详细讨论传统企业如何从数字生态系统中释放数据的价值。

第 3 章

传统企业的数字生态系统结构

本书的核心目标是阐明传统企业如何从其获取的数据中释放新价值，并利用这些数据获得竞争优势。因此我们引入数据这一关键变量，阐释传统企业如何利用数据打磨竞争战略。本书的导言部分确立了这些目标，将本书定位为传统企业的"数据到数字战略之旅"。第1章和第2章开启了这一"旅程"，重点对数字巨头的案例进行介绍，帮助传统企业理解数据的"全新爆炸力"。数字巨头们充分利用数字生态系统，从数据中汲取强大的市场势力。它们正是通过数字生态系统放大了数据的价值，并利用数据为客户提供丰富的数字体验。这样看来，数字巨头在现代经济中的大部分影响力来自其数字生态系统。

传统企业也可以通过构建数字生态系统来放大自身数据的价值，通过自身的数字生态系统为客户提供新的价值创造型服务和体验。为此，它们需要树立新的战略思维。长期以来，传统企业的商业模式一直着眼于产品和行业。为了从产品和行业转向数据和数字生态系统，传统企业需要采取新的业务管理方法。此外，传统企业在进行这种转变时，还必须巩固其产品和行业上的实力。简而言之，传统企业必须构建为其"量身定制"的数字生态系统。

本章将立足传统企业数字生态系统的独特属性，对传统企业应如何构建数字生态系统进行讨论，以期对传统企业以产品为中心的固有实力和以数据为中心的新实力进行平衡。这一章建构了本书的核心概念，即一个针对传统企业需求量身定制的新型数字生态系统框架。根据这个框架，传统企业的数字生态系统便可细化为生产生态系统和消费生态系统这两个相互关联的部分。生产生态系统是企业内部生成数据、共享数据的网络，它建立在传统企业自身价值链的基础上；消费生态系统是连接企业外部以生成数据、共享数据的网络，它建立在第三方实体的基础上，与企业产品生成的传感器数据相互补充。从整体看，生产生态系统和消费生态系统让传统企业有了多种选择，帮助它们在释放数据新价值的同时保持传统实力。因此，生产生态系统和消费生态系统是传统企业制定数字竞争战略的基础（见图3.1）。

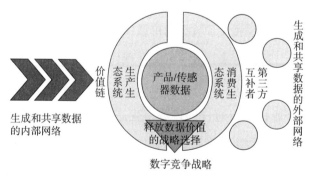

图3.1 传统企业的数字生态系统框架

第 3 章 传统企业的数字生态系统结构

本章所构建的数字生态系统结构突出了数字生态系统对传统企业数字竞争战略的重要作用。本章也是传统企业"数据到数字战略之旅"的重要一步。

什么是数字生态系统，为什么它们很重要？

数字生态系统是由数据生成者和数据接收者组成的网络。这类生态系统有一个特殊属性：当数据在生态系统网络中共享时，系统会放大数据的价值。数字巨头的案例已为此提供了充分的证据。例如，数以百万计的乘客、司机、App 开发者和第三方实体是优步数字平台数据的生成者和接收者，它们构建了优步的数字生态系统。从前两章中，我们了解到数字巨头善用其数字生态系统中的数据，使之释放出前所未有的价值。数字巨头主要通过数字平台开展业务，其商业模式基于数字平台的存在，需要生成数据、共享数据。它们的数字生态系统内容越丰富，所生成和共享的数据就越多，这些巨头们就越充满活力。通过数字平台，数字巨头将数字生态系统变成了自身的栖息之处。而且，随着数字生态系统通过放大数据的力量来形成巨头们的竞争优势，这一系统也成了数字巨头的主要竞争环境。

然而，传统企业的竞争手法并不一样。许多传统企业甚至并不认为数字生态系统对它们能有什么用，因为传统企业主要利用产品（而不是数据）开展竞争。虽然传统企业可能拥有市场、客户细分、销售、库存和其他业务运营方面的大量数据，但这些数据主要用于支持和增强产品的竞争力与市场地位。传统企业虽然也收集了供价值链内部使用的数据,但由于大多数传统企业并不以数字平台形式运营,所以它们的数据既没有和外部实体广泛共享,也没有通过外部实体放大,更不容易投入外部应用。

传统企业用产品推动关键的价值定位,从其开展竞争的行业中培育优势。事实上,企业所在的行业特征放大了产品的价值和竞争力[1](这一点将在稍后详述)。因此,传统企业长期以来一直将行业视为主要的竞争场景,数字生态系统并不在考虑之列。[2]并且,许多传统企业高管的战略思维仍有很强的行业色彩,他们尚未注意到数字生态系统可以为其现有商业模式带来的特殊价值。

当传统企业考虑将数据作为竞争工具时,竞争动态就发生了变化。行业从而既不再是传统企业创造价值的唯一领域,也不再是竞争战略的主要支撑。为了放大数据的价值,传统企业需要数字生态系统。当企业从行业转移到数字生态系统时,其所获取的数据就能像产品一样产生价值。因此,在数字生态系统中,数据从产品的辅助角色转变为与产品同等重要的创收来源。

需要注意的是,企业将竞争领域扩展到数字生态系统的尝试,并不意味着行业对其失去重要性。传统企业绝不能忽视规模等行业参数对产品的赋能作用。因为产品仍是生成新型的用户交互数据的手段,所以越强大的产品就越可能成为上佳的数据渠道。因此,传统企业搭建的全新数字生态系统必须依托现有的行业结构框架,想方设法从现有行业和新的数字生态系统中获取实力。

因此,专门为传统企业构建的数字生态系统与那些同数字巨头进行竞争的生态系统不同。虽然这两者都会生成和共享数据,可能具有一些共同特征;但是,传统企业的数字生态系统建立在现有行业结构的基础之上，存在一些为企业需求所量身定制的独特性能。这些性能助力传统企业，使其从数字生态系统共享的数据中释放新价值，而企业也能保留了其现有产品、商业模式和行业中的固有实力。因此，要了解传统企业运营的数字生态系统有什么独特之处，首先就要了解传统企业从其所在行业中获取了哪些实力，以便将这些实力在新的数字生态系统中延续下去。

为什么行业很重要？

企业将行业视为主要竞争环境的原因有很多。首先，行业边界通过直观的方式，让企业在产品的市场竞争中找到可以长期坚持的方向。它帮助企业识别竞争对手，或识别那些向目标客户提供类似产品的厂家。这有助于企业将注意力集中在相关的竞争者身上，使其更容易跟踪竞争者的行动。行业归属还有助于企业识别供应商，因为所有竞争对手通常共用同一个供应商群体。进而言之，行业环境有助于企业认识到行业内普遍的趋势、机会和威胁，帮助企业从竞争对手身上得到启发，适应发展大势。出于许多类似的原因，行业的概念已经"与时俱进"，成为强化企业身份认同的制度。例如，汽车制造商会认为自己"属于"汽车行业，银行则将自己视为银行业的一员。

将商业环境划定为行业不仅有实用价值，其合理性也得到了大量具有深厚理论功底与实证基础的经济学及商业研究的支持。这些研究对行业属性影响竞争和企业绩效的原因与路径进行了广泛的讨论，[3]其成果也逐步强化了"结构－行为－绩效"范式。[4]在这一范式中，结构代表某行业关键且相对稳定的属性。例如，竞争者的数量及其相对市场份额就是这类属性。当少数企业主导市场时，一个行业被称为"集中"结构；当大量企业竞争，没有任何一个企业拥有可观的市场份额时，该行业被称为"分散"结构。行业的结构属性会影响企业的行为，也就是企业在行业中竞争的战略。例如，在集中的行业中，企业更有可能为其产品定出高价；而在分散的行业中，低价往往是更为常见的选择。行业结构和企业行为都会对企业绩效产生影响。在竞争者很少的集中行业中，企业可能表现更好。例如，可口可乐（Coca-Cola）和百事（PepsiCo）一直受益于集中的行业（这两家公司共同占据了全球软饮料市场约70%的份额），几十年来的利润非常可观。同时，企业也可以运用创新战略（行为），克服分散行业的负面影响。例如，百威（Budweiser）、喜力（Heineken）和米勒（Miller）建设大型工厂，打造大众品牌，铺设庞大的分销网络，将曾经有数千家小微啤酒厂分散运营的啤酒行业转变为集中行业。

迈克尔·波特的著作概括了以上思路，[5] 提出了著名的"五力模型"。该模型表明，有五种力量影响着行业一系列的结构复杂性，它们分别是买方、供方、替代品的相对力量、潜在进入者的威胁，以及竞争的激烈程度。这些力量共同决定了行业的吸引力，并影响了企业在其中取得良好业绩的机会。当这五种力量相互叠加有利于企业时，企业有可能做得更好；反之，当五种力量对企业不利时，企业很可能表现不佳。换句话说，由企业所在行业五种力量的性质呈现出来的行业结构会对企业绩效产生影响。

行业内价值链的意义

"五力模型"还表明了企业行为（也就是企业战略）如何影响企业绩效。一家企业可以通过在其行业中实施战略定位，使五种力量对自己有利。定位反映出企业产品在市场中相对于竞争对手产品的独特属性。定位因企业的价值链而发生，后者是指涉及产品的生产和销售的一系列活动，如从供应商处采购、制造、组装、研发、营销和销售等。[6]

例如，耐克在运动鞋行业占据独一无二的差异化地位，其根源在于该公司用于管理全球供应链、研发投资、品牌支撑及管理庞大零售网络的各种方法。耐克通过研发，开发出提高运动成绩的高品质运动鞋；通过打造品牌，将运动成绩与产品联系起来。这样一来，耐克不仅对消费者产生了巨大的影响力，还使竞争对手难以模仿。此外，巨大影响力所推动的大规模采购，也让耐克获得对其供应商的优势影响力；同时，通过大规模的广告、研发和销售，耐克也减少了潜在进入者的威胁。

因此，产品的竞争实力既来自行业结构，也来自价值链。行业结构可以为产品的勃兴提供有利条件；价值链可以帮助企业找准自身定位，使行业条件更有利于其产品建立竞争优势。简言之，这就是传统竞争战略的前提，也是为什么行业在塑造传统企业的商业环境方面如此重要的根本原因。

行业能否转变为数字生态系统？

那么，行业与数字生态系统又有哪些共同属性呢？两者都是网络：数字生态系统是由数据生成者和数据接收者组成的网络，其重点在于通过共享来放大数据的价值；行业是各种相互依赖的实体、活动和资产的网络。[7]但是，行业网络的主要目的不是放大数据的价值，而是放大产品的价值。行业网络和数字生态系统所代表的两种网络可以融合在一起，为传统业务带来巨大的利益。因此，传统企业可以构建"合二为一"的数字生态系统，既保留现有实力，又增加新的实力。至于如何实现这一目标，则需要理解行业网络的性质。

行业网络

我们不妨考虑福特参与产品竞争时的行业网络，图 3.2 给出了具体描述。该网络的一部分如图左侧所示，这部分来自福特的价值链，涉及生产和销售产品；网络的另一部分如图右侧所示，由互补的实体组成，包括加油站、高速公路以及支持福特产品售后使用的维修店。接下来，我们将对各个部分进行说明。

图 3.2 行业网络：福特公司的例子

价值链网络

福特的价值链网络源于相互依赖的实体、资产和活动之间一系列错综复杂的关系，这些关系使该公司能够生产和销售汽车。这一网络囊括了福特的供应商、制造和装配单位、研发部门、营销部门、分销部门和售后服务经销商。福特有大约100家主要供应商和若干辅助供应商，自己也在全球运营着65家制造工厂。同时，它还在全球签有7 500多家经销商，为公司的销售和售后服务工作提供支持。在这些供应商、工厂和经销商之中，每一家都有数不胜数的资产和活动，所有的角色和投入都需要步调一致，实现一个总体目标：以收入和利润最大化的方式向客户交付产品。

当福特吸收联盟合作伙伴来支持价值链活动的特定方面（如研发、制造或营销）时，公司的价值链网络进一步扩展。举个例子，该公司最近与大众汽车（Volkswagen）合作，开发电动汽车、自动驾驶技术和运输服务。[8]

福特的网络还包括了竞争对手。它们与福特的价值链活动息息相关，因为福特的每一个竞争行为都会招致竞争反应。[9]福特降价时，竞争对手通常也会"以牙还牙"进行降价。同样，如果福特决定推出一种新产品，或者进入一个新的市场，那么可以预期竞争对手会采取等同的反制措施。换句话说，竞争行动不是孤立事件，而是相互依赖的动作和反动作。主要的竞争对手默认并遵循这些行动和反制措施背后的不成文规则，以期维持行业竞争均衡。[10]

例如，福特及其竞争对手相互匹配产品品种和全球市场势力范围，方便彼此快速有效地对竞争行动进行反制，这一概念被称为多市场接触（multimarket contact）。[11] 如果丰田（Toyota）在美国市场降价，那么福特可以利用多市场接触，选择在丰田本土的日本市场降价进行报复，这可能对丰田造成最大的伤害。这种选择之所以可能，乃是因为福特将丰田的本土市场势力与福特自己在日本的市场势力进行了匹配。多市场接触的想法是发出一个可信的威慑信号，以便从一开始就阻止竞争性攻击。因此，正如许多实证研究表明的那样，多市场接触增加了企业在行业中保持盈利能力的可能性。[12] 福特的价值链范围决定了其多市场接触面，究其原因，该公司选择了价值链活动的发生位置和配置方式，从而决定了它与主要竞争对手在制造、销售和售后服务等方面的全球市场势力的匹配程度。这反过来又帮助福特管理竞争对手网络，由此增强产品的竞争力。

互补网络

福特的行业网络还超越价值链，延伸至互补网络。在福特生产汽车并售出之后，或者说，在福特的价值链活动结束之后，各种互补者便开始发挥作用。例如，加油站及道路等基础设施，或迈达斯（Midas）、梅内克（Meineke）等汽车保养服务提供商。虽然福特既不参与加油站的设立和道路的修建，也不干预迈达斯和梅内克的运营，但它们确实提升了福特汽车客户的使用体验，福特也依靠补充者网络来刺激其汽车的销量。

行业网络已然存在

总之，福特的行业环境可以被视为一个网络，它包含了价值链和互补的实体、资产和活动。几乎所有生产和销售产品的企业都有价值链。福特、波音、美国银行和前进保险公司（Progressive Insurance）等大型传统企业都有规模庞大的价值链，与各种实体、资产和活动之间拥有错综复杂的相互依赖关系。即使是餐馆之类的小微传统企业，其运营也依托功能齐全的价值链。几乎所有产品都有互补品。灯泡需要电源插座和电力，飞机需要机场，牙膏需要牙刷，软饮料需要冰箱或冰块，出借贷款的银行需要人们有想购买的产品，如房子、汽车等。

大多数传统企业通常关注的是价值链网络，它通常比互补网络更庞大、更复杂，互补网络只能居于次席。对于产品使用过程所需的互补品，传统企业大多交由客户自行选择。例如，福特的客户自己找加油站，打印机的客户自己买好纸张，灯泡的客户自己落实插座和电力。少数企业会同时销售产品和互补品，例如吉列（Gillette）的剃须刀和刀片套装。在某些情况下，企业也可能会联合其他品牌销售互补品，高露洁（Colgate）在销售牙刷和牙膏时就采用这样的方法。不过这属于例外情形，并非常规做法。总的来说，互补品对传统企业的作用远小于价值链。虽然大多数传统企业认识到互补品的重要性，但它们通常不会对此投入太多精力。

通过现有网络的数据注入新活力

当传统企业将行业网络转变为数字生态系统时,网络动态会发生重要变化,互补网络的作用尤其因现代数字连接而显著扩大。随着行业网络转变为数字生态系统,价值链网络的核心焦点和主要功能也会发生重大变化。然而,价值链和互补者早已为传统企业所熟知。这表明,对于传统企业来说,网络本身并不是什么新鲜事物,真正新鲜的是把传统企业现有的行业网络当成数字生态系统。

行业网络和数字生态系统存在很大差别:行业网络专注于支持产品,通过产品定位创造价值;数字生态系统则专注于生成和共享数据,创新数据驱动的服务和体验,从而创造价值。价值链网络可能存在着大量的数据生成和共享活动(互补网络则较少),但它传输数据的主要目的是提高生产和销售产品的经营效率。经营效率当然很重要,但将行业网络转变为数字生态系统之后,传统企业还可以推出新的数据驱动型服务和数字体验,从而提升现有效益。

传统企业面临的任务是增强从行业网络获得的现有实力,同时将行业网络转变为数字生态系统,打造新的实力。为此,传统企业必须尽其所能,使现有价值链网络和互补网络中的各种实体、资产和活动变成不同类型的数据生成者和接收者。它们必须将现有网络生成、共享数据的潜力转化为活力之源,激发新的数据驱动型服务、体验和价值,这就需要现代数字技术的助力。价值链和互补品在传统企业中广泛存在,它们是构建数字生态系统的重要基础。基础越牢固,传统企业就越有机会将以产品为中心的传统行业定位调整到以数据为中心的数字生态系统新定位。

第3章 传统企业的数字生态系统结构

以行业网络为基础构建数字生态系统

为了有效利用行业网络基础，传统企业要充分认识价值链和互补者在放大产品价值方面的不同作用。价值链支撑着企业及其产品在供给侧的实力，它们能帮助企业最大限度地提高生产和销售产品的效率。例如，耐克的研发、供应链、营销和销售组织网络提高了该公司生产产品并销售给客户的效率。互补品则支撑着这些产品在需求侧的优势，它们使产品更好用、更容易消费，从而增加产品的价值。例如，电力和标准电源插座的普及提高了消费者对灯泡的需求，使之成为一种被广泛使用的大众消费品。

由于这些角色的差异，价值链网络和互补网络为传统企业构建数字生态系统提供了不同的基底。价值链网络引申出生产生态系统，互补网络则指向消费生态系统。

从价值链网络到生产生态系统

首先，让我们观察福特的价值链网络如何转变为生产生态系统。如前所述，价值链网络源于商品生产和销售过程中各任务的相互依赖性，与数据的生成和共享无关。这一网络与数字巨头的数字平台不同，即使其中没有生成或共享数据也可以运行。事实上，早在现代计算机所带来的数据生成和共享现象出现之前，福特的价值链网络就已在20世纪初期面世。当时，不同的价值链活动通过人工进行协调。

但价值链会在数据协调其活动后受益匪浅。并且，随着数据的作用不断加强，价值链的受益程度也逐渐提高。从原始价值链网络（数据几乎不发挥作用）向丰富网络（数据作用最大化）的转变，体现了传统企业由价值链网络向数字生产生态系统的变化。图3.3a、3.3b和3.3c描绘了福特的这种转变。图3.3a显示了没有数字连接的原始价值链网络。

图3.3a　原始价值链网络：福特汽车公司

如图3.3b所示，在引入IT系统和软件驱动型服务之后，价值链网络中出现了一些有关数据生成和共享的元素，开始向生产生态系统转变。这一步骤提高了价值链网络内部的经营效率。

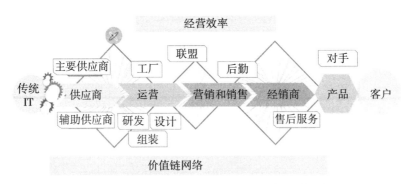

图3.3b　从价值链走向使用IT的生产生态系统：福特汽车公司

图 3.3c 表明,由于传感器、物联网和 AI 等现代数字技术的进步,生产生态系统不断进化,其内容更加丰富充实。这一步骤不仅使福特得以进一步提高经营效率,还使其能够提供新的数据驱动型服务,由此扩大价值范围,增加运营收入。

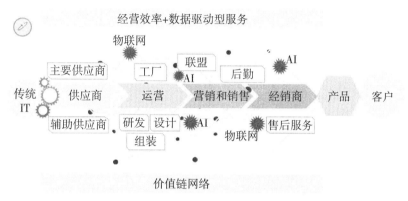

图 3.3c 从价值链走向现代技术武装的丰富型生产生态系统:福特汽车公司

福特的转型之旅还在继续。在该公司的价值链网络中,福特用于增强数据作用的方法越多,其最终的生产生态系统就越是丰富充实。由于价值链网络向生产生态系统的演化进程始于 IT 服务,我们便首先对此展开讨论。

传统 IT 服务的作用:启动生产生态系统

自 20 世纪 70 年代以来,在计算机、软件和各种新兴 IT 服务的推动下,传统企业将许多工作流程自动化,以期提高价值链的效率。这些工作循常理从小规模起步,所涉及的范围也很狭窄。以福特早期为例,其采购部门用某个类型的 IT 系统帮助跟踪库存,收集订货、收货和存货等方面的内容。与之类似，福特的生产调度部门通过另一个 IT 系统跟踪零部件的制造和组装顺序。这些系统各不相同，使用的软件类型也不一样，因此很难被集成。即使各部门生成的数据可以彼此共享，其共享的方式也很费力耗时，通常被安排在每天结束时进行。例如，采购部门可能会在每天结束时与生产调度部门共享文件，对当天库存的出入进行核对。

随着时间的推移，IT 服务不断进步。无论是各类"自立门户"的软件系统，还是系统内各行其是的工作流自动化项目，其集成效果都得到改善。SAP 和甲骨文（Oracle）等商业软件公司推出了 ERP 系统，这是一个重大进展。到了 21 世纪，ERP 系统备受青睐，它帮助企业把不同部门使用的软件连接起来。这一进展使得福特等公司能更全面地了解不同业务流程的绩效。例如，福特可以考察全球各地的业务部门，跟踪与公司整体业绩相关的各方面业务的状态，如现金、库存、生产产能、经销商的采购订单、工资单等。ERP 系统还使用共用的数据库，不断更新经营指标状态。这一切之所以可能发生，乃是因为 API 实现了不同软件程序的相互沟通。如第 2 章所述，API 的这种用法被称为企业内部接口应用，它们促成了福特内部各业务部门的数据集成和系统集成。

在 ERP 系统赋能下，数据生成和共享广泛发生，遍及企业价值链网络的各个部分，包括供应商乃至某些情况下的竞争对手。例如，福特与其国内主要的竞争对手通用汽车和克莱斯勒（Chrysler）联手采用汽车网络交换（ANX）。此举使这三大汽车制造商的共同供应商能够使用标准的 IT 系统，从而与它们中的任何一家进行交互。汽车制造商和供应商的管理成本都因此而降低。在这里，API

实现了福特、通用、克莱斯勒及其共同供应商之间软件程序的相互交流，API 的这种用法在第 2 章被称为供应链接口应用。

多年来，IT 服务善用数据，稳步改进价值链网络中的工作流集成效果。有关工作仍在继续，云技术就是最近的进展之一，它使传统企业得以将软件和 IT 服务所依托的基础设施外包给软件公司。例如，Salesforce.com 推出了"软件即服务"（通常称为 SaaS），客户公司可以通过软件协调销售和营销活动，且无需持有并管理生成这些服务所需的底层基础设施。与此类似，亚马逊、微软和谷歌推出了"基础设施即服务"（IaaS），为传统企业提供外包大量服务的选项。例如，像新百伦之类的运动鞋制造商希望建立自己的电子商务渠道，作为对现有亚马逊、福乐客（Footlocker）等分销渠道的补充，这类制造商可以选择订购第三方远程基础设施，由其创建和运营电子商务业务。总之，云服务简化了传统企业的基础设施管理，使得 IT 服务不但更具灵活性，与业务目标的联系也更加紧密。除此之外，云服务还可以帮助消除组织范围内共享数据的障碍。

毫无疑问，上述 IT 服务的进步通过软件改善了价值链网络中的数据集成，而数据集成则提高了生产和销售产品的经营效率。然而，尽管有了这些进步，许多传统企业仍然深陷于旧式系统。在其中，软件语言五花八门，数据被塞进彼此隔绝的存储格式，这样的情况继续阻碍着有效的数据共享。此外，IT 服务所支持的数据生成和共享活动仅限于提高经营效率，价值链网络的其他方面则收效甚微。但数字技术的最新进展使传统企业得以突破这些障碍，新技术将价值链网络进一步转化为更丰富的生产生态系统，下面我们将对此展开讨论。

现代数字技术的作用：丰富生产生态系统

已经有很多被归为"现代"的数字技术涌现出来，它们在过去几年发展势头良好，显示出改变工作、生活方式的巨大潜力。例如，区块链技术提供用于审计的电子分类账，在验证金融交易和交易商品的真实性方面前景可期。增强现实技术通过显示数据、指引动作顺序帮助工人在装配线上取下维修设备包，提高了仓库和工厂的人工效率。3D 打印技术让备件的交付可以采取电子方式，从而摆脱实物交割的限制。电信技术的进步则居中策应，比如 5G 技术就让相互连接的设备之间能够以更快的速度共享大量数据。

然而，当我们回到行业网络向数字生态系统的转型过程，有几项技术厥功至伟。这些技术帮助传统企业效仿数字巨头，使其能以相似的方式生成和共享交互式数据（如第 1 章和第 2 章所述），拓展了传统企业数据处理的前沿领域。传感器、物联网和 AI 就是三种这样的现代技术。

传感器使企业能够从资产、产品和客户那里收集实时交互数据。物联网使各种有形资产得以通过 Wi-Fi、蓝牙或紫蜂（Zigbee）等协议连接到互联网。随着携带传感器和软件接口的资产不断增加，加之 5G 技术带来更大无线带宽等因素，电信技术的力量也日趋强大，物联网的连接程度也随之不断提高。AI 涵盖了多种不同的技术，如统计机器学习、神经网络、自然语言处理及机器人过程自动化等。[13] 在本书中，当我们提到"AI"时，我们指的是一种发现大数据中的数据规律模式的技术，AI 可以根据这些模式进行预测，助力决策。

第 3 章 传统企业的数字生态系统结构

传感器、物联网和 AI 以指数级别提高了传统 IT 赋能的经营效率。在这一过程中，它们还进一步帮助实现价值链网络的初始目标，即支持产品和产品定位。更重要的是，这些技术还使价值链网络有可能超越以产品为中心的传统范畴。它们为传统企业赋能，使之从行业网络中发掘新的数据驱动型服务和数字体验。

提高经营效率。让我们先着眼于福特的价值链网络，看看传感器、物联网和 AI 如何提高传统 IT 赋能的经营效率。传感器可以获取各种各样的交互式数据，它们用途广泛，无处不在，可以直接置入现有资产。传感器可以连接起来，形成庞大的网络，在 IT 系统基础设施之上通过物联网生成和共享数据。因此，传感器和物联网促成了更广泛的数据生成和共享，超越了 IT 系统的能力范围。

需要注意的是，传感器、物联网和 AI 并不会取代各种 IT 系统的功能。这些 IT 系统历经多年发展，用精巧的方法使各种复杂的工作流程完成自动化。在系统之上，传感器、物联网和 AI 创建了更广泛的数据生成和共享网络，系统和网络两者也互为补充。由于传感器无处不在，这个新增的网络能够生成海量的数据。置入传感器之后，资产可以生成数据，这些数据是底层软件或 IT 系统开发者之前未能设想的。由于传感器在生成不同类型数据方面具有多功能性，因此网络可以定制由一系列不同实体、资产和活动生成的数据类型。此外，数据可以在网络内共享，供 AI 系统用于产生更多洞见。事实上，AI 为利用数据解决价值链内部问题注入了全新知识，使网络之力大增。所有这些功能都提高了经营效率。

让我们想象这样一个场景，当福特某一组装单位的 IT 系统检测到产自某制造单位的车门组件缺陷数量急升时，IT 系统便会向生产车门组件的制造单位的 IT 系统发出警报。该警报会要求制造单位运送更多车门组件，从而备足无缺陷的车门组件，保证组装工作流程不中断。显然，这种数据生成和共享方案马上就解决了维护装配工作流程的问题，但它并未对产生缺陷的根本原因进行处理。

传感器和物联网超越了组装单位和制造单位彼此孤立的 IT 系统，为数据收集和共享铺设了更广泛的网络。借助来源广泛的大量数据，AI 更容易检测到问题的根本原因。它提出的解决方案跳出了某个组装单位的工作流程视角，着眼于减少生产汽车所需的总体时间。下一章将提供更多示例，进一步解释企业如何借助传感器、物联网和 AI 制定生产生态系统战略，从而提高经营效率。

新的数据驱动型服务。传感器、物联网和 AI 能够生成新的数据驱动型产品性能和服务，这是它们相对于传统 IT 系统的一个更显著区别。当企业在产品上安装传感器并跟踪产品与用户的交互时，这些新的性能和服务就可能出现。经营效率的改善有助于降低成本，而数据驱动型服务可以为企业带来新的收入流。在数据的支持下，企业可以将竞争范围从产品拓展到新的维度。数据驱动型服务可以改变企业与客户的互动方式，甚至帮助企业进行重塑。

数据驱动型服务源自新的数据驱动型产品性能，这些性能为企业的客户提供了额外好处和新的体验。例如，福特的汽车可以实现自动泊车、保持车道、预警碰撞并自动刹车等功能。福特将这些功能作为提高价格、增加利润的附加选项，以此实现功能变现。

源自以上智能产品性能的数据驱动型服务可以通过两种特殊方式开展起来，具体取决于生成的数据类型、生成数据的产品以及客户的需求。第一种方式是预测性服务。福特通过其传感器数据和

AI 技术，预测发动机、车轴及制动器等汽车部件发生故障的可能性，从而为司机提供预警。这种预测性功能可作为选配服务，以此带来新的收入。福特正在为汽车租赁公司、警局等车队客户提供这些服务，从而降低车队因故障临时停摆的可能性，帮助这些客户避免故障带来的高昂成本。只要传感器数据能够对故障发生的时间进行预测，就都可以提供这类服务。例如，在辅助性生活设施中，预测性服务在客户可能跌倒或生病之前发出警报；农业领域的这类服务则可用来预测作物病虫害活动，并在代价高昂的损失发生之前采取纠正措施。

开展数据驱动型服务的第二种方式是大规模定制。以床垫为例，通过分析用户心率、呼吸、摇动、翻身等方面的实时数据，企业可以大规模定制床垫，为用户提供更好的睡眠体验。换句话说，床垫的性能和外形可以调整，以便适应每个人晚上的睡眠模式。下一章同样会对此提供更多示例和详细信息，说明企业如何利用生产生态系统提供这些新的数据驱动型服务，从而扩大营收。

从互补网络到消费生态系统

互补网络是传统企业建立新型数字生态系统的另一个基础。与价值链网络相比，互补网络对传统企业来说要小一些，其重要性也更低。此外，与价值链网络不同，传统 IT 在管理互补网络内部的数据生成和共享方面也并未发挥显著作用。传统上，互补网络中不同的实体、资产和活动之间的联系保持着非数字形式。其中一些联系通过联合品牌建立起来，正如高露洁牙刷和牙膏的例子所示。但大多数互补品联系建立在被普遍采用的行业标准之上。凭借插座设计、电压范围和电路布线等方面的行业标准，消费者可以放心挑选供家居使用的灯泡。同理，加油站的油枪喷嘴标准也让加油十分便捷。

当前，传感器和物联网正从根本上改变着非数字化的互补网络，使其朝着充满活力的数字化消费生态系统转型。图3.4a、3.4b 和 3.4c 描述了福特的传统互补网络如何向新的消费生态系统转变。在现代数字技术出现之前，福特的互补网络包括若干没有建立数字连接的实体和对象。我们以加油站、独立服务提供商（如迈达斯）以及道路为例，作出图3.4a。

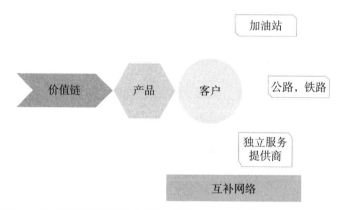

图 3.4a　从互补网络到消费生态系统：福特汽车公司与传统的非数字化互补品

借助传感器和物联网，这些互补品现在可以用数字方式与配备传感器的福特汽车相连，福特的数字客户便可通过接入网络来获得新的数字平台服务。例如，向油量告急的汽车提供最近加油站的位置；为存在刹车隐患的汽车安排位置便利的迈达斯等独立服务提供商的检修；为驾驶中的司机发送道路堵塞预警和替代的路线选择（图 3.4b）。

第3章 传统企业的数字生态系统结构

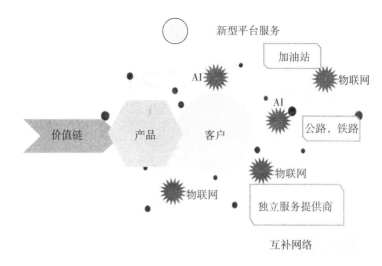

图3.4b 从互补网络到消费生态系统：福特汽车公司
与实现数字互联之后的传统互补品

在上述应用场景之中，现代数字技术把原先存在的非数字化互补品连接起来。除此之外，数字连接还为现今的汽车带来许多新的互补品。如本书导言所述，通过亚马逊 Alexa 等新的数字互补品以及星巴克、银行等相关实体，司机在驾驶过程中就能订购咖啡。像星巴克一样，可能还有成千上万的零售商可以用类似方式连接起来。福特可以找到许多诸如此类实现数字连接的实体和资产，作为配备传感器的汽车的互补品。它们包括接入公交车、地铁和火车等一系列交通服务的停车位和软件接口（图3.4c）。

在与新的互补者建立连接之后，福特可以提供更广泛的、全新的数据驱动型服务和数字体验，形成消费生态系统的新力量。咖啡订购服务、独立服务提供商及时提供的售后服务、停车位指引、避免交通拥堵等服务都是数据驱动型服务和数字体验的一些例子。为了提供这些服务，福特必须将其价值链延伸到数字平台上面，通过

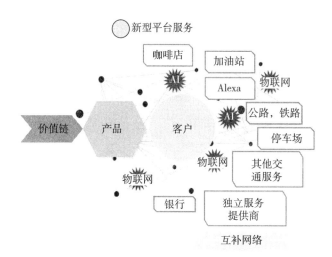

图 3.4c　从互补网络到消费生态系统：福特汽车公司与扩充之后的数字化互补品

数字方式连接多个第三方并促进彼此之间的交流，就像第 1 章中描述的数字平台那样。第 5 章将对传统企业通过其价值链衍生数字平台提供的新数据驱动型服务和数字体验进行讨论。

生产生态系统提供基于价值链的内部途径，由此释放数据价值。与此不同，消费生态系统通过现有价值链之外"连接"实体的扩散而开辟外部途径。对于绝大多数传统企业而言，这一类数字生态系统在数据和数字连接取得现代进展之前并未出现。尽管生产生态系统和消费生态系统是两种不同的途径，但两者都将企业的竞争范围从产品扩展到产品生成的数据，两者也都帮助企业改变与客户的互动。然而，它们所塑造的竞争战略各不相同，所需的能力也不一样，为企业提供的战略选择也各异其趣。因此，它们必须被理解为数字生态系统中"和而不同"的两个方面。

第 3 章 传统企业的数字生态系统结构

生产生态系统和消费生态系统之间的差异

表 3.1 总结了生产生态系统和消费生态系统之间的主要区别。

表 3.1 生产生态系统和消费生态系统的差异

指标	生产生态系统	消费生态系统
基础	基于价值链	基于互补网络
网络参与者	现有资产、实体和活动之间的数据生成和共享	新增、扩大的资产、实体和活动之间的数据生成和共享
使用和拓展的能力	现有价值链能力的强化和升级	基于新的数字平台能力
全新数据驱动型服务的输入源	内部的价值链能力	外部的互补者创意和能力
API 聚焦方向	API 内部聚焦	API 外部聚焦
新价值的范围	有目的性，受价值链边界的限制	有偶然性，不受限，就像 App 的经济活动一样
治理机制	使用现有价值链治理机制	需要新的、基于外部 API 聚焦的治理机制

基础。生产生态系统和消费生态系统源于不同的基础网络。前者源于价值链网络，后者则源于互补网络，它们以不同的方式塑造了生产生态系统和消费生态系统。因此，生产生态系统和消费生态系统带来了各具特色的、全新的价值创造机会，展示了不同的数字竞争战略轨道。

网络参与者。价值链网络的参与者是一系列成熟的实体、资产和活动。这一网络内部的数据生成和共享过程始于多年前的 IT 服务，远远早于现代数字技术。一方面，生产生态系统使用这个成熟的参与者网络，推进了数据的生成和共享。

另一方面，互补网络从少量的网络参与者开始，参与者数量受到产品物理连接范围的限制。例如，对于灯泡来说，其物理互补品仅限于插座和电源。然而，随着现代数字技术孕育出新的数字互补品，这个网络的范围便不断扩大，例如智能灯泡比传统灯泡有更多的数字互补品。如本书导言所述，智能灯泡能够监测空置房间中的异常活动，从而与安全服务、警报和移动 App 等互补品连接起来。在生成有关仓库库存移动的数据时，接入物流服务的各种实体、对象和活动成为智能灯泡的互补品。在检测枪击事件的数据时，智能灯泡将摄像头信号、911 接线员和救护车作为互补品。这样一来，消费生态系统就在新的、扩展的网络参与者集合中生成和共享数据。

使用或扩展的能力。生产生态系统源于价值链网络，它们加强并升级了现有的价值链能力。其中一种方法是对数据的生成和共享进行扩充，从而提高价值链的经营效率。除了经营效率之外，生产生态系统还具有预测性维护能力和大规模定制能力，与此相关的全新数据驱动型服务增强了传统企业价值链的实力。预测性维护提高了传统企业现有的售后服务能力。例如，卡特彼勒通过预测性维护服务，在故障发生之前为挖掘机安排关键备件，从而改进了以往通过大量备件库存保障维修需求的做法。而大规模定制产品则对现有的产品性能进行改善。通用电气的喷气发动机根据每架飞机的独特飞行条件，引导飞行员以降低油耗的方式飞行，从而强化了其现有产品的燃油效率。

另一方面，消费生态系统可以生成不同于现有产品性能的全新数据驱动型服务。如智能灯泡可以按性质对接数字互补品，在家居安全、物流和街区安全等领域提供新的数据驱动型服务，这些服务都与灯泡原本用来照明的功能相去甚远。通过消费生态系统实现的数据驱动型服务还需要新的数字平台能力。事实上，对于消费生态系统来说，传统企业从中提供全新数据驱动型服务的竞争力取决于其新的数字平台能力（第 5 章和第 8 章将详细阐述这个主题）。

全新数据驱动型服务的输入源。在生成新的数据驱动型服务时，生产生态系统运用了内部的价值链能力。例如，预测性维护服务建立在现有售后服务能力的基础上。同理，大规模定制产品依赖于许多现有的价值链能力，如研发、产品设计和制造。即使是专门为管理传感器数据和 AI 的新职责而创建的新组织单位，也必须适应现有的价值链活动，并与生产链活动的流程和能力相融合。

相比之下，消费生态系统更依赖第三方实体的创新。全新数据驱动型服务的主要输入来自外部实体，它们发现了创造性的数据互补方法，即第 2 章中所描述的"百花齐放"。汽车公司、电器制造商、能源公司等外部第三方实体发现了与内斯特互补数据的创造性方法，于是内斯特恒温器能够提供数据驱动型服务，使得谷歌用户坐在车里就可以自动调节家居供暖，或者在非高峰时间启动洗衣机。

API 聚焦方式。生产生态系统采用 API 内部聚焦方式，产品和数字客户生成的交互式数据在生态系统的价值链内部传输。数据的内部传输产生了洞见，可用于提高经营效率并支持更强大的数据驱动型服务，如预测性维护服务和大规模定制服务。在第 2 章，我们把这类内部聚焦的 API 描述为企业内部应用接口和供应链接口的应用。

另一方面，消费生态系统需要采用 API 外部聚焦方式。随着越来越多的第三方找到产品的数据互补方法，消费生态系统不断扩展并变得越来越活跃。且随着网络参与者数量的提升和相关网络效应的倍增，消费生态系统中出现的数据驱动型服务可能会变得更加强大。这种可能性的提高有赖于开放的、外部聚焦的 API 政策。具体而言，政策提升了外部实体想方设法补充传统企业数据的积极性。在第 2 章，我们把这类外部聚焦的 API 称为互补接口的应用。

新价值的范围。生产生态系统依赖于内部的价值链实力，并且使用内部聚焦的 API 进行数据共享，其所创造的新价值的范围也因而受制于这些"内部"选择。这些新价值要么来自经营效率的提高，要么来自新的数据驱动型服务。所有这一切都是通过共享内部数据、运用内部实力来完成的。这方面的工作通常是目的明确的，包含计划实现的目标和具体的产出目标。

消费生态系统依赖于外部输入和外部聚焦的 API，因此其所产生的新价值不受内部实力的限制。实际上，消费生态系统对各种各样的数字互补品开放，而这些互补品则可以从数据中找到共同创新服务的方法。诚然，新价值的产生带有偶然性。就像 App 所形成的经济圈那样，很难预测哪种平台服务会受到关注，又或者哪个创意会变身风靡一时的应用。

治理机制。最后，在管理网络关系方面，生产生态系统和消费生态系统需要用到不同的治理机制。生产生态系统中的网络参与者本来就是现有价值链的一部分。因此，其治理机制与传统企业用来管理价值链的方式差别不大。对于系统内的单位，这种治理机制由既定的组织流程、层次结构、汇报关系和具体工作期望所驱动。对于供应商和经销商等价值链合作伙伴，其所生产的组件质量或所管理的客户关系必须合乎规范和期望。企业用合同作为这方面的治理机制，而生产生态系统则继续沿用。

相比之下，消费生态系统需要新的治理机制。传统企业历来对互补网络参与者采取不干涉的做法，因此也就无法像生产生态系统那样依赖现成规矩。由于所有消费生态系统的参与者都是企业价值链之外的实体，因此不可能存在类似于传统企业用来管理内部单位的科层治理机制。而且在消费生态系统中，外部实体的治理方法也不同于传统企业用于其价值链合作伙伴（如供应商和经销商）的治理方法。

例如，福特希望其经销商在汽车维修期间提供正宗的福特组件，并保证服务质量满足最低标准。相比之下，就算福特将司机接入其消费生态系统中一个位置便利的迈达斯维修店，这种关系也只是一个简单连接，就像福特将司机与星巴克连接起来一样。福特不指望迈达斯使用福特组件，也不对接受福特服务的司机设定任何期望值，而司机也不会将星巴克咖啡的质量与福特联系起来。这一类网络关系通过 API 政策进行治理，类似于数字巨头通过 API 政策管理其与数字平台用户的关系。API 政策由软件驱动，软件将不同实体之间共享数据和功能运作的基本规则自动化，并列明商业条款。例如，福特的 API 可以通过软件设置规则，在发生组件故障时，引导司机对接某家独立服务提供商，并设定服务提供商必须为此连接支付费用。通过软件更新，福特可以修改其与供应商之间的条款，或者将条款调整为按交易量付费。从根本上说，API 驱动的治理机制要比传统的价值链治理机制灵活得多。

数字生态系统和工业 4.0

在结束本章之前,让我们了解一下数字生态系统和工业 4.0(也称第四次工业革命)之间的关系。在这里,数字生态系统指的是生产生态系统和消费生态系统的结合。本章凸显了行业网络向数据丰富的数字生态系统演化的过程,它与工业 4.0 的发展有相似之处。就传统企业构建、塑造和涉足新型数字生态系统而言,理解工业 4.0 为其提供的背景也很重要。

简言之,工业 4.0 是指应用智能技术对传统产业的现代化改造。这一术语通常被认为来自 2010 年左右出现的德国新产业政策。在 2015 年达沃斯世界经济论坛上,时任德国总理安格拉·默克尔(Angela Merkel)强调了工业 4.0 对成熟产业的重要性:

"我们必须——我作为德国总理在面对强劲的德国经济时这么说——迅速应对网络世界和工业生产世界的融合,即在德国国内所称的工业 4.0……如若不然,数字领域的领跑者将同样占据工业生产中的领先地位。我们对此充满信心,但最终结果仍然未定。"[14]

因此,工业 4.0 一词承认现代数字技术已经开启了工业的新时代。它向传统企业发出了必须做出改变以适应这个新时代的信号,进而为传统企业指明了路径和方向。要感受工业 4.0 的重要性,我们就必须考虑此前工业历史的其他等量齐观的重大变化,即工业 1.0、2.0 和 3.0。

工业 1.0 标志着一个时代,在蒸汽和水力的帮助下,技术将手

第 3 章 传统企业的数字生态系统结构

工生产方式转变为机器生产；工业 2.0 指的是铁路网络、电报和电力的出现和普及；随着 IT 系统的快速发展和广泛应用，工业 3.0 乘势发力，使工业企业能够将工作流程自动化，数据的力量也开始被发掘。这样的重大转变很少见，大约每世纪发生一次。如本章所述，当下正在发生的工业 4.0 革命是由传感器、物联网和 AI 等现代数字技术推动的。

从工业 1.0 到 3.0，每一个史诗级里程碑都与企业生产、销售产品方式的根本变化有关。在每一次工业转型期间，机器、电力和计算机等技术进步都带来了这样的变化。从历史来看，工业 4.0 似乎是这一趋势的延续，它与其前身一样，是传统企业利用技术进步的量子跃迁变革价值链的又一个里程碑。事实上，工业 4.0 通常与"智能工厂"和"熄灯工厂"（指工厂设施的人类决策干预逐渐减少）等术语密切相关。以制造机器人的日本公司发那科（FANUC）为例，它有一个只需要一名骨干员工负责日常维护和意外故障排除就可运行 600 小时的工厂。这样的关联事例可能会给人留下一种印象：工业 4.0 本质上就是指传统企业如何从生产生态系统中受益。

工业 4.0 的范围超出了生产生态系统。它还包括了企业通过智能产品提供新用户体验的可能性，而许多与智能产品相关的新用户体验则源于消费生态系统的活动。这里的关键在于，为了捕捉工业 4.0 提供的全部价值，传统企业必须努力打造生产生态系统和消费生态系统。此外，与前三个工业发展阶段不同，工业 4.0 提供的新机遇远不止是经营效率的重大改进。在接下来的两章，我们将分别介绍生产生态系统和消费生态系统，进一步明确这一观点。这两章将深入阐述数字生态系统如何帮助传统企业释放数据的价值，其结果不仅提高了经营效率，还通过新的数据驱动型服务产生了新的经营收入。

本章学习要点

本章提供了本书的核心框架，将数字生态系统呈现为生产生态系统和消费生态系统的结合。由此，我们在从数据到数字战略的"旅程"中又向前迈进一步。数字生态系统框架之下，传统企业可以做出不同选择来打造生产生态系统和消费生态系统，以此从数据中释放更多价值。所以，这一框架为传统企业制定数字竞争战略奠定了重要基础。数字生态系统有助于释放更多数据价值，这是我们从数字巨头及其数字平台中借鉴而来的想法。但本书对这个想法进行了调整，以便适应大多数传统企业现有的商业模式。

传统企业利用产品开展竞争，从行业结构和价值链中汲取实力。将行业视为网络，有助于传统企业将业务环境扩展到数字生态系统。行业网络是价值链和互补网络的结合体，它为构建新的数字化生产生态系统和消费生态系统提供了基础。由此，数字生态系统根据传统企业的情况进行调适，使这些企业不仅增强了以产品为中心的实力，而且还打造了以数据为中心的新实力。就生产生态系统和消费生态系统的打造方式而言，传统企业的选择将决定其数字竞争战略的形式和范围，第 4 章和第 5 章将对此进行重点介绍。

本书导言提到了数字近视，它指企业沉溺于依靠产品和行业获取竞争优势。在本章，我们介绍了数字生态系统框架，它帮助传统企业开阔视野，廓清产品和行业之外的价值前景。然而，如果企业只看到数据和数字生态系统在提高经营效率方面的价值,那么数字近视就可能会成为痼疾。许多传统企业的首席执行官仍然想将现代数字技术主要用于解决旧式优先事项:如何更快地推出新产品?产品创新如何带来更多利润?如何减少停机时间?如何才能更好地管理全球供应链?这些事项都很重要,但解决它们只能释放一部分数据潜力。如果企业及其首席执行官转而关注不同的优先事项,那么就可以释放更多的数据价值。我们可以提供哪些新的数据驱动型服务?我们如何才能将更多的收入来源从产品转移到数据驱动型服务?我们可以通过生产生态系统提供哪些新的数据驱动型服务?我们可以通过消费生态系统提供哪些新的数据驱动型服务?以下章节将继续对这些问题进行讨论。

第 4 章

从生产生态系统释放数据价值

本章对生产生态系统如何从现代技术提供的数据中释放新发现进行详述,并将讨论传统企业如何利用生产生态系统塑造数字战略。图 4.1 描述了传统企业借助生产生态系统从数据中释放更多价值的两种主要途径,即提高经营效率和提供新的数据驱动型服务。更高的经营效率源于在价值链中生成并共享数据,从而提高生产率、降低成本;而数据驱动型服务则使传统企业能够开辟新的收入渠道。

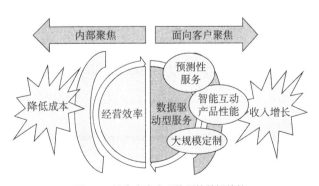

图 4.1 从生产生态系统释放数据价值

在此，让我们回顾一下本书导言讨论的数字化转型的四个层次。[1]其中，生产生态系统助力企业跨越前三个层次。当企业使用出自价值链资产的数据提高经营效率时，它们进入了第一个层次的数字化转型；当企业使用出自产品和用户的数据提高经营效率时，它们进入了第二个层次；当企业利用出自产品和客户的数据，依托生产生态系统提供新的数据驱动型服务时，它们进入了数字化转型的第三个层次。第四个层次则要求企业打造消费生态系统，我们将在下一章详细说明。

本章介绍传统企业如何利用生产生态系统推进前三个层次的数字化转型。首先，让我们从事关经营效率的前两个层次开始讨论。

源自生产生态系统的经营效率

生产生态系统是价值链网络，它通过现代数字技术为自身注入强大的数据生成和共享能力。旧有 IT 系统开启了企业内部工作流程的自动化集成过程，现代技术则在其基础上为生产生态系统赋能，提高现有经营效率。

本章将对企业利用生产生态系统提高经营效率不同方式的各种示例进行介绍。前两个示例重点介绍企业如何使用价值链资产的数据，第三个示例则讨论企业如何使用产品和客户的数据，进一步提高经营效率。这些示例代表了传统企业尝试利用生产生态系统提高经营效率时的选择。我们还想借助这些示例来激发联想，将其中强调的原则应用于可能提高经营效率的其他环境。

第 4 章 从生产生态系统释放数据价值

快速消费品业务的供需匹配

快速消费品业务（FMCG）销售非耐用家居用品，如饮料、洗漱用品、包装食品、化妆品和非处方药等。快速消费品企业专注于那些能够很快从零售商店货架上卖掉的低价商品。2018 年，快速消费产品在全球范围内创造了超过 10 万亿美元的收入。该行业的主导企业有雀巢（Nestlé）、宝洁（Procter & Gamble）、联合利华（Unilever）、百事可乐和可口可乐等，每家企业都有多个品牌。雀巢公司规模最大，拥有 8 000 多个品牌，联合利华有 400 个。每个品牌都拥有数千种具有唯一标识的商品，称为最小存货单位（SKU），帮助零售商对接收和销售的库存进行跟踪。例如，宝洁的伞形品牌汰渍（Tide）旗下有多种产品，包括洗衣液、洗衣凝珠、织物消毒喷雾及其他清洁剂。每一种产品都通过包装尺寸、颜色、包装材料以及其他属性加以区分，每种包装类型都是一个独特的 SKU。快速消费品企业 SKU 数量也因此激增。

海量的 SKU 通过全球数百万大大小小的零售商所组成的错综复杂的网络进行销售。快速消费品企业面临的最大挑战之一，就是将众多零售商对多种 SKU 的需求与配送中心的供给进行匹配。

在快速消费品行业，"牛鞭效应"是一个众所周知的供需匹配问题。[2] 它是指个体零售端需求的微小变化能够导致供给端对总需求的重大误判。鞭子一端轻轻一晃，会导致另一端出现大幅波动。同理，个体零售端需求的微小变化可能导致供应链上游的库存响应大幅波动。有几个原因可能会导致快速消费品企业经历牛鞭效应。销售人员可能提供批量折扣，从而使零售商的采购数量多于典型订单；运输公司提出的折扣方案也同样会影响零售商的 SKU 需求；短期促销也会对零售商产生特殊影响。整个供应链沟通不畅则进一步加剧了牛鞭效应对所有此类事件的影响。

拥有数千个 SKU 的快速消费品企业还面临着供给端的复杂性和不可预测的变化性。部分原因在于，供应链计划人员需要在 8~12 周的计划执行期之内正确管理库存，而传统的企业软件对此无能为力。由于出乎意料的需求波动，一些企业常常错过了 8%~10% 的订单。尽管供应链中的某处有库存可用，但企业就是无法及时将正确的库存送到正确的位置。为企业提供 AI 解决方案的 Noodle.ai 公司的联合创始人兼总裁拉吉·乔希（Raj Joshi）说："这些损失像是做生意应付的成本，但现代数字技术为供应链管理人员提供了解决此类问题的巨大机会。"

传统的 ERP 系统可以生成大量有关供需模式的数据。然而，这些数据在传统上被用于回溯分析，以此给出关于上一周、上个月或上个季度决策优劣的见解。乔希认为，企业 AI 应用的不同之处在于，它可以从概率意义上预测未来。例如，通过探索数据中的规律模式，AI 引擎可以预测到特定地理位置重要客户的特定 SKU 大订单将存在 80% 的备货缺口。于是，基于来自企业 ERP 系统的数据，AI 引擎可以向供应链计划人员推荐行动方案来增加库存，确保完成订单。反过来，AI 也能够预测库存过剩，从而帮助供应链计划人员适当减少产量，降低库存成本。按照乔希的保守估计，对于快速消费品企业而言，未发货订单每改进 1 个百分点（例如从 10% 降到 9%），就可能增加数百万美元的利润。

提高药物研究实验室的生产力

药物研发是制药企业的生命线,制药企业的新药管道（pipelines of new drugs）决定着它们的未来。这也不难理解为何制药行业会在研发上投入约占其年收入17%的资金。[3] 相比之下,航空航天企业的研发支出比例约为5%；化工行业约为3%；微软和谷歌的支出比例也只有12%左右。而且17%是制药行业的平均研发支出比例,领先企业的支出比例甚至更高。2019年,阿斯利康（AstraZeneca）的研发支出约占其年收入的25%,礼来（Eli Lily）为22%,罗氏（Roche）为21%。全球制药行业2018年的研发支出总额为1790亿美元,这一数字包括了药物研发各个阶段的资金,涵盖从药物和疾病的初始研究到临床前和临床试验阶段的化合物测试,其中约560亿美元用于实验室进行的早期药物研究。[4]

图4.2显示了简化后的制药研究实验室价值链网络。它始于各种用品,例如用于基于细胞的分析、基因组分析和蛋白质纯化的试剂盒、化验品和试剂,活体动物,以及化学品、玻璃器皿和一次性

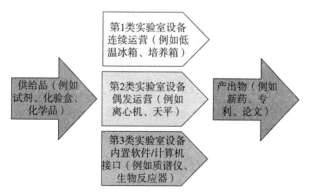

图4.2 研究实验室的价值链网络

用品这类一般实验室物品。在价值链的下一步，科学家使用这些用品和实验室设备开展实验。几年过去，成千上万的实验会积累一定的实验室成果，其中可能包括可用于对抗各种疾病的新化合物，以及与这些突破相关的专利和出版物。

实验室设备的传统用法：主要靠模拟，几乎没有数据集成

实验室设备可分为三类。第一类是全天候运行的设备，例如低温冰箱和培养箱，它们被用来在-20℃或-80℃等温度下保存某些试剂、抗体和化验试剂盒。培养箱是另一个例子，它不仅为细胞培养提供必要的氧气和二氧化碳，而且还将细胞培养物维持在预设的温度和湿度。这一类设备通常在研究实验室中全天候运行，任何中断都可能改变细胞培养物的组成，进而破坏用它们开展的实验。

第二类设备在需要时使用。每当实验需要分离不同密度的液体和固体时，离心机就派上用场。例如，离心机可用于分离血液中的不同成分，如红细胞、白细胞、血小板和血浆。与此类似，当实验需要以高精度测量亚毫克范围内的小质量时，一些专门的实验室天平就会被投入使用。第一类和第二类设备通常是模拟式设备，其使用记录通常用手工保存。例如，科学家可以测量化合物的质量，并在实验室的记录本上写下读数。

第三类设备带有可接入外部计算机的内置软件。这些设备输出的通常不是单纯的数字，而是数据文件。例如，分光仪通过软件来根据观察到的离子光谱确定样品的分子组成，其功能包括检测少量蛋白质、生物标志物或药物分子，即使它们以低浓度出现。解析此类质谱数据需要分析大量数据和繁琐的计算，因此必须借助软件算法。尽管这一类设备能够以数字方式生成和记录数据，但数据孤守在每台设备及其接入的计算机之内，其用途并不在于实验室设备之间便捷进行数据共享和集成。

以上三类设备建构了典型的研究实验室"原始"价值链网络。由于实验室涉及大量投资，因此经营效率的任何一点点提高都会对经济效益产生重大影响。那么企业如何才能将这个价值链网络转变为数字生产生态系统，它们又可以期待什么样的好处呢？

数据和数据集成带来新晋经营效率

让我们看看斯里达尔·艾杨格（Sridhar Iyengar）提供的例子。斯里达尔是元素机器公司（Elemental Machines）的首席执行官兼创始人，该公司用传感器和物联网将一系列离散的实验室设备转变为互联的网络。当科学家使用各种实验室设备开展实验时，传感器帮助科学家们跟踪温度、湿度、气压和光线等各种环境变量。为什么这些数据很重要呢？斯里达尔用他从两位任职于不同机构的同事那里听到的故事进行解释。

斯里达尔的朋友们曾任实验室的生物学实验研究员，他们在当时的实验中注意到了一些不寻常的事情。所有的研究人员都知道，只有可复制的实验才算成功。换句话说，当重复相同的实验方案时，结果不能发生改变。但在他们所做的一些特定实验中，结果并不一致。并且，当研究人员不断重复实验时，他们发现了一种规律。实验结果仅仅在一周中的某些日子出现偏差，而在其他日子保持一致。

为什么呢？原来是该项实验用到了老鼠，而在一周中的某几个晚上，隔壁的建筑工地上夜班，产生了噪音和振动，影响了实验室老鼠的夜间活动模式。

当斯里达尔从两个不同研究实验室的人那里听到相同的故事时，就迸发了灵感——实验室进行实验时的背景很重要。虽然制药实验室中大多数实验的环境都非常复杂，但在实验进行时，即使测量一些基本变量也会有助益。例如测量温度、湿度、气压和光线；又例如在有老鼠的情况下，测量声音和振动水平。有了这些数据，研究人员可以在一定程度上确定实验结果变异背后的原因。换句话说，研究人员不能因为实验结果有差异就认定假设出错，然后把这些实验打入冷宫。这样一来，实验室的生产力就显著提高。斯里达尔所在的元素机器公司最近与世界级生命科学公司铂金埃尔默（PerkinElmer）联手，尝试通过数据及数据连接提高研究实验室的生产力。

图 4.3 描述了某制药实验室的价值链网络如何向生产生态系统转型，从而提高研究效率。当一系列不同的实验室设备通过传感器和物联网连接起来时，这种情况就会发生。在某些特殊情况下，AI 也会有帮助。

在第一类设备（如细胞培养箱）中，传感器用来跟踪合成生物学应用的细胞生长条件。装入细胞的发酵瓶上贴有智能标签，可以记录与细胞生长相关的环境条件（温度、湿度、二氧化碳等），并在发生意外变动（如多名科学家共用一个培养箱造成的条件波动）时提醒科学家。细胞生长可能需要几天时间，并且可能需要数周时间才能获得数据，进而确定细胞是否成功生长，这使得情况更加复杂。因此，及时的提醒能帮助科学家减少浪费他们的宝贵时间。这个方法也适用于某些第二类设备。例如，专用天平的读数以微克为测量单位，它可能会受到天平防风罩（用于防止温度或气流的微小变化对测重结果的干扰）开闭状态的影响。第一类设备还需要不间断运行，确保存储在其中的材料得到保护。如果发生意外中断，传感器会直接提醒相关科学家，以便他们制定替代的实验计划。

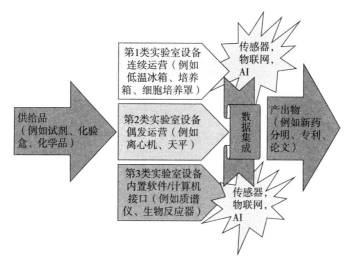

图4.3 研究实验室的生产生态系统

第二类设备的连接有助于科学家协调彼此之间的实验安排。离心机的使用可能对时间非常敏感，必须在特定的实验方案完成后才能使用。有了设备时间表的数据，科学家就可以对实验进行相应的安排，避免浪费实验方案和时间。

第三类设备已然产生了数字形式的数据，但数据仅与设备的核心功能有关。将传感器置入这一类设备，可以将其功能与其他设备进行更灵活的集成。例如，分光仪生成的数据通常仅限于对样品的浓度分析，既无助于协调或安排科学家的实验计划，也没有考虑读数时可能会对仪器产生影响的室内环境温度。而解决这些问题就需要借助传感器对第三类设备进行改装，并通过物联网连接到其他资产。

上述工作减少了实验中的异常变动，也提高了实验室资产的利用率。它们由此提高了实验室的经营效率。按照斯里达尔的说法，一家标准的大型制药公司可因此节省数百万美元。他说道："看看制药公司在研究实验室上面所开销的数十亿美元，它们的研究实验室一直是极其模拟化的。"随着现代数字技术将模拟式价值链转变为功能丰富的生产生态系统，这一切都可以改变。

使用产品和用户数据获取进阶经营效率

推动经营效率提升的数据未必仅仅来自 ERP 系统或实验室设备等企业资产，也可以通过嵌入式传感器来从产品和用户那里获取。本书导言部分介绍了卡特彼勒平地机，作为用于建筑工地的机器，它在嵌入传感器之后生成了交互式数据，带来了独到的新洞见。在设计平地机时，卡特彼勒设想客户将其用于平整泥土，但传感器数据则显示客户大多使用平地机平整更轻的砾石。这一发现帮助卡特彼勒为平地机开发新刀片，更好地压平砾石。同时，卡特彼勒还为平整砾石设计了一款生产成本更低的机器，产品定价更具竞争力，利润率也更高。也就是说，来自客户的传感器数据使卡特彼勒的研发和产品开发流程更具生产力。如果卡特彼勒依靠调查或焦点小组等传统方法收集产品使用数据，那么将花费更长的时间和更多的资源来实现同等效果。

即使传感器难以嵌入产品，企业也有可能从客户那里接收交互式数据。宝洁和红牛（Red Bull）等包装消费品公司正在使用接入网络的传感器，同时借助创造性的 CRM 程序从客户身上生成交互式数据。CRM 程序有助于吸引当前客户和潜在客户访问企业网站，最终向企业提供交互式数据，而这些数据通常难以通过第三方零售商获得。

宝洁的婴儿纸尿裤品牌帮宝适（Pampers）配备了 CRM 程序，从而为年轻母亲或准母亲提出照顾婴儿和幼儿的建议。类似地，红牛的 CRM 软件推出炫目的特技视频，以"红牛给你翅膀"的品牌形象吸引客户群。客户通过点赞行为、参与的忠诚度计划、提问偏好等为企业提供交互式数据。这些数据既可帮助企业进行大规模定制，也有利于企业对广告和促销活动进行微定位。这些广告选择最有可能吸引个人客户的信息，以引人注意的方式投放在脸书、谷歌等数字渠道上，由此提高了广告的效率。

从产品和用户数据中产生的经营效率更具先进性，它们不仅改善了资产运营，而且还惠及广泛的流程，如研发、产品开发、营销和广告等。因其代表了更高层次的数字化转型，这种先进经营效率的运用也给传统企业带来了更多挑战。究其原因，与价值链资产相比，从产品和用户那里获取传感器数据要困难得多。第 6 章将对此作进一步探讨，以期梳理企业获取数字客户（也就是提供交互式数据的客户）时面临的挑战。

提高经营效率的多种方法

如以上例子所述,借助生产生态系统,传统企业可以用多种方法提高经营效率。这些例子蕴含的启示对所有行业都有实践价值,可被用于不同的环境,帮助企业借助生产生态系统提高经营效率。诚然,本书不可能穷尽所有方法。但只要一家企业明确了值得提高经营效率的领域,现代技术就可以为其提供解决方案。本章曾提到 noodle.ai 和元素机器公司的示例,传统企业可以使用诸如此类的第三方实体提供基于物联网的解决方案,将不同的价值链资产和实体连接起来,从而提高经营效率。

提高经营效率的意义重大,但它并不是生产生态系统带来的唯一好处。传统企业还可以利用生产生态系统生成新的数据驱动型服务。通过这种方式,生产生态系统可以助力传统企业,在降低成本的同时创造新的收入。下一节对此给出示例。

来自生产生态系统的新型数据驱动型服务

前文数次提到的卡特彼勒公司是美国标志性的制造企业之一,它源于 1925 年霍尔特制造公司(Holt Manufacturing Company)和 L. 贝斯特拖拉机公司(L. Best Tractor Company)的合并。如今,卡特彼勒是世界上最大的建筑设备制造商。它制造装载机、挖掘机和推土机等产品,带有一目了然的黄色外观和人所熟知的 CAT 标志,成为大多数建筑工地场景的显著特征。卡特彼勒理所当然地被制造坚固机械工程产品的文化所浸润,其产品能够适应恶劣的天气条件和崎岖地形，公司也因此被称为"铁老大"（Big Iron）。尽管如此，卡特彼勒近年来也在数字世界崭露头角，推出一系列复杂的新型数据驱动型服务。

卡特彼勒销售并维护范围广泛的产品，涵盖建筑和采矿设备、柴油和天然气发动机、工业燃气轮机和电传动柴油机车等。这些产品被用于众多行业，包括建筑、采矿、石油和天然气勘探与开采、发电、海运、铁路运输等许多部门。该公司打造了传统的组织结构，确保每款产品都能有效满足用户行业的独特需求。与此相应，在20世纪90年代初期，卡特彼勒在公司旗下组织了自主的业务部门。每个业务部门（如全球挖掘机事业部）都自负盈亏，它们自己决定生产多少，引进什么样的产品设计，在哪里生产，向哪些供应商采购，等等。

这种结构在20世纪90年代的企业集团中相当普遍。正如第3章所讨论的那样，当时的企业战略主要受到行业特征的影响。企业的核心格言是，盈利能力源自产品及产品在相关行业内有效整合竞争力量的方式。

然而，其后十年间，数字技术开始改变卡特彼勒的业务格局。行业之外不同类型的新晋企业开始进入卡特彼勒的各个市场。这些新进入者并没有用类似产品与卡特彼勒竞争，而是通过数据为客户提供新服务。它们利用数据推出创新的数字服务，帮助建筑设备用户更有效地管理资产，无论这些资产的卖家是卡特彼勒，还是其主要竞争对手，如小松（Komatsu）、日立（Hitachi）和沃尔沃（Volvo）等。

天宝（Trimble）和特立阄（Teletrac Navman）是两个新进入者

的例子。这两家公司都具有 GPS 和蜂窝技术方面的背景，而且都有能力为任何品牌建筑设备的用户提供大量新型数据驱动型服务。借助它们的服务，建筑设备所有者可以进行实时监测，例如监测施工现场编队工作的前端装载机、反铲挖掘机、推土机和滑移式装载机的实时位置。在设备上安装传感器之后，这两家公司还能提供有关点火状态、发动机诊断、车辆活动和燃料消耗的实时数据，由此生成对工程车队的生产力评估。

对于卡特彼勒来说，上述数字能力并不陌生。事实上，该公司的许多采矿产品已经配备了复杂的传感器和物联网技术，并且被设计为自动驾驶机车开展工作。对卡特彼勒来说，获取现代数字技术并不是什么大不了的事，将技术应用从少数精选产品扩展到所有产品才是一项挑战。卡特彼勒采用的是业务部门驱动的组织结构，在其中，并非所有独立业务部门的负责人都认可产品配备先进数字技术的紧迫性。例如，从产品设计的角度看，负责小型滑移转向业务的部门可能认为很难添加传感器。除非业务部门能够让客户相信附加成本物有所值，否则产品的价格可能会变得没有竞争力。

但在 2010 年，由首席执行官道格拉斯·欧博赫曼（Douglas Oberhelman）领衔的公司领导层确信卡特彼勒需要进行重大的内部文化变革，以此满足新的数字世界中不断增长的客户需求。公司现有的"铁老大"文化不可持续。诚然，卡特彼勒也认识到，在做出重大改变时，关键业务领导人的支持至关重要。毕竟，业务部门领导人是重要的利益相关者。在任何有意义的互联产品应用变成战略计划之前，他们必须心悦诚服。

交互式产品性能产生新的数据驱动型服务。 卡特彼勒开发了一个矩阵,帮助公司业务部门领导人梳理时间、地点和方法的优先级别,据此判断实现产品互联的合理性。利用这个矩阵,他们可以界定技术赋能的交互式产品性能,将面向客户的全新数据驱动型服务可视化。可视化还有助于发现加速产品互联应用的方法。卡特彼勒的交互式产品性能和相关数据驱动型服务按范围分属四个大类,分别是设备管理、生产力、安全性和排放。此外,每个功能类别都可以应用于单个资产、资产群或在全球不同地点开展多个项目的企业(表4.1)。

表4.1 交互式产品性能和数据驱动型服务

	设备管理	生产力	安全性	排放
资产	发动机闲置的总体时间	起吊物料的吨位	资产运行的安全性	资产排废量
车队	需要维修的具体车位和时间	完成任务所需的资产数量	用游戏化操作激励操作员提高安全性	减少排放的方法
企业	按工期或落后工期的项目	项目之间的资源配置方式	维持跨区域安全标准的方法	项目排废量的差异及其原因

矩阵中的每一格都代表一种交互式产品性能。例如,在任何给定的时点,资产是在用还是闲置,这方面的信息意味着一种交互式产品性能。有了这个矩阵,业务部门经理和客户都可以将产品性能可视化,并择其合适者开展应用。每种性能都可以作为价值定位呈现给卡特彼勒的客户,如果吸引力够强,就可以发展成为数据驱动型服务。例如,对资产闲置与否的影响因素进行详尽中肯的分析,就是一项服务。同理,其他格子都代表着各自的发展机会。再举一个例子,让我们考虑数据驱动的竞赛化,它可以激励操作员的安全

操作（矩阵中以车队为行、安全性为列所对应的格子）。这项功能跟踪操作员的工作，为每位操作员生成安全评分，如果分数高于其他操作员，则该分数可兑换礼品卡，以此对操作员产生激励。对于感兴趣的车队业主，卡特彼勒可以为他们提供这种数据驱动型服务。

该矩阵帮助业务部门经理确定其业务采用产品互联的好处以及具体的数字服务种类。某位经理可能会认为，对于其所在业务部门的滑移式装载机或挖掘机之类的小型产品，新的数据驱动型服务可能只对企业级客户有经济意义。此外，该矩阵还帮助业务部门经理发现数据服务的恰当范围。例如，滑移式装载机不需要连续的实时数据流，只需要每天发送一到两次有关位置和服务计费时长的基本信息。只需做到这一点，数据在成本利得上的表现就会对客户更具吸引力。

卡特彼勒于 2012 年开始实施这些举措，公司当时大约三分之二的产品作为互联产品出厂。到了 2015 年，所有卡特彼勒产品在标准交付时均带有交互式产品性能。以下几个因素发挥了作用：传感器变得更小、更便宜；卡特彼勒创建了数字专家团队，包括一个集中的"数字工厂"，（在业务部门批准下）帮助业务部门、分销商和客户了解集成式机器传感器和物联网的价值；最重要的是，卡特彼勒实施这一举措时确实得到关键利益相关者的支持，其中包括各事业部经理、财务经理、经销商和客户。

2008 年，卡特彼勒成立了一家合资企业，合作伙伴是天宝公司。如前所述，天宝是建筑领域的新进入者之一，擅长数字技术。在 GPS 和建筑信息管理（BIM）技术方面，天宝向卡特彼勒提供了老道的专业知识。[5] BIM 技术用于管理场地在物理和功能特性方面的数字表征，如建筑工地的地形。此外，加入合资企业后，天宝还带来了在资产内部构建物联网连接和数据分析方面的经验。"天宝的技能和经验是对卡特彼勒在建筑设备领域的实力的理想补充，"天宝软件架构和战略高级副总裁普拉卡什·耶尔（Prakash Iyer）如是说，他在合资企业中发挥着领导作用。天宝提供了安装在卡特彼勒机器中的机器控制硬件，以及生成和收集数据的传感器和软件。卡特彼勒与天宝合作，加快了许多战略性数字计划的实施步伐。

产品维护的预测性服务。卡特彼勒很快意识到，配备传感器的互联产品还可以提供更专业、更有利可图的服务。具体而言，就是数据驱动的产品维护服务，通常称为预测性维护。这类服务的基础是分析传感器数据，预测组件故障，并在设备发生故障之前发出提醒留意的预警。借助预测性服务，卡特彼勒的客户可以减少停机时间并从中受益。实际上，机器的停机时间代表着建筑项目的巨大成本。所有建筑项目都需要多台机器协同工作以完成任务。例如，拖车运走泥土，压路机平整泥土。如果任何一台机器发生故障，整个序列就会中断，从而导致时间和金钱的损失。

减少停机故障的现行方法是为机器安排定期维护。调度时间表通常根据机器运行时数预先设定，根据机器的平均使用情况和相关磨损的历史信息决定机器的最佳运行时数。在运行到这一时数之后，机器便被安排进行维护。新的数据驱动型产品维护则与此不同，它使用来自单个机器或机器组件的实时运行数据，据此预测何时让机器进行维护。之所以能这样做，乃是因为机器中的传感器网络可以抓取与机器磨损相关的各种数据。一些数据涉及机器工作的条件，如地形的性质、海拔、土壤成分和硬度以及天气条件。除此之外，传感器还抓取机器不同组件的实时状态数据，如涡轮增压器速度和温度，又如发动机油压。AI 有助于理解这些数据并提出可靠的预测。

有了这些数据，用户可以更精确地估计何时让公司安排维护。他们还可以更好地做出权衡，评估究竟是在机器出现故障之前进行维护，还是在尚未真正需要维护之前让机器保持运行，以此节省大量成本。对于大型项目，节省的成本可以高达数百万美元。2015 年，卡特彼勒与工业 AI 软件公司 Uptake 合作，开始为客户提供预测性维护服务。[6]

Uptake 等公司的 AI 引擎需要大量数据才能发挥作用，而卡特彼勒早先与天宝成立的合资企业则扩大了可用于 Uptake 的 AI 算法的数据池，进一步助推卡特彼勒的预测性维护计划。天宝是卡特彼勒的合作伙伴，但它自己也是一家独立供应商，其硬件和软件既卖给卡特彼勒，也卖给其他建筑设备制造商，包括小松、沃尔沃等卡特彼勒的竞争对手。由于产品安装在不同品牌的设备之中，天宝可以获取庞大的机器数据池，远非卡特彼勒独自一家可比，Uptake 的 AI 引擎和算法因而得到提升。天宝不仅在不同建筑工地运行的大量机器中安装了必要的硬件和传感器，而且还拥有必要的 API，用于促成这些机器到 Uptake 的数据传输。诚然，卡特彼勒和天宝需要获得各个建筑工地资产所有者的许可才能访问这些数据，但这些所有者通常乐于分享这些数据。因为更大的数据池可以带来更好的预测，从而帮助其更有效地安排机器的维护。

在卡特彼勒的例子中，企业利用预测性服务减少产品停机时间。类似地，保险公司可以利用预测性服务降低风险和不良后果。例如，利用家居传感器，保险公司有可能预测漏水并关闭水管，采取纠正措施来避免更严重的破坏,降低保险公司的负担。

创造收入。新的数据驱动型服务为客户带来价值,卡特彼勒等公司也因此有理由希望将这类价值定位变现。事实上,卡特彼勒已通过多种方式将其服务变现,其中最直接的方式就是订购不同的服务。为此,卡特彼勒开始提供 CAT Connect、Minestar 和 Insight 等各种接口。通过这些接口,该公司的客户可以从包含不同选项的菜单中选择他们喜欢订购的服务。

在采矿和发电厂等特定行业,80%~90% 的用户都订购了大量的数据驱动型服务。数据驱动的远程监控给这些行业带来的价值更加明显。但是,并非所有行业都有如此之高的订购率和如此之多的数据驱动型服务应用。总体而言,大约 70% 的卡特彼勒客户使用某种形式的远程监控。监控也许很简单,比方说,每天收工时,让车队业主知道是否对所有机器进行了核算。30% 的卡特彼勒客户不使用任何形式的数据相关功能,哪怕它们是免费的。有些人可能没时间分析天天提交的数据所呈现的选项,其他人可能头绪太多,于是认为目前的做法挺好,无须加入现代技术。以上都是卡特彼勒尝试通过订购模式增加数据驱动型服务的收入所面临的挑战。

然而,订购并不是产生新收入的唯一途径。正如卡特彼勒发现的那样,还有间接的收入来源。例如,卡特彼勒发现选择预测性维护服务的客户也更有可能购买更多备件。究其原因,使用预测性维护服务的客户更有可能使用其他的数据驱动型服务,例如,用实时数据对机器进行远程监控。在机器闲置等情况下,这些服务会发出提醒。客户会对提醒做出反应,尝试减少机器的闲置时间,因此能够更长时间地使用机器,导致机器更快的磨损,因而增加对更多备件的需求。然而,总的来说,预测性维护降低了卡特彼勒客户的成本。原因主要有两点：一是减少了机器停机时间；二是避免了灾难性故障。在这里,节省的金额远远超过了客户用于购买额外备件的支出。

此外,卡特彼勒还发现,对作业现场的资产进行更多远程监控时,客户会购买更多资产。如果某位客户分析数据,发现在作业现场添加新的轮式装载机可以进一步提高生产力,那么该客户就更有可能追加购买这种机器。换句话说,数据既是非常有效的销售工具,也是增加收入的驱动力。

这就是卡特彼勒向数字世界转型的故事。让我们来看另一个不同维度的数据驱动型服务的例子。

大规模定制。有这么一些交互式产品性能,它们使产品对每位客户或每次使用呈现各不相同的工作方式。在这里,我们举出的例子是睡立能,一家设计和制造智能睡床的公司。作为一家公司,睡立能很早就认识到,每个人的睡眠方式都不一样。该公司从 20 世纪 80 年代开始力推创新,以期提高个人的睡眠质量,其 DualAir 技术尤为出色。该技术让每名用户都有独一无二的睡眠参数设置,以此来调整睡床每一侧的硬度。睡立能睡床结合了专有的记忆海绵和可调节气垫技术,可以调适每位用户在床垫上的身体压力点。所有用户都有自己喜欢的床垫硬度以及床与身体的贴合程度,他们可以据此找到合适的参数设置,同床的用户甚至可以各自调适床垫硬度。用户通常会尝试不同的设置选项,直到他们"称身如意"为止。参数设置可以随时调整,而公司也鼓励用户这样做,以确保最佳舒适度。

早期型号的睡立能睡床受制于气垫的性质,床垫的设置可能会受用户的移动程度、体温、室温和其他因素的影响，一整晚不断变化。如今，睡立能最新型号的产品使用传感器数据进行智能调整，确保睡眠参数设置在整个晚上保持稳定，从而始终保持最佳舒适度。集成在床垫中的生物识别传感器可以跟踪用户的呼吸、心率以及辗转反侧，传感器将这些生物特征数据发送到云端的基础设施，然后再输入 App。有一种算法为每位用户算出个人睡眠得分（又称 SleepIQ 得分），它反映了用户的睡眠质量和安静程度，用户可以在智能手机的 SleepIQ App 中查看这些得分。

SleepIQ 算法访问传感器的数据流，据此动态优化睡眠得分。随着时间的推移，算法访问的数据越来越多，对每个人的睡眠模式也越来越了解。基于通过 SleepIQ 技术收集的超过 130 亿个生物特征数据点的宝贵睡眠数据[7]，智能床垫可以生成改善睡眠体验的个性化建议。它们为用户提供了与其睡眠模式和昼夜节律有关的个人信息，并且提出了帮助用户改善睡眠质量的生活方式调整建议。

展望未来，睡立能预计能够识别睡眠–呼吸暂停综合征和下安腿综合征之类的慢性睡眠问题，并最终可以预测心脏病、中风等健康状况。2020 年，该公司与妙佑医疗国际（Mayo Clinic）建立合作伙伴关系，推进睡眠科学研究，重点关注心血管医学并设立专项研发基金。该公司希望扩充业务范围，从床垫生产商升级到健康服务提供商。

数据不仅使睡立能得以大规模定制床垫，而且还产生新的数据驱动型性能，成为推动品牌差异化和竞争优势的重要资源。

利用生产生态系统跨越数字化转型的前三个层次

现代技术可以通过多种方式充实传统企业的价值链网络。技术充实程度越高，企业的生产生态系统就越活跃。而且，有了充满活力的生产生态系统，传统企业就可以用数不胜数的方法释放数据价值。本章区分了释放数据价值的两种广泛途径：一种是提高经营效率；另一种是生成新的数据驱动型服务。提高经营效率可以降低成本，新的数据驱动型服务则可以带来新的收入。生产生态系统通过这两种途径助力传统企业，使它们跨越本书导言所述的数字化转型的前三个层次。

对于企业来说，第一层次必不可少，因为大多数企业都可以从经营效率中受益。绝大多数的数字化转型计划也都自然而然地发生在这一层次。对于那些把经营效率作为战略重点的企业来说，这一层次尤为重要。例如，石油和天然气公司运营油井、管道和炼油厂，需要数十亿美元的投资，对钻孔位置或钻孔量的错误估计可能造成数百万美元的损失。使用物联网设备、AI和其他建模技术之后，企业可以进一步提高发现储量的概率，从而节省高达50%~60%的运营成本。

有些企业可能会发现很难超越第一层次，因为获取产品和用户的交互数据很麻烦。钢、铝和纯碱等行业就是例子。在第一层次，企业的主要挑战包括在资产运营中广泛推行交互式数据应用，并且打破信息孤岛，实现跨资产的数据生成和共享。传统企业可能会从思考以下战略问题中受益：

- 我们是否已经穷尽了从资产中获取交互式数据的可能性？
- 我们是否制定了流程，使这些数据的共享得到优化？
- 有没有创造性的方式供我们收集和使用产品-用户交互数据，以期提升到更高层次？

如果产品具有从用户身上激发交互式数据的潜力，企业就迫切需要在第二层次立足。如果发挥得当，这些潜力将助力企业跨越第一层次，获得更多的战略优势。但是，如果可用的产品-用户交互数据不适用于创造新收入的服务，那么第二层次将成为企业数字化转型之旅的终点。许多包装消费品都属于这一类。对于这类业务，交互式数据的主要用途无非是提高广告或产品开发的效率。

第二层次的关键挑战是创建数字客户群，亦即提供交互式数据的客户群。如前所述，宝洁纸尿裤业务面临的挑战是在网站上生成内容，使之能够激发当前客户和潜在客户，并且激励他们积极参与。与此相关的一项挑战是建立数据挖掘流程，对大量交互式数据进行解释，以此提高广告效率。所以，企业可能会发现思考以下战略问题很有用：

- 我们如何发现数字客户？
- 我们如何为产品配备传感器？如果为产品配备传感器不可行，我们还可以通过哪些方式从客户身上获取交互式数据？
- 我们如何增强数据挖掘能力？
- 我们如何进行创造性思考，将交互式数据的使用范围扩展到可以创造新收入的服务，从而提升到下一个层次？

当产品和价值链能够生成数据驱动型服务时，企业必然要求迈向第三层次。这些企业必须充实自身的生产生态系统，把战略优势从提高经营效率扩展到产生新的数据驱动型服务。进入第三层次意味着企业实现了重大升级，亦即使用数据的效益从提高经营效率升级到产生新的收入。然而，许多企业发现自己无法实现下一次升级，亦即无法将生成数据驱动型服务的基础从价值链升级到数字平台。消费生态系统发展不充分可能是一个原因，第 5 章将对此加以阐述。以家电企业为例，洗碗机配备传感器之后，其价值链可以产生数据驱动型服务。企业可以在组件发生故障之前进行预测，据此提供预测性维护的订购服务。但是，洗碗机很难以数字方式连接到其他互补实体，因此不容易以数字平台方式开展经营。

但是，许多企业毕竟错过了将产品延伸到平台的机会，其数字计划也因此被限制在第三层次。它们忽视了产品的消费生态系统，或者说，它们认为将产品延伸到数字平台的风险大于回报。在健身器材行业，派乐腾和诺迪克（NordicTrack）将产品延伸到数字平台，而它们的许多竞争对手却做不到。

生成有竞争力的数据驱动型服务需要大量数据。数据越多，助推服务的算法的智能程度就越高。例如，随着数据的增多，智能牙刷生成的刷牙质量报告的准确性趋于提高。拥有更多数据时，卡特彼勒可以更好地预测设备的停机时间。总之，吸引更多数字客户的企业可以凭借网络效应提供更好的数据驱动型服务。然而，为了吸引数字客户，企业首先要建立服务优势，而且只有在形成数字客户的临界规模之后，这一优势才能反哺生效。因此，通过数据驱动型服务创造网络效应优势是第三层次的关键挑战。打造新的数据驱动型服务也具有同样的挑战性，对于长期以生产和销售产品为基础的商业模式来说，它意味着重大改变势在必行。所以，传统企业可能会从思考以下战略问题中受益。

- 我们如何为数据驱动型服务构建网络效应？
- 我们应该如何为配备传感器的产品定价，以便吸引更多的数字客户？
- 我们如何将数据驱动型服务从价值链扩展到数字平台，从而提升到下一个数字化转型层次？

生产生态系统和经营效率：解决老问题的新方法

用生产生态系统提高经营效率，这类似于用新的解决方案处理老问题。本章重点介绍的几个例子，如提高采购效率、减少未发货订单、提高研发生产力等，都是企业高管长期以来致力实现的目标。现代数字技术为这些老问题提供了新的解决方案。例如，工业工具和家居硬件制造商史丹利百得公司（Stanley Black & Decker）应用现代数字技术将产品标签错误减少了16%；[8] 利用联网的工厂，家电制造商 Sub-Zero 将其新产品推出时间缩短了20%；[9] 与手动方式相比，基于视觉的福特汽车喷漆自动检测系统将缺陷检测效率提高了90%。[10]

改善产品推出时间、减少错误或节约能源等，都是企业界众所周知的老大难问题，因而很容易成为工作目标。应对这些问题所涉及的成本利得权衡也很容易理解。对于许多传统企业来说，在这些方面提高经营效率可能是数字技术投资唾手可得的收益。它代表了传统企业对生产生态系统投资最先、也是最容易获得的回报。然而，要牢记的是，提高经营效率只是第一步，生产生态系统能做到的还有很多。

从生产生态系统启动数据驱动型服务：新的风险回报权衡

对于大多数专注于产品和产品市场战略的传统企业来说，启动数据驱动型服务是一种新的尝试。这种尝试可能要求它们打造新的数字能力、聘请新型人才并培养新的思维方式（见第 8 章）。对风险回报的权衡也是全新的。在生产者能够访问大量的客户数据之前，数据驱动型服务的好处对客户来说可能并不明显，也就是说，广泛的应用通常是先决条件（见第 6 章）。实现广泛应用可能需要大量投资，可能存在风险，如果不经思索就付诸实施，传统企业可能血本无归。

在这种背景下，通用电气和卡特彼勒开启了各具特色的重大数字化转型行动，将其进行对照可获得启发。两家企业都是标志性的工业巨头，都走上了由"铁老大"向"智能铁老大"的转型之路。如本章所述，卡特彼勒的转型牵涉游说分权制的组织，让大家相信推出新的数据驱动型服务所带来的好处。该公司制定了工作流程（如表 4.1 的矩阵所示），让关键的利益相关者就各自业务和产品的数字化转型之路建言献策。

相比之下，通用电气的做法似乎更加"自上而下"。该公司投资十多亿美元用于建设新的软件能力并开发 Predix 技术，该项技术提供一个通用接口，为跨越喷气发动机、机车、医疗设备、涡轮机等多个部门的公司资产生成新的数据驱动型服务。通用电气将软件人才从不同的业务部门和地区转移到加利福尼亚州圣拉蒙的集中地点。该公司的想法是，所有产品都将采用类似方法生成数据驱动型服务，所有服务都以 Predix 为基础。通用电气的喷气发动机向飞行员建议最佳飞行方式以节省燃料，所以它的机车如法炮制，向驾驶员建议最佳路线，以期获得类似效果。通用电气的涡轮机可以生成预测性维护服务，所以它的核磁共振仪也可以做到。在此过程中，通用电气还为销售和营销人员制定了新的通用准则。

然而，这些都是早期的实验。通用电气及其客户都不能确定各自的投资回报。这些举措也给通用电气的销售人员带来了不确定性。销售方面的专业人员接受过复杂工程产品的销售培训，现在不得不转向数据驱动型服务的销售工作。通用电气也许意在引领潮流，但其转型或许计划太多，落地太早。最终，通用电气的数字化转型愿景并未按计划展开。

与此同时，通用电气为工业界人士构思数字化转型提供了宝贵的新概念、新想法和新方法。正是在 2012 年的"思想与机器"大会上，时任首席执行官杰夫·伊梅尔特（Jeff Immelt）宣布了通用电气对"工业互联网"（industrial internet）的承诺，使这个词风靡业界。众所周知，消费互联网推动了电子商务和智能手机革命。伊梅尔特言之凿凿，昭示工业互联网可以使机器和资产释放同等力量，引发另一场交相辉映的革命。与此类似，"数字孪生"的想法应运而生，泛指利用产品提供的交互式数据流为资产赋能，呈现为数字表征，这是通用电气的另一个重要贡献。

本章学习要点

与提高经营效率相比，传统企业可能会发现推出数据驱动型服务更具挑战性，回报也有可能更大。第 8 章将讨论传统企业如何打造必要的数字能力，从而获取这些回报。在此之前，第 5 章将阐述数字生态系统的另一个方面，即消费生态系统。

第 5 章

从消费生态系统释放数据价值

从根本上说，生产生态系统的建构出自传统企业的价值链网络。当价值链的实体、资产和活动在网络内部生成数据并进行共享时，生产生态系统就会出现。大多数传统企业都有相当完善的价值链，也有利用IT系统在价值链网络中生成和共享数据的经验。因此，在它们看来，使用现代数字技术进一步充实生产生态系统不过是数字计划的自然延伸。

另一方面，消费生态系统的建构出自互补网络。它们之所以出现，乃是因为数字连接使第三方的实体、资产和活动组成了网络，能够补充产品生成的数据。几乎所有产品都有互补品，然而在传统商业模式中，互补品很少发挥重要作用。直到最近，大多数互补品甚至都没有建立数字连接。再者，传统企业无法控制互补品连接起来成长为消费生态系统的过程。消费生态系统并非源自企业内部的数字化举措，它由外部的数字力量驱动而成。顺应数字技术的现代趋势，企业界周围出现了数十亿相互连接的实体和资产，它们是任何一种传统企业产品所生成数据的互补之源。

这些趋势很新潮，传统企业可能还没有发现新兴消费生态系统带来的许多机会。传统企业通常对价值链非常熟悉，可能更倾向关注生产生态系统新出现的数据驱动型机遇。因此，它们可能会忽视消费生态系统中静待开发的商机，在消费生态系统方面陷入数字近视陷阱。

最后，为了打造消费生态系统，传统企业需要将价值链扩展成为数字平台。数字平台可以促进各种实体、资产和活动之间的数据交换，与企业产品生成的数据互为补充，从而提供一种有效途径，引导企业的消费生态系统生成数据驱动型服务。例如，想用运动感应灯泡提供家居安全服务的灯泡企业需要数字平台。只有通过这样的平台，企业才能有效促进安全警报和智能手机等互补品之间的数据交换。对促进各种互补品之间数据交换的数字平台的需求，正是区分消费生态系统和生产生态系统的重要因素。

传统企业如何打造平台

大多数传统企业并不在数字平台上运营。对它们来说，平台是新事物。因此，即使传统企业从周围出现的新型消费生态系统中认识到新机遇，打算从新型数字平台中获益，其前进之路也并非一帆风顺。当企业考虑对现有商业模式进行如此重大的改变时，它们可能会遇到几个问题。一开始，企业可能想知道自己正在进入什么领域，并将自己设想的数字平台与第 1 章讨论的数字巨头进行比较，思考其余数字巨头的异同。

第 5 章 从消费生态系统释放数据价值

相似之处不出所料。在以上两种情况下，数字平台的基础商业模式都依赖平台参与者之间的数据交换。但是两者之间也有区别。传统企业的数字平台源于产品生成的数据，因此它们与产品及其生成的数据之间的联系一直保留（即"系留"）。[1] 这种系留性质使传统企业的数字平台与第 1 章讨论的许多数字巨头的数字平台有所不同。

如前所述，数字巨头的数字平台通常始于一个创新理念，它界定了一种市场需求，进而在互联网上利用数据创造价值。商业模式随之浮现，在其中，数字平台吸引了相关用户，并通过生成和共享数据创造价值。第 1 章提到了脸书、网飞等许多示例，它们的基本思想是在交易过程中消除实体存在，并使用数据创造价值，由此而来的业务计划经数字平台加以落实。与此类似，优步、爱彼迎等知名数字平台也开始践行创意，利用数据和互联网进行资产共享。在这里，它们同样通过数字平台实施商业计划。总之，这些数字平台从一张白纸开始，运用创意，面向未被满足的需求开展服务。

系留数字平台并非始于一张白纸，它们最初的商业理念本身系留企业产品及其产生的数据。系留平台的用户同样"心系"这些数据。这类系留数据产生了新的市场机会，但也限制了机会的范围。换言之，产品－用户的交互数据限定了系留数字平台的范围和可行程度。

产品及其与用户交易的数据构成了系留数字平台的本源，对有志于数字平台转型的传统企业来说，这一联系提出了几个附加的问题：产品及其生成的数据是否适合创建数字平台？企业如何衡量其产品－用户交易数据的潜力，以便打造商业上可行的数字平台？产品生成的数据如何塑造系留数字平台？数字平台是否因传统企业拥有的产品类型而异？传统企业如何决定其建设的平台类型？企业应该如何使用这样的平台开展竞争？

回答上述问题将有助传统企业了解如何打造消费生态系统并从中创造价值。本章构建一个系留数字平台的分析框架，以此回应这些问题。[2]在此之前，让我们探讨一下系留数字平台的关键组成部分。

系留数字平台

图 5.1 显示了系留数字平台的主要组成部分。

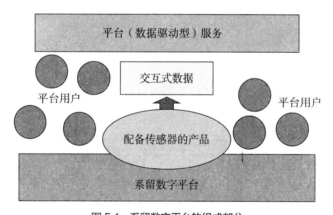

图 5.1　系留数字平台的组成部分

系留数字平台有四个基本组成部分：首先，它有一种配备传感器的产品；其次，它有来自配备传感器的产品与其用户的交互数据；再次，它有平台用户，包括配备传感器的产品的直接用户（如智能牙刷用户）和互补用户（如牙医），后者的数据与直接用户产生的交互数据形成互补；最后，它有通过所有平台用户之间共享和交换数据而产生的平台服务。因为传感器和配备传感器的产品是系留数字平台的基础,所以我们首先对其进行讨论。

传感器和配备传感器的产品的兴起

拉菲尔·纳达尔(Rafael Nadal)是网球史上最伟大的球员之一,自2004年以来,他一直使用百保力网球拍。百保力是网球拍的领军品牌之一。2012年,纳达尔开始接触带有内置传感器的百保力"联网"球拍。[3]他在训练时使用这款球拍,因而得以监测自己的击球方式,为比赛做好准备。按照他的教练(也是他的叔叔)托尼(Toni)的说法,当正手击球占70%、反手击球占30%时,纳达尔更有可能在比赛中胜出。[4]借助智能球拍,纳达尔和教练可以跟踪训练赛期间的正反手击球次数。除此之外,他们还可以评估击球的许多其他属性,例如,有多少次上旋球(前旋球)、多少次切球(后旋球)、发球的力度、击球的位置,以及每回合的击球次数。传感器将数据发送到智能手机,然后在手机上进行数据审查和分析。2013年,国际网球联合会批准在比赛中使用联网球拍,允许职业球员在赛事期间收集球员、球拍和网球之间的交互式数据。

如今,使用联网球拍的不仅有纳达尔这样的职业网球运动员,还有众多的网球爱好者。使用百保力联网球拍之后,用户甚至可以将个人的最佳击球与纳达尔进行比较(纳达尔是该品牌的代言人)。[5]之所以能够这样做,乃是因为百保力收集了纳达尔训练期间生成的交互式数据,并有选择地向其他百保力用户开放。海德(Head)、尤尼克斯(Yonex)、威尔胜(Wilson)和王子(Prince)

等顶级公司现在都提供联网球拍。此外，索尼（Sony）和泽普（Zepp Labs）提供可连接到任何网球拍的独立传感器。这些传感器是缩微电子芯片，可以安装在球拍手柄的底部，也可以安装在球弦的避震器上。传感器也可用于腕带，让用户享受联网球拍的好处。

传感器能派上用场的远不止是打网球。例如，不同种类的传感器可以植入可食药物之中。2017 年 11 月，美国食品药品监督管理局（FDA）批准了第一种带有可摄入传感器的数字药物，[6] 即阿立哌唑（Abilify Mycite），它用于治疗精神分裂症、双向情感障碍和抑郁症等精神障碍。植入药丸的传感器直径仅 1 毫米，被称为可摄入事件标记。药丸一经吞下，其中的传感器就与胃液接触，触发感器中的化学物质做出反应，激活发送到可穿戴蓝牙贴片的信号，由信号生成可在智能手机上查看的数据。这些数据可用于追踪患者是否服用了药物。对于精神障碍患者来说，定期服药并不容易做到，智能药丸的跟踪功能可监测药物摄入量和行为症状，帮助家庭成员和医生介入患者的健康状况管理。

电子芯片和可摄入原料可制作传感器，除此之外，如今有许多传感器是通过软件构建的。这方面的一个例子是桑巴公司（Samba TV），它是集电视内容推荐引擎和观众跟踪 App 于一身的制造商。该公司为索尼、TCL 和夏普等电视制造商提供传感器，可以抓取观众在智能电视上观看的内容。它使用自动内容识别（ACR）技术，需要在电视上安装基于软件的算法。这套软件能够处理电视上播放的每帧视频并计算出视频"指纹"，将之发送到服务器。服务器将视频"指纹"与源视频数据库相比较，进行内容识别，从而使桑巴公司和电视制造商能够抓取观众正在观看的内容的数据。利用这些

第 5 章 从消费生态系统释放数据价值

数据,桑巴公司和电视制造商向 NBC、ABC 等电视娱乐内容商提供反馈,告知其节目的受欢迎程度。对于丰田和可口可乐之类的广告商来说,这些数据还可以帮它们了解谁在观看什么节目,以及在什么地方观看,从而更好地调整电视广告投放策略。

桑巴公司的传感器应用表明,传统制造商可以将软件传感器添加到产品之中。如今,绝大多数基于软件的传感器都以智能手机 App 的形式运行。例如,几乎所有银行都为网上理财或支票存款等功能提供软件 App。在此过程中,这些 App 还充当传感器,抓取诸如用户何时何地开销、用户对产品或供应商的偏好以及用户的信用记录等数据。类似地,利用基于软件的传感器,游戏公司从用户身上收集交互式数据。数据会"说很多话",如游戏玩家是左撇子还是右撇子,玩游戏时喜欢用什么策略,下一步行动可能是什么,等等。

从传感器数据到平台用户和平台服务

每一种配备传感器的产品都可以生成独特的产品 – 用户交互数据。每一份数据都可用于生成产品消费生态系统中各种第三方实体、资产和活动之间的交换。为了促进这类交换,第三方实体、资产和活动必须以系留数字平台用户的身份到位待命。系留数字平台连接各类用户并策动它们之间的数据交换,据此提供新的数据驱动型服务。

有了配备传感器的网球拍产生的数据,智能网球拍生产商可以识别适合参赛的智能球拍用户群,生产商还可以根据球员的技术水平推荐合适的教练。球员群和教练群是网球拍消费生态系统的一部分，他们补充了球拍的传感器数据，而且还补充了生成这些数据的个人用户的网球相关需求。一旦加入系留数字平台，他们就成为平台用户。网球拍生产商策动这些用户之间的交流，由此推出新的数据驱动型平台服务，包括组织业余比赛、提供教练服务等。

同理，游戏制作商拥有各种游戏用户的交互数据，可以开发类似的匹配服务，使得竞技游戏更具乐趣。例如，它们可以匹配技能相似或游戏策略互补的玩家。阿立哌唑是双向情感障碍智能药物的创造者，它同样可以策动患者、亲属和医生之间的数据交互。银行从其 App 中获取传感器数据，就客户的消费模式、信用程度、生活方式和购买欲望等提出洞见，因此也可以提供匹配服务。在征得客户同意的情况下，银行可以使用传感器数据策动客户和相关商户之间的交易，而商户则可以提供有吸引力的折扣，满足客户的购买欲望。[7]这样一来，银行就可以将传统理财服务扩展到客户的购买体验中。

以上每种示例都有相似的基本模式。服务过程始于某种产品，它配备了传感器，可以形成产品与用户的交互数据。传感器的数据吸引了产品消费生态系统的互补品，互补品加入平台之后就成为平台用户。系留数字平台促进用户之间的交流，据此提供数据驱动型服务。产品的消费生态系统的牵涉面越大，互补品的数量就越多，平台的用户规模也就越大。所有这些，都拓宽了企业的系留数字平台及其平台服务的范围。

传感器随处可用，功能多样，各类企业都可以采用配备传感器的产品，然后识别传感器数据的互补品，将构建系留数字平台的可能途径可视化，从而提供新的数据驱动型平台服务。这是否意味着所有产品都可以成为平台？答案取决于产品的系留数字平台能否提供商业上可行的服务，而可行性则在很大程度上取决于产品生成的传感器数据类型。如以下讨论所述，这些数据的某些关键属性会极大地影响系留数字平台的基础商业模式。

传感器数据的属性

产品与用户的交互数据与产品的使用密切相关，这是自然而然的事情。交互数据顺应产品的关键性能及主要预期用途，它们出自产品投入使用时的接口。例如，牙刷与用户的牙齿互动，从牙刷收集的传感器数据也就主要与牙科护理相关。因此，这些数据还吸引了与牙科保健相关的互补实体，如牙医、牙科保险公司等。床垫在用户睡眠时与用户进行类似的交互。从床垫获取的传感器数据接收并传达用户睡眠的属性，如心率、呼吸模式、睡眠期间翻身之类的数据。这些数据最明显的互补对象是有助于改善睡眠的事物，如可调节的照明、舒缓的音乐等。睡眠专家则通过协助预防睡眠-呼吸暂停综合征造成的身体损害来提供交互数据。同理，从挖掘机获取的传感器数据涉及该项资产在建筑工地的使用状况，与这些数据息息相关的就是在建筑工地上与挖掘机协同工作的其他资产。

因此，产品与用户的交互不仅决定了产品生成的传感器数据类型，还决定了数据可能吸引的互补品类型，进而决定了平台服务的性质。因此，传感器数据可以显著影响平台服务的商业可行性。基本上，系留数字平台要想在商业上可行并取得成功，其平台服务应该具有强大的市场潜力，最好没什么竞争对手，并且应该为丰富的数字体验提供无缝的数据交换。在考虑这些因素时，应该注意到传感器数据因产品和产品用户接口差异所产生的三个特定属性。具体而言，传感器数据的范围影响着企业平台服务的市场潜力；传感器数据的独特性限制了竞争对手的影响；传感器数据的可控性决定了系留数字平台用户之间为获得丰富数字体验而进行的数据交换的顺畅程度。下面将逐一解释这些属性。

传感器数据的范围

传感器数据的范围给出了对系留数字平台预期服务价值的初始估计。例如，对于智能网球拍生产商来说，初始估计的形式可能是球友匹配服务或教练匹配服务所创造的收入。对于床垫公司来说，它可能将某种平台服务的预期订购收入作为估计形式，服务的内容则是将睡眠数据与室内的体外对象（灯光、音乐等）连接起来，以期改善睡眠体验。像卡特彼勒这一类的公司可以用其他方式估计传感器数据的范围。因为每年都有数十亿美元浪费在建筑工地的返工上，[8] 用数据驱动的方式协调建筑活动之后，哪怕只实现微小比例的节省，也可以节省数百万美元。因此，卡特彼勒可以将公司客户节省下来的成本作为平台服务潜在收入的估算。

在某些方面，传感器数据的范围类似于新产品即将推出时的市场范围。大多数传统企业都知道如何估计新产品的市场范围，了解如何评估新产品的性能所解决的市场需求、潜在客户的概况，以及产品预期参与竞争的整体市场规模。在这个意义上讲，传感器数据的范围类似于新产品的范围。然而，企业估计预期价值的对象不是

第5章 从消费生态系统释放数据价值

新产品,而是新的平台服务。

此外,传感器数据的范围因传感器数据为系留数字平台生成的网络效应而异。传感器数据决定了可能加入系留数字平台的用户种类和数量,因此也决定了系留数字平台可以产生的网络效应。平台服务可能得益于直接或间接的网络效应,抑或两者兼而有之,具体取决于传感器数据吸引的平台用户类型。如第2章所述,直接网络效应源于用户从其他类似用户那里获得的价值,例如脸书用户在平台上与其他用户相识时获得价值。这些相似的用户构成了平台的一侧。间接网络效应源于其他类型的用户或平台的其他方面,例如领英上的专业人士从平台上更多的招聘单位中受益。

以基于智能牙刷传感器数据的系留数字平台为例,它可能会一方面吸引其他智能牙刷用户,另一方面吸引牙医之类的互补第三方。平台服务可以赋能牙医,让他们及时关注牙齿问题,为每位平台用户提供更好的牙齿保健服务。这类系留数字平台得益于间接网络效应,生产商平台上可用的牙医越多,每位智能牙刷用户的潜在利益就越大,反之亦然。如果平台的算法随智能牙刷用户规模的扩大和用户数据量的增加而变得更加智能,那么它也可能产生直接的网络效应。

在智能网球拍系留数字平台的情形是,传感器数据将其他智能球拍用户吸引到球友匹配服务中,该项平台服务得益于直接网络效应。平台上的用户越多,符合最佳匹配条件的选择也就越多,每位用户得到的好处也就越大。当这个系留平台吸引教练之类的第三方互补者加入时,它也会产生间接的网络效应。产品传感器数据吸引的互补实体越多,其系留数字平台的直接或间接网络效应就越大。

这些网络效应增强了系留数字平台服务的潜在价值，因此是传感器数据范围的一个重要方面。

传感器数据的独特性

当其他类型产品的传感器难以获得相同数据时，传感器数据就有独特性。相反，当若干种类型的产品可以访问相同的数据时，传感器数据也就失去特色。例如，对于牙刷生产商，传感器数据源于牙刷与用户牙齿的交互。此类数据可能仅存在于彼此竞争的配备传感器牙刷的生产商。换句话说，大家都是熟悉的对手。欧乐 B 可能会发现，它与飞利浦（Philips）或其他采用传感器的电动牙刷生产商竞争。与此不同，依赖运动数据提供系留平台服务的某家智能灯泡生产商会发现，其产品传感器提供的运动数据访问权限并不局限于其他智能灯泡生产商。同一房间内的多种智能产品都可以访问这些数据，如恒温器、火灾警报器和安全摄像头等。这些不同产品的生产者可能面对同一种平台服务的客户对象展开竞争。换句话说，传感器数据可能吸引来自产品现有行业边界之外的竞争对手。

此外，传感器可以改装到产品中，从而吸引更多的非传统竞争对手。在第 4 章，我们提到卡特彼勒面对这一类非传统竞争者——来自软件、电信和 GPS 领域的天宝、特立闯等。这些竞争对手可以用传感器改造与建筑相关的设备，从而提供原本对卡特彼勒有潜在价值的建筑管理服务。第 8 章讨论了这类数据访问权限相似的竞争对手，并详细考察了它们对传统企业数字竞争战略的影响。

当数字巨头可以访问类似的传感器数据时，最强劲的数字竞争者非它们莫属。这些数字巨头通常拥有强大的多点优势，能够访问传统产品通过传感器孜孜以求的各种数据。例如，借助其无所不包的平台和App，阿里巴巴和腾讯收集全中国普通消费者的消费习惯、信用记录和贷款需求数据，内容比其他专业银行从自身基于App的传感器所获取的数据要丰富得多。[9]因此，在向客户提供贷款时，阿里巴巴和腾讯比传统银行具有更强的竞争优势。

这里的关键点是，传感器数据的独特性会影响系留数字平台的服务竞争力。数据越独特，系留数字平台在商业上就越可行。

传感器数据的可控性

所谓传感器数据的可控性，指的是生产者可以在何种程度上自由地运用产品传感器的数据，从而促进用户和互补实体之间的交换。在产品与用户交互需要中介的情况下，限制条件可能会出现，中介有可能不允许生产者与外部实体自由共享传感器数据。

举个例子，通用电气公司的智能机车产生诸如预计到达时间之类的传感器数据。理论上，这些数据可以与发货方和收货方共享来促成交换，以此提供一系列不同的平台服务。通用电气可以搭建平台，公开透明地向发货方和收货方提供货物的准确位置和预期交付情况。该平台可以提供与货物运输和接收时间精确挂钩的发票和收款服务。它还可以为发货方和收货方提供服务选项，让他们挑选最贴近需求（如最短运输时间或最低运费）的货物运输路线。倘若情况有变，例如需要提早交付、延迟交付或在不同目的地交付，那么即使货物在途，发货方和收货方也可以更改服务选项。平台甚至可以加入卡车司机之类的"最后一公里"配送代理，以扩大其对完成客户整体物流计划的贡献。

然而，发货方和收货方并不是通用电气的直接客户。他们其实是通用电气的客户（即铁路公司）的客户。因此，铁路公司是通用电气与有意向的平台用户（发货方和收货方）之间的中介。铁路公司是机车的业主，自认传感器数据归其所有，可能会禁止通用电气与客户共享传感器数据，预期的平台服务便无法开展。因此，中介的存在可能会阻碍产品企业与意向中的平台用户自由共享传感器数据。

数据隐私是限制企业与外部实体自由共享数据的另一个重要因素。例如，在医疗保健领域，产品的客户甚至都拒绝共享他们可能认为敏感和私密的传感器数据。以雅培公司（Abbott）配备传感器的产品"14天得自由"（14-day Libre）为例，客户可能禁止在互补实体之间共享他们的实时血糖数据。因为他们担心数据被泄露至保险公司，从而对其产生不利影响。

此外，各种监管制度可能会限制不同类型的传感器数据共享。一些法规禁止医院之间自由共享医疗保健相关数据，也有一些法规限制银行之间共享客户的财务数据。这类法规可能会限制许多平台服务的范围。我们将在第9章进一步阐述有关数据隐私和监管制度的问题，它们与传感器数据的无节制共享有关。

总之，传感器数据的三个属性——范围、独特性和可控性——会影响系留数字平台及其服务的商业可行性。对于传统企业来说，这三个属性既有助于评估是否将产品延伸到平台上面，也有助于确定构建系留数字平台的最佳方法。换句话说，根据产品传感器数据的范围、独特性和可控性，企业可以找到最佳方法，最大限度地发挥其所获取的数据的潜力，以期将产品延伸到平台。接下来，我们将图示系留数字平台框架并进行相关阐释。

系留数字平台框架

让我们看看图 5.2 所示的系留数字平台框架。

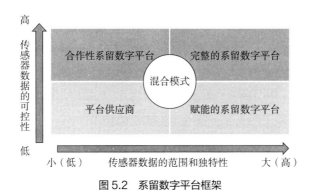

图 5.2　系留数字平台框架

框架的横轴代表传感器数据的范围和独特性，纵轴代表传感器数据的可控性。参与系留数字平台竞争的最低要求是配备传感器的产品。然而，如框架的左下象限所示，并非所有达到最低要求的生产企业都可以作为平台开展竞争。该象限的企业只能作为其他平台的供应商。在其他三个部分中，生产企业可以采用不同的系留数字平台模式开展竞争，这些模式分别是完整的、合作的和赋能的系留数字平台。框架中心的圆圈代表一种混合模式，企业可以在其中有选择地发挥每个象限的若干属性。下面，我们对每一种模式展开讨论。

完整的系留数字平台

这种模式适用于传感器数据在范围、独特性和可控性这三个属性上都很强的产品。有了这样的传感器数据，企业就可以运行自己的平台，直接吸引平台用户，并完全自主地策动用户之间的交流。

以 BD 公司（Becton, Dickinson and Company）为例，它是一家医疗技术公司，业务范围包括制造医疗设备并向医院销售。公司的知名产品有针头、注射器、静脉导管、胰岛素注射器、局部麻醉注射器和麻醉托盘等。近期，除了传统的单机产品之外，BD 还通过联网产品将业务范围扩展到数据驱动型服务。该公司为此进行了一些重大收购，其中之一是在 2014 年以大约 120 亿美元的价格收购康尔福盛公司（Care Fusion）。该项收购使 BD 纳入了多种智能产品和软件技术，包括艾力斯（Alaris）智能输液泵、用于护理站的 Pyxis 自动配药系统，以及在医院药房实现药物储存和配药自动化的 Rowa 技术。让我们首先考虑输液泵、护理站和医院药房的基本功能，据此理解这三种产品和技术如何结合起来，形成一个系留数字平台。

配置药液的医院药房和保管药液的护理站都位于医院内部，专门为医院服务。在医生开具处方后，药剂师负责配药，护理人员则为患者给药，最后通过输液泵以预定的速率和频次从静脉输液袋或注射器中输出药液。

医院药剂师根据处方准备定制的剂量。例如，医生可能会给患者开 500 毫克阿莫西林，每 8 小时静脉注射一次。为了准备这个处方，药剂师将 500 毫克阿莫西林与 10 毫升注射用水混合，然后将

第 5 章　从消费生态系统释放数据价值

混合物加入一袋静脉注射液中。对于不同的处方，药剂师准备混合不同的成分的不同输液袋。护理人员收到袋子，存放在护理站，在患者需要时将输液袋连接到输液泵给药。

对于输液泵而言，患者、通过静脉输液袋配送的药液、护理站和医院药房是互补品。它们都很重要，必须连接起来才能对患者进行治疗。当连接采用数字形式时，它们就构成了输液泵的消费生态系统。输液泵促进各实体之间的相关数据交换，像系留数字平台一样运行起来。我们不妨看看，当患者和 Pyxis、Rowa 的若干技术功能经数字连接而成为输液泵的互补品和平台用户时，艾力斯智能泵如何作为一个完整的系留数字平台发挥作用。

艾力斯做了些什么呢？作为一种智能泵，它在常规输液泵的基础上增加了新性能，其中之一是患者自控镇痛（PCA）。在患者术后的住院恢复期间，医生有时会开具吗啡等麻醉剂帮助患者镇痛。通过智能泵监测并控制处方设定的最小服药间隙，PCA 使患者能够在需要缓解疼痛时自行服用预定数量的止痛药。同时，艾力斯智能泵还能监测患者的呼吸和二氧化碳水平，从而对麻醉剂可能导致的呼吸衰竭进行预警。换句话说，艾力斯在使用 PCA 性能时会收集有关患者呼吸和二氧化碳水平的实时传感器数据。

患者的实时呼吸状态和二氧化碳水平是传感器获取的数据类型，这一数据类型使得艾力斯适合成为完整的系留数字平台。首先，BD 的平台服务很有价值，因此数据的影响范围很大。举个平台服务的例子，智能泵能预测到呼吸衰竭并提醒医护人员立即施救，并将该事件自动录入护理站的 Pyxis 系统。如果医护人员在抢救过程中由于疏忽导致该患者被安排注射此前已经用过的药物，Pyxis 系统就会发出提醒。同理，医院药房的 Rowa 系统也会记录该事件，对医护人员的重复用药发出类似提醒。这类服务及时提醒医疗关注，预防用药失误，其价值无法估量。

除了影响范围很大，艾力斯的数据还将测量到的患者呼吸状态和二氧化碳实时水平与患者用药联系起来，这是艾力斯（以及其他彼此竞争的智能泵）的独特之处。虽然患者床边可能有其他记录呼吸状态和二氧化碳水平的监测器，但它们和镇痛给药没什么关系。所以，只有智能泵可以将呼吸或二氧化碳状态与正在服用的止痛药联系起来。这种功能使护士和医生能够又快又准地进行干预。

最后，Pyxis 和 Rowa 都由 BD 持有，因此艾力斯在 BD 系统内共享数据几乎没什么限制。在这里，数据指的是患者的呼吸状态和二氧化碳水平，它影响范围很大，具有独特性，共享的可控程度高，从而使得艾力斯可以作为一个完整的系留平台运行。

BD 的注射器、导管等传统产品也可以配备传感器。但很难想象这些产品如何借助传感器数据进化成为平台，并且像智能床头泵一样提供数据驱动型服务。请注意，患者的呼吸状态和二氧化碳水平只不过是艾力斯利用 PCA 性能收集的一种传感器数据而已。艾力斯还可以访问其他类型的传感器数据。同时，Pyxis 和 Rowa 的技术具有多种功能，可以用其他方式补充艾力斯获取的数据。例如，根据患者通过艾力斯智能泵用药的方式，Pyxis 可以预测如何补充药物存量，而 Rowa 则可以预测如何供药。通过这样的数据共享，医院能够无缝管理每位患者的用药进程。

患者的呼吸状态和二氧化碳水平数据甚至还可能有超出本例描述的其他互补品。换句话说，与 BD 的传统产品相比，智能泵的消费生态系统要活跃得多。BD 收购康尔福盛公司并将产品组合从注射器和导管扩展到注射泵，形成了新的数据驱动型服务，强势进入数字领域。

数字平台供应商

如图 5.2 中的框架所示，这一部分与完整的系留数字平台截然相反。在完整的系留数字平台，产品生成的传感器数据具有强大的属性，而数字平台供应商则适用于弱小属性的情形。在此情形中，产品配备了传感器，但传感器数据自身不太可能生成可行的平台服务。这类智能产品很难找到互补实体，因此其消费生态系统比较薄弱。它们在自行生成平台服务时可能面临重大障碍，可能无法作为平台运营。但是，这些产品可以作为其他数字平台的供给品。也就是说，它们可以连接到其他数字平台并"借力而行"，找到数据连接的应用方法。

如今，微波炉、洗衣机和烘干机等许多家用电器都配备了传感器，并且连接到亚马逊的 Alexa[10] 或 Google Home 之类的数字平台。用户可以用语音指令激活这些电器。例如，某位用户只需动动嘴，就可以启动微波炉制作爆米花、让洗碗机开始工作、打开洗衣机和烘干机的特定模式，或者让水龙头向碗里装满水。这些家用电器和固定设施都配有传感器，但它们彼此之间并不进行任何数据交换，因而不能自行发展成为数字平台。它们依靠 Alexa 或 Google Home 之类的数字平台来实现与其他家居设施的功能协调。

合作性系留数字平台

这种模式适用于传感器数据的可控程度高，但范围或独特性有所欠缺的产品。在此情况下，智能产品自身可用于促进一些交换，同时从其他平台获得帮助，从而推出规划中的全部平台服务。换句话说，这种模式将智能产品从纯粹的供应商提升到第三方平台，然后再到自身运营的平台。然而，该产品的平台需要与其他平台合作，才能提供预期的平台服务。

惠而浦新近推出的智能冰箱、智能烤箱和智能微波炉可作为合作性系留数字平台的示例。这些产品通过集成式烹饪 App Yummly 实现彼此之间的数据交换，[11] 从而提供智能烹饪服务。该项服务通过 Alexa 平台提供，被列为 Alexa 的智能家居性能之一。这就是合作性系留数字平台的工作原理。[12] 惠而浦的冰箱和烤箱通过集成式的 Yummly App 相互沟通。惠而浦冰箱让 Yummly App 知道它储存了哪些可用于食谱的食材。如果缺少某些食材，Alexa 便会在亚马逊下单购买。App 帮助用户完成准备菜肴所需的各个步骤。烤箱针对这些步骤自动调整设置，预测如何操作特定食谱，即根据需要进行预热或烘烤。随时待命的 Alexa 则在用户的语音指令下，对电器发出操作指令，如"停止烘烤"或"提高烤箱温度"等。

惠而浦将冰箱和烤箱连接起来，并通过 Yummly App 提供烹饪服务，因而不再仅仅是 Alexa 的供应商。它所促成的烹饪辅助工作属于预期平台服务的一部分。在这里，应该注意烤箱本来就是冰箱的互补品。冰箱储存什么，烤箱就烤什么。这些电器以往并没有建立数字连接，而惠而浦则利用 Yummly App 将它们连接起来了。

进而言之，惠而浦和 Alexa 合作提供全方位的烹饪辅助平台服务。例如，惠而浦依靠 Alexa 和亚马逊为冰箱补货。惠而浦本来可以自己做这些事情，但这样便会与拥有巨大数字优势的亚马逊形成竞争。惠而浦遂将自身的平台范围限制在烹饪交换过程的一个部分，避免了与亚马逊直接竞争。它还意识到，与 Alexa 广泛的智能家居服务相比，烹饪只是其中的一部分，用于驱动烹饪辅助服务的传感器数据的范围毕竟有限。因此，惠而浦的最佳选择是为其智能冰箱和烤箱开发一个合作性系留数字平台。

合作性系留数字平台类似于声田音乐流媒体平台和星佳游戏平台采用的模式，这两家公司都与脸书的社交网络平台合作。声田利用庞大的脸书朋友圈分享用户们播放的音乐，从而扩大了数据范围。星佳依靠脸书用户寻找其游戏的玩家，效果也很相似。这两个平台都避免与脸书直接竞争。反过来，脸书将声田和星佳作为其平台的一部分，从更大的间接网络效应中受益。惠而浦用小众的烹饪辅助服务加盟 Alexa 广泛的家居服务平台，同样使 Alexa 从间接网络效应中受益。

赋能的系留数字平台

这种模式适用于如下产品：它们的传感器数据范围大且独特性强，但在互补实体和潜在平台用户之间的共享方面可能面临诸多限制。

财捷（Intuit）可作为这种模式的示例。该公司是行业翘楚，为消费者、中小企业（SMEs）和税务专业人士提供商业和财务管理软件。[13]Intuit 从产品公司起步，一开始提供软件包产品，其后演变为提供"软件即服务"。QuickBooks 是 Intuit 的产品之一，它帮助中小企业管理会计业务，如处理工资单、开具发票及支付账单等。这个软件还被当成传感器，用于收集应收账款、发票、库存和营运资金水平等方面的交互式数据，而这些数据又吸引了若干互补实体，如应付款的商家、应收款的客户、可补充库存的供应商、可安排短期贷款的借贷方等。QuickBooks 将它们连接起来，成为向 Intuit 客户提供服务的平台，这些服务包括简化商家付款、及时收款、补充库存以及保持稳定的流动资金水平等。

以上平台是一个系留数字平台，它与底层的 QuickBooks 产品相关联。该平台也是一个赋能的系留数字平台。Intuit 赋能每个客户，让它们选择自己的平台用户（特定的供应商、客户和贷方），并允许它们根据各自的需要自主构建平台服务的范围，从而使每位 Intuit 客户能够管理自己的平台。最重要的是，Intuit 的客户自己决定吸引谁作为平台用户、与谁共享数据，Intuit 并不介入。究其原因，Intuit 的客户拥有数据，它们可能不希望 Intuit 未经许可就与其他第三方实体共享这些数据。Intuit 采用赋能的系留平台模式，将 QuickBooks 延伸成为一个数字平台，它允许客户保持自身的共享数据权限。Intuit 提供软件、云服务和 AI 基础设施，帮助多个客户管理各自独立的平台。

赋能的系留数字平台适用于许多 B2B 企业，对于这些企业来说，其产品生成的数据必须与客户的客户共享。前面提到的通用电气机车示例就属于这一类。通用电气机车生成的传感器数据——预计到达时间（ETA）具有强大的范围属性（通过将发货方与收货方进行匹配以产生良好价值）和独特属性（精确的 ETA 数据）。然而，这些数据属于通用电气的客户（铁路公司），意图与通用电气客户的客户（发货方与收货方）共享。这种安排限制了通用电气对数据的控制，因此，如果通用电气希望将机车产品延伸到数字平台，那么赋能的系留数字平台就成为最合适的选择。

混合模式

到目前为止，我们讨论了四个部分，每部分都代表着一种纯粹形式的战略选择。然而，一些产品可能会对这些选择进行组合，以期平衡不同的强、弱项，并相应地调整系留数字平台。通用电气可以就机车产品与一些客户签订协议，据此运行通用电气自己的完整数字平台，同时为其他客户运行赋能的平台。惠而浦是 Alexa 的某些电器（如洗衣机和烘干机）的平台供应商，但它同时利用冰箱和烤箱成为 Alexa 的合作性平台。混合模式有助于企业尝试不同的选择，并根据经营情况和业务目标进行战略性迁移。表 5.1 总结了系留数字平台的不同模式。

表 5.1 系留数字平台模式总结

模式	平台供应商	合作性系留平台	赋能的系留平台	完整的系留平台	混合式系留平台
基本原理	作为供应商加入第三方平台	在强大的第三方平台上运行子平台	代表客户运行平台	直接运行平台	混合两个以上的模式

- 153 -

续表

模式	平台供应商	合作性系留平台	赋能的系留平台	完整的系留平台	混合式系留平台
示例	Delta 水龙头接入 Alexa 或 Google Home 平台	惠而浦和 Alexa 合作，通过冰箱和烤箱提供烹饪辅助服务	Intuit 通过自身的会计平台给客户赋能，使它们能够与银行和供应商交换数据	BD 为艾力斯智能泵运行完整的系留数字平台，提供安全便捷的医疗服务	惠而浦是 Alexa 的供应商，同时在 Alexa 平台上运行子平台.
平台所有权	未有平台	产品企业持有并与强大的平台共享	产品企业的客户持有	产品企业完全持有	持有并共享
传感器数据所有权	上交母体平台	产品企业持有	产品企业的客户持有	产品企业持有	持有并共享

战略要点

消费生态系统为传统企业带来了发展机遇，使它们可以利用新的数据驱动型平台服务进行战略扩张。在消费生态系统中，产品生成的数据可以演变成产品的战略合作伙伴，两者协力发现新的价值定位，创造的新的收入方式。本章重点介绍了传统企业在这一方面的具体实施方式。然而，企业的工作必须以系留数字平台为基础，正是通过这些平台，传统企业得以将战略范围从产品扩展到数据驱动型服务，从消费生态系统的新机遇中获益。

当企业思考具体的系留数字平台模式时，以下三个问题有助于塑造战略思维：

1. 我们的传感器战略是什么？

传感器数据支撑着系留数字平台的商业可行性和竞争范围。传感器数据的三个属性——范围、独特性和可控性——是决定这些数据的市场应用前景的重要因素。这三个属性也在很大程度上取决于产品的性质、核心功能和产品–用户接口。然而，通过增强数据属性的创新型产品–用户接口，企业可以为产品找到生成传感器数据的方法。这样的产品–用户接口并不需要与产品的核心功能联系在一起。

举个例子，iRobot 公司的 Roomba 机器人吸尘器的核心功能是清洁地板。它配备了传感器，可预测并绕过障碍物，更有效地清洁地板区域。想象一下，如果做些修改之后，Roomba 传感器还可以在设备扫描地板时检测老鼠粪便、白蚁或霉菌。那么，这样的传感器将使 Roomba 的产品–用户接口超越吸尘器的范围。iRobot 可以利用这些传感器数据建立一个系留数字平台，将用户与害虫防治供应商和家政服务商联系起来，以期解决用户的害虫或霉菌问题。相应地，iRobot 可以将战略范围从销售吸尘机器人扩展到新的数据驱动型平台服务，帮助房东进行预测，保护他们的财产免受害虫和霉菌的侵害。iRobot 目前是 Alexa 平台的供应商，用户可以通过语音命令激活 Roomba，但该公司打算将自己的供应商角色扩展成为平台。[14] 添加新型传感器之后，iRobot 可以将自己提升为合作性系留平台，在广泛的 Alexa 家居服务平台上提供家居除虫除霉服务。

2. 我们吸引平台用户的战略是什么？

传感器数据的三个核心属性是范围、独特性和可控性，它们反映了传感器数据作为开发商业上可行的系留数字平台的基础潜力。然而，平台需要吸引用户才能发挥潜力。这项工作始于吸引客户，它们尝试使用配备传感器的产品，生成可以与其他互补品及平台用户交换的数据。在第6章，我们将这类客户定义为数字客户，并对传统企业应如何吸引它们进行讨论。一旦数字客户开始生成产品交互数据，接下来的工作就是吸引与这些数据互补的实体，亦即其他平台用户。

例如，床垫制造商泰普尔丝涟推出了系列床垫，它们都配备传感器，用于检测睡眠期间的心率、呼吸模式和打鼾情况。该公司可能首先想利用现有的营销和分销渠道吸引客户，销售配备传感器的产品。[15] 它还可能决定在已售出的床垫上加装传感器。接下来，该公司必须识别其他平台用户，尤其是那些可以补充用户数据并帮助改善睡眠体验的平台用户。这些新增的平台用户可能包括智能可调节照明或智能音乐播放器的供应商，它们的产品有助于改善睡眠体验。睡眠专家也可能加入进来，以便监测用户的睡眠障碍。

数字巨头早已谙熟吸引平台用户的战略，[16] 开放型 API 在其中举足轻重（参见第3章）。[17] 开放型 API 可以吸引 App 开发者，促使他们共担责任，寻找彼此互补的第三方实体并服务于平台客户。[18] 数字巨头还率先行动，制定了旨在吸引平台用户并从中受益的定价战略。正如我们在第2章所见，脸书为其主要用户提供免费访问补贴，同时从广告商和 App 开发者那里获利。传统企业可以采用类似方式，补贴某些用户，同时从其他用户处获得收入。然而，这些做法需要大量的前期投入，并且需要坚持不懈才能成功。第6章举出一些示例，说明传统企业可遵循的通行做法。

3. 我们最佳的系留平台战略是什么？

归根到底，企业必须确定如何最大程度地利用传感器数据和平台用户，以此提供新的数据驱动型平台服务，为企业带来竞争优势。

除了评估传感器数据实力、平台用户和平台服务之外，传统企业还必须考虑现有的产品实力如何促动拟建设平台的实力。

例如，对于运动鞋制造商来说，它们需要经过两个步骤才能找到作为系留数字平台开展竞争的最佳方法。第一步是评估产品的传感器属性，并设想符合意向的平台服务及其商业可行性。我们不妨首先评估运动鞋传感器数据的三个属性。跑步的传感器数据范围很广，因为跑者之间及跑者与教练之间的数字连接有巨大的商业价值。由于苹果、佳明（Garmin）和 Fitbit 等潜在竞争者可以访问类似数据，因此传感器数据的独特性可能一般。假设大多数运动鞋用户愿意分享数据以获得增值服务，那么传感器数据的可控程度可能会很高。有了这些属性，运动鞋制造商就可能发现，作为一种价值定位，连接跑者与其他跑者及运动教练的平台服务很值得进一步考虑，从而计划选择一个最佳的系留数字平台模式。

模式选择是第二步。这一步需要考虑企业的现有实力和核心产品的竞争定位。对于像耐克这样的市场领导者来说，它可以在以健身服务为中心的业务中突出强大的品牌和运营规模。所以就耐克而言，完整的系留平台似乎是最佳选择。对于二线企业来说，潜在竞争对手在其设想的平台服务领域的威胁可能更加强大。合作性平台和混合模式对它们来说可能是更好的选择。对于较小的企业，成为主导性运动服务平台的供应商似乎更合乎情理。

本章学习要点

从消费生态系统释放价值牵涉现有商业模式的重大改变。与此相应，打造消费生态系统的数字化转型工作也更加艰巨，因此它代表了数字化转型的第四层次，也就是最高层次。在生产生态系统的情形，传统企业可能希望更多地关注经营效率的提高，因而停留在数字化转型的第一层次或第二层次。与此不同，消费生态系统的价值定位主要来自新的数据驱动型平台服务，它需要完成数字化转型的第四层次。

对于产品亲历新兴消费生态系统的那些企业来说，进军第四层次还具有重大战略意义。在这种情景之下，留守生产生态系统的企业随时有被商品化的风险。如前所述，在灯泡产生一系列新的平台服务的情景之中，单个灯泡失去意义。在第四层次，企业的一项关键挑战是学习如何运行数字平台。这需要吸引第三方实体以补充产品的传感器数据，并通过 API 连接数据输入。传统企业可能会通过思考以下战略问题而受益：

- 我们的消费生态系统看起来怎样？
- 我们的产品传感器数据的关键数字互补品是什么？
- 我们如何向互补品开放 API，并利用互补输入打造新的客户体验？

打造消费生态系统的传统企业还面临三项重任：一是获取数字客户以生成传感器数据；二是击退新的数字竞争者以保持传感器数据的独特性；三是打造新的数字能力以运行系留数字平台。以下各章将分别讨论这些问题。

第 6 章

数字客户

在现代数字经济中，数据和数字生态系统是新的价值驱动因素。我们已在前面几章讨论过传统企业如何建立并运营数字生态系统，进而融入新经济。数字生态系统使传统企业得以释放数据之力，不仅带来提高经营效率的新助益，而且产生扩大价值范围的新服务。因此，就传统企业从数据到数字战略的进程而言，数字生态系统是的最重要，也是最关键的赋能因素。第 3 章到第 5 章讨论了数字生态系统，现在让我们将注意力转向这一进程的其他重要赋能因素，它们分别是数字客户、数字竞争者和数字能力。其中每一个因素都在塑造传统企业的数字竞争战略方面发挥重要作用。本章将对数字客户的作用进行重点讨论。

数字客户也是客户，他们使用配备传感器的产品，为企业提供产品和用户之间的交互数据。交互式数据带来对客户的深入了解，成为企业打造独特数字体验的基础。对于生产生态系统来说，数字客户有助于提高经营效率，他们既是智能的交互式产品性能的赋能者，也是预测性服务和大规模定制服务的推动者。对于消费生态系统来说，数字客户是系留数字平台最主要的用户，他们为吸引其他平台用户奠定了基础。

亚马逊、脸书或谷歌等数字巨头的所有客户都是数字客户。在使用这些公司的数字平台时，所有客户都会提供交互式数据。与此相反，产品尚未配备传感器的传统企业的所有客户都是非数字客户，他们都没法提供交互式数据。传统企业通过促动现有非数字客户使用配备传感器的产品来使他们提供交互式数据。在这一章，我们将讨论传统企业在将非数字客户转变为数字客户时所面临的独特战略挑战。本章还提出了传统企业应对这些挑战的方法。

更广泛地说，通过数字客户的概念，本章提出了一个传统企业收集产品－用户交互数据的分析框架。对于大多数传统企业而言，获取交互式数据是新挑战。然而，这些数据帮助企业从提供传统的、基于产品性能的体验扩展到提供新的、数据驱动的数字体验。事实上，正如第 3 章、第 4 章和第 5 章所强调的那样，从数字客户那里收集的交互式数据是强大的杠杆，它助力传统企业提供新的数据驱动型服务，从而扩大价值定位的范围。这一切之所以在今天成为可能，乃是因为传感器适用的产品范围呈指数级扩散，从喷气发动机到医疗设备，从体育用品及至银行，等等。尽管第 5 章已经详细介绍了传感器，但这里仍有必要讨论传统企业如何扩大传感器在产品中的采用程度，传感器无疑是企业吸引数字客户的基础。

扩大传感器在产品中的采用程度

传感器如今无处不在，它们随时可以为各类产品注入新动力，开启新机遇。然而对传统企业来说，机遇可能并非同样明显。有些产品比其他产品更适合配备传感器，例如与软饮料相比，为网球拍配备传感器可能更容易。这种差异要求传统企业在采用传感器时发挥创造性，充分利用传感器广泛的可用性和不同的表现形态。

同样重要的是，传统企业必须广泛了解传感器在经营业务中的作用。有时，人们假设配备传感器的产品所生成的交互式数据仅与产品主要用途相关，例如网球拍中的传感器将提供与网球相关的数据，牙刷中的传感器则有望提供有关牙齿健康的数据。但是，传感器用途广泛，可以抓取各种数据。如果生产商对此加以利用，那么产品的传感器甚至能生成与产品的主要目的相去甚远的交互式数据。第 5 章举了 iRobot 机器人真空吸尘器的例子，讨论了它配备能够检测霉菌、白蚁或老鼠粪便的传感器的可能性。这种看待传感器的方式有创新性，有助于扩大传统企业现有商业模式的范围。

持续创新的传感器有望进一步扩大应用范围。例如，基于纳米技术的传感器[1]不断进步，正在推动传感器功能的发展。它可以感知食物是否变质，协助监测食品的安全性；也可以感知肿块的生长，帮助及早发现癌症。传感器技术及其应用范围的迅速发展有可能影响各行各业，这意味着传统企业应该充分了解传感器技术的新进展，将这类进展监测视为商业环境的一个重要方面和战略规划过程的一个组成部分。

因此，在新产品开发战略中，如何为产品配备传感器应占据重要位置。相应地，传统企业必须扩展创新流程的目标，既推出新的产品性能，又提供新的数据服务。为了吸引数字客户使用配备传感器的产品，与数据相关的产品性能务须引人入胜。然而，在这项工作中，传感器只是达到目的的一种手段。为产品配备传感器的最终目标是收集产品与用户的交互数据。只有当企业成功获取数字客户时，目的才有可能达到。

为什么数字客户不一样？

表面上，数字客户和传统客户（即传统企业现有产品的非数字客户）看起来可能一模一样。实际上，他们通常是同一群人或同一组公司。穿耐克标准运动鞋的是传统客户，他们在换上配备传感器的耐克运动鞋后就成了数字客户。客户可以同时购买这两种鞋子，然后替换着穿。同样，英国航空公司（British Airways）可能会在某些飞机上使用通用电气的标准喷气发动机，保持传统客户的身份，同时在其他飞机上使用配备传感器的发动机，从而成为数字客户。[2] 那么，为什么数字客户与传统客户有所不同呢？

智能吸入器示例

我们不妨考虑最近由阿斯利康、葛兰素史克（GlaxoSmithKline）和诺华（Novartis）等制药公司推出的智能吸入器，从中理解数字客户与传统客户有什么不同。吸入器是以雾化或喷剂的形式将药物直接输送到肺部和呼吸道的装置。它们通常用于治疗慢性阻塞性肺疾病（COPD）和哮喘等呼吸系统疾病。该产品的标准配置是一个药罐和一个带帽盖的给药器，这种吸入器在受压后按剂量释出药物（图6.1）。患者将吸入器插入口中，挤压药罐，然后吸入药物。这些标准产品的客户是传统客户。

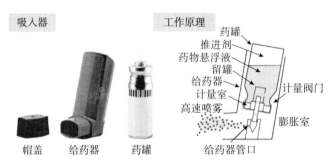

图6.1 标准吸入器

资料来源：由 Personal Air Quality Systems Pvt. 有限公司提供。

智能吸入器在塑料传动器上装有传感器（电子芯片），它可以收集各种数据，并通过蓝牙连接与手机或可穿戴设备进行通信（图6.2）。对使用智能吸入器的患者来说，其吸入药物的方式与使用标准吸入器完全相同。智能吸入器的客户是数字客户。

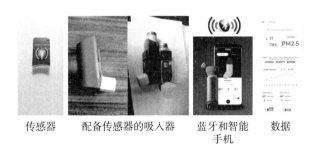

图6.2 配备传感器的吸入器

资料来源：由 Personal Air Quality Systems Pvt. 有限公司提供。

在当今市场上,许多智能吸入器的背后是制药公司和科技公司之间实力互补的协同整合。制药公司拥有专利药物、强大的品牌和成熟的客户群,而科技公司则拥有传感器技术和分析传感器数据的技能。例如,阿斯利康与 Adherium 合作,葛兰素史克与 Propeller Health 合作,诺华与高通生命(Qualcomm Life)合作。[3]

标准吸入器的特点。哮喘是一种肺部炎症。据美国疾病控制和预防中心估计,仅在美国就有 2 500 万人患有哮喘病,约 1/12 的儿童患有这种疾病。[4] 全球范围内则有超过 3.39 亿人患有哮喘。[5] 哮喘的常见症状包括喘息、气短、咳嗽、胸闷和说话困难。患者出现这些症状的原因是肺部气道发炎和肿胀,以及气道周围的肌肉收紧,使气道变窄。症状恶化时,患者可能会出现哮喘发作,并且呼吸困难。哮喘发作的诱因包括空气中的各种过敏原和污染物,如灰尘、花粉、宠物皮屑和霉菌等。

哮喘无法被根治,通常靠两种处方药进行缓解,它们通过两种标准吸入器来给药。第一种药物是定期服用的吸入性皮质类固醇,用于控制炎症并防止气肿,它们被用于维持性或预防性吸入器;另一种是支气管扩张剂,用于患者经历急性哮喘发作时的救援治疗,其目的是减缓单靠吸入皮质类固醇所无法控制的肌肉收紧。患者通常随身携带这两种药物,一种在日常使用,另一种则在急性哮喘发作时使用。标准吸入器通过塑料筒上的机械计数器向患者提供模拟数据,显示患者已服用的剂量和药罐剩余的剂量。

智能吸入器的特点。患者每次使用时,智能吸入器都会生成数字形式的交互数据。例如,吸入器记录每次使用的时间和日期、吸入的剂量,以及到达肺部(而不是喷到嘴里)的药量。药罐释出药物时,传感器抓取吸入器的角度。如果药罐没有保持理想的角度,智能吸入器会推断出药物没有充分喷入肺部。传感器还跟踪吸入器所在的位置。所有这些数据都通过蓝牙连接进入智能手机 App。此外,智能吸入器可以收集和使用环境数据,通过 API 访问家中检测霉菌或尘螨的物联网设备。福博(Foobot)空气监测仪就是一个例子。[6] 用户外出远足时,位置跟踪功能随之启用,于是智能传感器可以从其他环境数据源中获取数据。这些数据源根据用户可能的位置进行实时更新,监测包括花粉、湿度水平、污染条件以及其他可能导致哮喘发作的刺激物水平。

利用这些数据,智能吸入器可以为数字客户提供广泛的性能。个人空气质量系统公司(PAQS)是班加罗尔一家为智能吸入器制造传感器的初创公司,瓦伊迪亚纳坦(A. Vaidyanathan)是该公司的创始人兼董事总经理,[7] 他将这些性能归类为"基本和高级"两大类。基本性能包括跟踪预防药剂的消耗量,提醒用户服用预防剂量,跟踪救援吸入器的使用时间和频率,提醒用户在离家时携带吸入器(尤其是救援吸入器),以及在紧急情况下查找救援吸入器所在的位置。这些基本性能的关键作用是帮助患者按时用药,从而更好地控制哮喘。研究表明,智能吸入器可以改善哮喘控制并减少需要救援吸入器的事件。[8] 再者,提醒用户始终携带救援吸入器,以及在紧急情况下查找救援吸入器所在的位置,这样的性能足以挽救生命。

通过对大量用户存档数据的深入分析,可以发现智能吸入器能够实现高级性能。高级性能的示例包括:检测已知刺激物(如灰尘、花粉或霉菌),从而预测急性发作;准确了解哪些刺激物更有可能触发每位患者的发作，进而预测微调；跟踪药物的有效性，从而帮助医生为患者调整药物剂量。这里的基本思想与本书前两章讨论的亚马逊和网飞示例相似，亦即用存档数据资源预测个人用户可能想从厂商库存中得到的物品。利用复杂的算法和 AI，亚马逊和网飞分析不同的用户行为和购买倾向之间的相关性并做出预测。同理，智能吸入器可以查询数据档案，分析救援吸入器的使用与不同环境触发因素之间的相关性，据此对哮喘发作做出预测。

当今市场上的大多数智能吸入器都具备基本性能。智能吸入器于 2014 年面世，仍处于早期采用阶段，它们仅占吸入器市场的不到 1%。[9] 其目前的市场规模约为 3 400 万美元，但预计到 2025 年将激增至 15 亿美元左右（吸入器的总体市场规模约为 220 亿美元）。[10] 如果生产商能够将基本的数字性能扩展到更高级的水平，进而充分发挥智能吸入器的潜力，那么增长可能还会更加强劲。高级性能可以使智能吸入器成为患者不可或缺之物，因为通过重复使用，智能吸入器可以了解每位患者独特的哮喘发作触发因素，并从一开始就防止它们发生。现代分析工具和 AI 可以实现预测哮喘发作、为用户个人定制预测等性能。然而，为了可靠地提供这些性能，生产商需要大量的智能吸入器使用数据。因此，要让任何一位个人数字客户体验高级性能的好处，生产商需要有成千上万的其他数字客户。

为进一步了解为什么需要大量传感器数据使产品变得更智能，让我们来看一下 Kinsa Health 的物联网温度计。[11] 它跟踪所有用户的体温，并检测某个区域内是否有多人发烧。这项性能可以对传染病进行早期预警。但是，只有当某用户附近或相关地理区域的大多数人采用物联网温度计时，个人数字客户的价值才会实现。进而言之，只有生产商成功实现数字客户的大规模采用，它的数据驱动型优势才会比较明显，有望使更多的数字客户蜂拥而至。因此，数据驱动的性能属性意味着客户竞争可能导致"赢家通吃"的结果，这是数字客户与传统客户的不同之处。对于温度计之类的成熟产品，数字客户有可能改变市场。这表明传统企业在契合数字客户时，必须重新思考目前为传统客户设计的客户获取策略。

数字客户的战略意义

数字客户和传统客户之间的根本区别在于他们购买的产品及其生成的数据。传统客户购买标准产品，不提供与产品使用相关的交互式数据；数字客户则与之相反，它们通过购买配备传感器的产品生成交互式数据，并允许生产商访问数据。对传统企业来说，把握这一根本差异具有许多重要意义。

设计、生产、营销和销售配备传感器的产品并不是传统企业的常态。同样，使用配备传感器的产品也不是这些企业传统客户的常态。为了契合数字客户，传统企业必须改变现有业务流程。同理，为了加入数字客户的行列，传统客户必须改变因长期使用标准产品而产生的普遍期望。新的数字性能的价值必须具有吸引力，其所提供的新效益也必须令人信服。

配备传感器的产品面向数字客户，其价值定位随着产品采用率的提高而扩充。这就是网络效应。数字客户带来网络效应优势，以新的方式惠及传统企业。为了获得这些好处，传统企业必须从固有的价值链迁移到全新的数字生态系统。与此相应,企业必须改变客户价值的提供方式,改变根深蒂固的创收及赢利假设。

表 6.1 列举了传统客户和数字客户之间的主要区别以及相关的战略含义,让我们就此展开讨论。

表 6.1 传统客户和数字客户之间的差异:战略含义

活动分类	传统客户和数字客户的区别		数字客户对传统企业的战略含义
	传统客户	数字客户	
购买	购买并使用传统产品	购买并使用配备传感器的产品;允许使用交互式数据	改造现有业务流程
基准的客户价值定位	享受标准的产品性能	享受标准的产品性能和交互式数据赋能的性能	体现新的数字服务的效益
产品客户群扩大对生产商的好处	客户群扩大为生产商带来规模优势	客户群扩大为生产商带来规模优势和网络效应优势	拓展战略思维方式:从规模经济到网络效应
产品采用范围扩大时的客户价值定位	更多客户采用产品并不影响标准产品性能的效益	更多客户采用产品提升了产品的数据功能的效益	为未来效益建立可信度
向客户提供价值	通过价值链活动打造产品性能	价值链活动继续打造产品性能,此外,数字生态系统提供了惠及客户的数据性能	改造现有的商业模式:打造数字生态系统
创造的收入和利润	定价战略与价值链商业模式相一致	定价战略可能需要调整到平台商业模式	改变创造收入和利润的思维

改造传统业务流程

首先，数字客户购买的是配备传感器的产品，因此传统企业需要有新的产品设计流程，将传感器纳入其中。就智能吸入器而言，制药公司与科技公司结盟共事。并非所有企业都需要如此大张旗鼓，但所有企业都需要更新认识，了解如何使产品生成交互式数据，进而生成全新能力，将传感器属性与现有产品性能集成起来。

传统企业还需要打造新流程，以便利用传感器数据提供新的数字服务。就智能吸入器而言，新流程包括建立新的 API，将传感器数据导入个人用户的数据档案；使用 AI 和其他分析工具生成报告，在一系列潜在环境刺激物的条件下确定个人用户哮喘发作的风险；建立流程，以便在客户与产品交互时开发和管理新的数字性能。在第 3—5 章，我们讨论了传统企业如何建立这类流程，进而有效生成数字服务。第 8 章将讨论数字能力，进一步阐释相关问题。

数字客户还深刻影响了许多现有业务职能，包括研发、产品开发、营销、销售和售后服务等。如第 4 章所述，卡特彼勒充分利用来自数字客户的数据，开发了经济高效的新型平地机。为了契合数字客户所提供的精细的产品 – 用户交互数据，该公司不得不改变研发流程和产品开发流程。

同理，与数字客户打交道时，传统企业必须改变现有的营销、销售和售后服务流程，因为它们必须用新的方式体现数字服务的效益。

体现新数字服务的效益

传统客户理所当然地习惯于其所使用的标准产品的性能。这些标准性能体现了产品的基本价值定位。吸入器的核心性能是给药的功效。智能吸入器具有数字性能，提供了追加的、有所不同的价值定位，例如提醒服药或警示可能即将发生的哮喘发作。企业需要付出更多努力，才能使新的数字功能及新的产品价值定位体现效益。

葛兰素史克公司是智能吸入器的生产商之一，由它赞助的研究表明，智能吸入器提高了患者对治疗方案的遵守程度并强化了对哮喘症状的抑制。[12] 这类工作将智能吸入器新的数字性能与其现有治疗性能联系起来，也就是用智能吸入器助力哮喘治疗。有了研究成果作为支撑，像葛兰素史克这样的公司就可以通过保险公司和医生进行推广，由他们向患者推荐智能吸入器。对于这种"推力"（由保险公司或医生推荐给患者），生产商还可以借助"拉力"（对产品有需求的患者的拉动）互为补充。例如，宣传查找救援吸入器、提醒用户随身携带吸入器等功能的创意广告可以提高人们对产品特殊数字性能的认识，以此产生"拉力"。为了使数字服务取得成功，企业必须面向潜在的数字客户，精心体现新的数字性能的效益、设计新的价值定位，以期产生最大影响。

拓展战略思维：从规模经济到网络效应

随着配备传感器的产品的采用程度不断提高，数字服务的效益得到相应改善，扩大企业的数字客户群所带来的网络效应优势也由此产生。例如，与竞争者相比，葛兰素史克获得的数字客户越多，其相对的数据源优势就越大，分析工具的相对力量也越强，最终形成高人一等的数字性能，这反过来又吸引了更多的数字客户。

相比之下，扩大企业的传统客户群可以建立规模经济优势。最典型的优势就是降低企业产品的单位成本。例如，通过吸引更多的传统吸入器客户，葛兰素史克能够将标准吸入器在开发、生产和营销等方面的固定成本分摊到大规模销售的吸入器上，葛兰素史克由此可从标准吸入器的较低单位成本中受益。

必须注意的是，企业扩大数字客户群也同样会产生规模优势。毕竟，标准产品和智能产品的大部分组件相同。例如，智能吸入器有着与标准吸入器相同的组件，只不过多加一个传感器。因此，不断扩大的数字客户群也降低了智能产品的单位成本。此外，扩大的数字客户群产生了网络效应。如第1章所述，数据和软件驱动的交易可以连接数以百万计的客户，实物产品无法企及。网飞之所以成为视频内容的巨无霸供应商，原因就在于此。数字客户通过网络和传感器连接到企业，使之能够利用规模优势和网络效应优势。这一点很重要，它要求传统企业改变"竞争优势，规模为王"这种根深蒂固的假设。企业需要换个角度，认识到网络效应可以发挥同样重要的作用。将竞争优势的基石从规模经济转移到网络效应是思维的转变，意味着传统企业必须改变现有商业模式，以期向数字客户提供新的价值定位。

为未来效益建立可信度

标准产品面向传统客户，其基本价值定位不会随着产品采用程度的提高而改变。例如，无论用户数量有多大，吸入器的药用特性都保持不变。然而，通过智能产品的数字性能实现的价值定位随着产品采用范围的扩展而提高。例如，智能吸入器预测哮喘发作的能力随着用户群体数量的增长而提高。在这种情况下，数字性能的效益必须在正式确认之前就有可信的表达。

这方面的一种做法涉及"基于结果的销售"（outcome-based sales）的概念。通用电气在推出配备传感器的产品（如喷气发动机、机车和涡轮机）时采用了这种方法，由此建立对产品新的数据驱动型服务的承诺。利用自身产品生成的传感器数据，通用电气希望在故障发生之前预测组件状况，从而为客户提供更高燃油效率和经营效率以及更少的停机时间等现实效益。在发布产品时，这些效益只是一种承诺，预期在获得足够数据时才能实现。但通用电气相信，越来越多的客户将采用该公司配备传感器的产品，并向通用电气提供对传感器数据的访问权限。因此，这些效益不仅能够实现，而且还会变得更加强劲。为了凸显信心，通用电气改变其商业条款，分开向客户收取产品费用，以及因使用这些产品而获得的数据驱动型服务产生的费用。该公司以较低的价格提供配备传感器的产品，但根据燃料效率和经营效率的提高幅度向客户收取一定比例的费用，以此弥补产品销售收入。因此，这项销售是"基于结果"的，通用电气的收入取决于客户实现的效益。

值得注意的是，虽然通用电气的数字计划因多种原因陷入困境，但这一现状并不妨碍我们领会其所宣传的创意的潜力。事实上，正如第 4 章所强调的那样，通用电气的开创性工作帮助阐明和构建了许多有用的概念，如工业互联网、数字孪生等。"基于结果的销售"

也是这样一种概念。

改造现有商业模式：打造数字生态系统

企业向数字客户提供智能产品时会发生什么变化呢？向数字客户提供的智能产品有两个部分：一是连接传感器的基础产品，二是传感器助力生成的数据驱动型服务。基础产品变化不大，企业现有的价值链及其隐含的规模优势仍然重要。例如，葛兰素史克需要用价值链为客户提供基础产品。然而，对于向数字客户提供智能产品数字服务的企业来说，仅有价值链是不够的。提供数字服务需要构建新的数字生态系统，以便有效发挥数据的潜力，释放网络效应的力量。

为了提供数字服务，智能吸入器的生产商需要一个生产生态系统，以便在内部传输传感器数据，并提供跟踪救援吸入器、向客户发送用药提醒等数字服务。此外，生产商还需要一个消费生态系统，其中至少包括提供有关哮喘环境触发因素（如湿度、霉菌、污染或花粉）实时数据的实体。

总之，生产生态系统和消费生态系统有助于放大来自吸入器的传感器数据的价值。数据源和接收者（如数字客户和哮喘触发因素数据源）的数量越多，数据的价值越是被放大，网络效应优势也就越强。正如规模优势通过产品所在行业内的价值链放大标准产品的力量一样，网络效应通过产品的数字生态系统放大智能产品数据的力量。

如第 5 章所述，打造新建的消费生态系统时，企业必须将价值链延伸到数字平台。在智能吸入器的情形下，当数字客户进入霉菌或花粉的区域时，吸入器会发出预防哮喘发作的提示。这项性能只能通过数字平台实现，通过平台激活数据交换，数据则源自不同渠道，包括数字客户的实时位置、空气质量的实时更新，等等。用数字平台为数字客户提供服务，这改变了企业创造收入和利润的传统方式。

改变创造收入和利润的思维

通过价值链向传统客户提供服务时，企业的收入和利润战略通常受制于产品的盈亏平衡点。处于盈亏平衡点的企业既不盈利也不亏损。盈亏平衡分析的基本变量包括企业的固定成本、可变成本以及产品的单位利润，其计算公式是 FC=Q（P-VC），其中，FC 代表固定成本，Q 代表销售数量，P 代表价格，VC 代表可变成本。价格减去可变成本得出产品的单位利润。固定成本和可变成本通常由产品及其技术决定。企业在给定成本变量的条件下制订定价战略，据此影响销售数量和单位利润（取决于市场条件），以期产生远高于固定成本的回报。

换个角度看，回收固定成本虽然很重要，但它通常不是数字平台的主要关注点。在这里，重点在于提高平台的用户数量，从而产生网络效应。第 2 章提到，谷歌的埃里克·施密特用"先普及，后收入"（URL）的说法进行总结。实际上，很多数字巨头免费提供核心的平台服务，其长期目标在于打造网络效应。它们从其他用户（即平台的另一侧）寻求收入，如脸书和谷歌的大部分收入就来自广告商而非其平台上的用户。

这对竞逐数字客户的传统企业来说意味着什么？免费赠送产品显然不切实际。正如期望传统客户为标准产品付费一样，传统企业期望数字客户为基础产品付费也合情合理。传统企业面临的关键问题是：它们应该如何为配备传感器的产品定价？又应该如何为数据驱动型服务定价？

让我们回顾第 5 章提到的桑巴公司所采用的方法，该公司制作电视内容推荐引擎和跟踪观众的 App。桑巴为索尼、TCL 和夏普等电视制造商提供传感器，助力它们将传统电视客户转换为数字客户。有趣的是，桑巴不但不收取传感器的费用，还反过来向在产品中配备桑巴传感器的电视制造商付费。为了收回这一成本，桑巴向电视内容生产商和广告商提供传感器数据（例如谁在看什么节目）来获得收入。电视制造商接收了桑巴传感器的数据，转头又以优惠的价格向其客户（电视机用户）提供这些内容，目的是鼓励客户采用配备智能传感器的电视，由此将他们转变为数字客户，同时获准使用他们的观看数据。随着采用率的提高，电视制造商也希望改善自己的数据驱动型服务（例如与网飞类似的电视节目推荐），并在此过程中为自身品牌建立网络效应。

客户从折扣中得到好处，电视制造商的数据驱动型服务也使他们获益。然而，这些数据驱动的效益可能需要过一段时间才能实现，因为其实际功效需要大量数据的积累。折扣的好处立竿见影，它旨在加速提高配有传感器电视的采用率，吸引数字客户。这种方法确实奏效，据桑巴的首席执行官兼联合创始人阿史文·纳文（Ashwin Navin）介绍，全球已有超过 3 000 万台电视配备了该公司的传感器。要知道该公司成立于 2008 年，直到 2011 年才售出第一件产品。此外，按照纳文的说法，当今几乎所有的智能电视都具有某种形式的传感能力。

相比之下，智能吸入器的生产商选择了不同的定价战略。到目前为止，它们对配备传感器的产品收取溢价。这些厂商将数字服务视为一种附加的价值定位，希望客户为此付费。但这导致智能吸入器的采用缓慢。尽管智能吸入器于2014年面世，但至今采用率仍不到百分之一。

"无效益，不收费"可能对传统客户尝试陌生的数字服务产生强大激励。它是跳出两难境地的一种方法。生产商希望传统客户变成数字客户来使公司的数字服务产生效益，传统客户则想在成为数字客户之前看到这些效益。在这种情况下，基于结果的销售可以呈现双赢局面。如果数字服务没有兑现承诺，那么客户无需付费；如果数字服务按承诺交付，生产商将与客户分享收益。生产商投下"赌注"，如果它成功地将传统客户转换为数字客户，那么产品与用户的交互数据将带来预期结果。然而，与消费者交易相比，在企业间交易建立"基于结果"的合同可能更容易。对于消费者交易来说，传统企业必须发挥创意，设法补贴新的数字价值定位，以期提高产品的采用率。

展望未来，在契合数字客户时，传统企业势将权衡彼此竞争的优先事项：一方面是收回固定成本，另一方面是推动配备传感器产品的采用以产生网络效应。它们必须创造性地建立与数字客户互动的方式，既形成网络效应，又创造收入。总之，传统企业必须认真考虑获取数字客户的全新战略含义。

第 6 章 数字客户

本章学习要点

数字客户是最重要的交互式数据来源之一。利用这些客户提供的数据,传统企业能够将价值范围从标准产品销售扩展到新的数据驱动型服务。要获取数字客户,首先要为标准产品配备传感器。然而,这项工作不同于为工厂的机器配备传感器。机器既不反对安装传感器,也不反对提供传感器数据。但客户可能需要大量诱因才能接受配备传感器的产品,并同意企业抓取并使用他们的数据。正如本章所强调的,将企业的传统客户群迁移到数字客户群既是机遇也是挑战。

虽然数字客户是企业数字战略的重要资源,但传统企业在激励传统客户提供交互式数据时必须非常小心。它们必须确保以合乎道德的方式收集和使用数据,必须以不侵犯个人客户隐私的方式与外部实体共享交互式数据。所有这些都是重大的新挑战,第 9 章将对此作进一步阐述。

对于传统客户,企业通过标准产品的创新性能凸显差异化。对于数字客户,企业必须通过数据驱动型服务的创新性能实现差异化。网络效应通常是这类数据服务的推动力。值得注意的是,并非所有数字服务都与网络效应相关。例如,智能吸入器有许多基本性能,包括提醒用户服用预防性剂量、跟踪救援吸入器的位置等,它们并没有随着采用率的提高而改善。然而,由于没有网络效应优势,这些性能也很容易被对手模仿。智能吸入器有更高级的性能,它们随着产品采用率的提高而趋于改善,因此与网络效应有关。这些性能难以被数字客户群体较小的竞争对手复制,因为它们没有等量齐观的数据。在这种情况下，网络效应是竞争优势的关键来源。

　　作为最重要的交互式数据来源之一，数字客户代表着企业生产生态系统和消费生态系统基础设施的关键要素。在第8章和第10章，我们将详细讨论数字客户如何帮助传统企业打造新的数字能力，进而推动数字竞争战略。也就是说，在传统企业利用数据建立数字战略的过程中，数字客户是关键的赋能因素之一。在下一章，我们讨论另一种关键赋能因素，即数字竞争者。

第 7 章

数字竞争者

许多人都知道阿里巴巴,它是数字化的电子商务平台。事实上,按收入计算,阿里巴巴是全球第三大零售商和电子商务公司。[1]自2017年以来,阿里巴巴在线业务的利润已超过亚马逊和沃尔玛。[2]同样,许多人也都知道腾讯,它是全世界最大的社交媒体公司之一,主导着中国的即时通讯领域。该公司的服务范围包括在线的社交游戏、音乐、电影和购物,其网站访问量位居全球前五。[3]腾讯旗下的微信提供多功能消息、社交媒体和移动支付应用服务,[4]凭借其丰富的功能被称为"超级应用",拥有超过12亿的月活跃用户。[5]阿里巴巴和腾讯是来自中国的数字巨头,现已跻身全世界最大的科技公司行列。

为方便比较,让我们一起来看一下其他三家同样赫赫有名的公司——中国工商银行、中国农业银行和中国银行。它们都是大型国有银行。截至2019年,中国工商银行总资产排名全世界第一,[6]中国银行排名第四。[7]中国农业银行在福布斯2020年的全球2 000强上市公司榜单中排名第五。[8]

在几年前，中国传统银行的业务和客户还与阿里巴巴和腾讯沾不上边。但在过去几年，这些传统银行与阿里巴巴和腾讯直接较量，争夺消费者和中小企业存贷款市场。它们之间的激烈争夺体现了传统企业在遭遇新生代数字竞争者时面临的竞争形态。

中国的老牌银行不可能对阿里巴巴和腾讯这样的数字巨头坐视不理。这两家数字巨头首先进入第三方支付领域，使商家和消费者可以绕过银行，直接在其平台上进行交易。由于中国的信用卡使用率低，电子商务交易由此存在困难，这种支付服务就显得非常重要。在确立了支付领域的主导地位之后，阿里巴巴和腾讯将注意力转向了银行业。2014年，阿里巴巴和腾讯分别推出网商银行和微众银行，进军银行领域。[9] 到了2018年，网商银行通过其在线平台向近1 000万家中小企业发放了超过1.19万亿元人民币的贷款，几乎是中国中小企业贷款领军机构——工商银行所发放贷款的67%。[10,11] 大约同一时期，腾讯的微众银行发放了1 630亿元人民币贷款。[12] 同样值得注意的是，这些数字巨头还涉足传统银行的存款业务。到2017年，阿里巴巴已吸引了约1.7万亿元人民币存款，[13] 约为中国银行同年存款总额的12%。[14]

短短几年时间，阿里巴巴和腾讯如何在一个由老牌传统银行主导的市场中取得如此显著的进展？答案只有四个字：利用数据。现代经济中，阿里巴巴和腾讯代表了与传统企业对峙的新型数字竞争者。它们是数字竞争对手，主要用数据（而不是类似产品）开展竞争。它们对传统企业的竞争影响来自数据运用，与类似产品没什么关系。我们先做些铺垫，好好了解新的数字竞争者如何改变竞争格局，然后再回到阿里巴巴和腾讯的示例。

并非所有传统企业都会像老牌的中国银行那样面临来自数字巨头的竞争性攻击。然而，所有传统企业都必须为此做好准备，应对不同类型的数字竞争者。有些数字竞争者可能与产品竞争对手相互熟悉，另一些则可能互不了解，还有一些甚至可能是初创公司。数字竞争者来自更广阔的数字生态系统，它们的竞争动态超越了现有的行业界限，基于行业的旧式竞争规则可能不适用。为了有效开展竞争，传统企业必须了解数字竞争者的独特竞争实力和它们异乎寻常的运作方式。

本章探讨数字竞争者的概念，重点介绍它们与传统竞争者的不同之处及其原因。本章还为传统企业建立了一个应对数字竞争威胁的分析框架。

数字生态系统的竞争动态

有了数字生态系统，传统企业的价值创造范围从现有产品扩展到新的数据驱动型服务。在新扩展的价值空间中，传统企业也将引来新的数字竞争者。要想赢下这样的新型竞争，光有产品或产品的市场定位优势并不够，企业还需要在运用数据方面具有优势。竞争不仅与产品性能有关，而且还涉及数据驱动型服务。因此，数字生态系统的竞争动态不同于传统企业所经历的行业动态。

我们首先讨论数字生态系统的三种竞争模式。由于行业竞争也存在与这些模式相似的情形，我们便可借此理解新旧竞争动态的差异。传统企业在新的数字世界面临竞争，而这里介绍的三种模式可用于常见竞争场景的分类。认识这些竞争模式还有助于传统企业梳理对抗数字竞争者的不同方法。我们强调了新的数字竞争模式与人们所熟知的行业竞争模式之间的相似之处。认识这些相似之处有助于传统企业调整现有竞争手法，适应在数字世界开展竞争所需的新战略。

模式 1：通过生态系统平权实现竞争均衡

宝洁、飞利浦和高露洁是电动牙刷产品的传统竞争对手。如今，宝洁的欧乐 B、飞利浦的 Sonicare 以及高露洁的 Hum 是彼此竞争的智能牙刷品牌。这些传统竞争对手已经演变成数字竞争对手。它们彼此竞争的不仅是产品，而且还有产品产生的数据。

到目前为止，以上每个品牌都提供类似的数据驱动型性能。欧乐 B 牙刷上的传感器会评估刷牙力度，并监控特定部位的刷牙时间。[15] 算法对刷牙实况与预期结果进行比较，通过智能手机 App 向用户提供反馈。与此类似，飞利浦的 Sonicare[16] 和高露洁的 Hum[17] 利用集成到产品、算法和智能手机 App 之中的传感器，对用户想要更多关注以及遗漏的部位进行持续跟踪和提醒。在传统业务领域，这些公司在产品开发、品牌和分销网络方面具有对称的价值链实力，彼此开展竞争。在数字业务领域，欧乐 B、Sonicare 和 Hum 具有对称的数字实力，每个品牌都使用自身的数据和算法，提供大致相同的数据驱动型性能。

现在是智能牙刷及其性能的早期发展阶段。它们的竞争动态可能会演变成品牌之间的某种竞争均衡。为此，每个品牌都必须在数据运用方面保持实力对称，在新的智能性能方面相互匹配，并且提供类似的数字体验。换句话说，它们需要用生态系统平权保持竞争力。所谓生态系统平权，指的是数字竞争者在生产生态系统和消费生态系统中保持实力对称。

目前，上述数字竞争者都在生产生态系统中表现出对称性，它们提供类似的智能产品性能。这种情况可能会持续下去。如果某一品牌升级算法，其他品牌也会不甘示弱，升级各自的算法。任一品牌推出的任何新的智能性能都可能被其他品牌匹配。例如，某一品牌推出预测蛀牙的性能，其他品牌就会"照猫画虎"。在此过程中，这些品牌将在产品传感器和算法方面建立起对等实力。生产生态系统的这种对称性还必须延伸到消费生态系统，从而保持各品牌的竞争均衡。如果欧乐B将其商业模式扩展成为一个系留数字平台，实现了用户和牙医之间的数据交换，那么Sonicare和Hum就必须跟进效仿，吸引相同数量的牙医来形成强大的平台。如果不这样做，数字平台"赢家通吃"的属性可能会将欧乐B推向无可匹敌的竞争地位。总之，生态系统平权使得数字竞争者保持对等的数据运用实力和竞争地位。

行业竞争的类似情形：价值链平权。从行业竞争的角度看，软饮料行业的可口可乐和百事可乐之间呈现类似的对称格局。这两家公司保持着竞争均衡，原因在于它们通过价值链平权建立了对等的产品实力。两者各自拥有独特的浓缩配方，各自都有不相上下的装瓶网络和类型相似的供应商，如易拉罐制造商、食糖生产商和人造甜味剂生产商等。它们还使用相类似的分销网络，其中包括大型快餐连锁（麦当劳、汉堡王、肯德基），零售商（杂货店）和自动售货机。可口可乐和百事可乐的价值链处于平权状态，原因在于从集中生产到品牌推广，再到分销，彼此的实力难分轩轾。两家公司都有强大的浓缩原料；在与基本相同的供应商群体打交道时，两者的议价能力都差不多；它们在分销和品牌方面的实力也势均力敌。

可口可乐和百事可乐在广告和分销方面展开竞争，此举为它们的市场地位制造了壁垒。两家公司在品牌推广方面你追我赶，除了将大约8%到10%的收入用于广告宣传外，它们还对其广泛的分销网络投入巨资。品牌和分销的规模成为市场生存的必要条件，两家公司由此把控行业大局，阻止了任何试图进入市场的新竞争者。

宝洁、飞利浦和高露洁竞相开发算法和传感器，吸引牙医加入平台，这些数据驱动型服务所产生的网络效应也会对新进入者形成壁垒。

网络效应和生态系统平权。宝洁（欧乐B）、飞利浦（Sonicare）和高露洁（Hum）竞逐更多用户时，它们的直接网络效应也趋于增强。它们从越来越多的用户那里获得数据，于是算法更加强大。反过来，更加强大的算法又助力它们改进数据驱动型功能，惠及个人用户。换句话说，当某品牌拥有更多用户时，每位用户都会受益。如果宝洁、飞利浦和高露洁将其产品延伸到系留平台，进而吸引越来越多的平台用户，那么它们也会建立间接网络效应。例如，如果它们的平台吸引了更多牙医，那么用户就会得益于更丰富的牙医选择。反过来，牙医也可因接触到更多的用户而受益。这些平台甚至可能会吸引保险公司，它们愿意为刷牙习惯更健康的人群提供保费折扣。随着时间的推移，直接和间接的网络效应形成巨大壁垒，阻遏了想在这个领域竞争的新进入者。可口可乐和百事可乐通过相当的价值链实力保持竞争均衡。宝洁、飞利浦和高露洁之间则通过对称的生产生态系统和消费生态系统实力（也就是生态系统平权）实现类似结果。图 7.1 描述了这些关系。

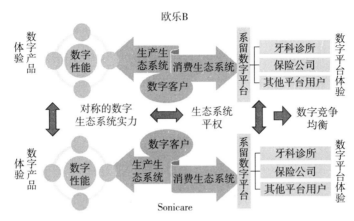

图 7.1 通过对称的生产生态系统和消费生态系统实现竞争均衡

模式 2：通过对称的生态系统壁垒实现竞争均衡

海克斯康（Hexagon Geosystems）是一家用数字方式测量和收集地表地形数据的技术公司，其技术在建筑业务中找到了用武之地。该公司用技术对建筑工地进行地理空间定位和 3D 激光扫描，据此找出最佳的施工方案。它还可以利用数据推导工程计划，从而指导各种施工设备在项目中各司其职。例如，该项技术可以为挖掘机制定计划，确定要移动多少土方；或者为推土机制定计划，确定在项目现场要平整多少面积。工程计划还可以帮助承包商找到协同使用各种施工设备的方法。例如，一旦挖掘机完成工作，它就可以突出显示让推土机开始平地。

这些计划经数字化制作，由软件驱动，可以上传到各种施工设备。这样一来，操作员就可以得到有关如何操纵设备的实时指导。这些计划还引导并监测每台机器的进度，在工作完成时提醒操作员。正如海克斯康的营销副总裁霍尔格·皮茨希（Holger Pietzsch）所说："挖掘机的挖掘量不必超出应有程度，推土机的推土量也不必超出必要水平。这一性能使建筑公司减少对熟练操作员的依赖，就用数据来帮他们完成任务吧。"

在建筑业务中，海克斯康与建筑设备制造商扮演着相辅相成的角色。卡特彼勒之类的建筑设备制造商从事建筑设备的生产和销售业务，而海克斯康则做着帮助卡特彼勒的客户使用设备的生意。两家公司都使用现代数字技术，但方式各不相同。如第 4 章所述，卡特彼勒将传感器和远程数据用于交互式产品性能和预测性服务，以期减少产品停机时间。海克斯康的技术功能与此不同，它指导卡特彼勒的设备完成工作。而且，它还通过数据的收集和分析发挥助力作用，将卡特彼勒的设备与施工现场的其他实体和对象连接起来，从而更好地协调它们的工作。就建筑设备业务而言，这些不同的活动将卡特彼勒置于生产生态系统领域，而海克斯康则被置于消费生态系统领域。

那么，卡特彼勒是否应该将海克斯康视为竞争对手？如果卡特彼勒认为其市场将从现有的产品销售扩展到数据驱动型服务，预计其业务范围将从现有的行业边界扩展到数字生态系统，或其计划将战略范围从生产生态系统扩展到消费生态系统，那么答案就是肯定的。在这种情况下，海克斯康是一个数字竞争者，它与卡特彼勒争夺潜在的数据驱动型服务收入份额。尽管海克斯康缺乏可比的产品，

第 7 章 数字竞争者

但它与卡特彼勒竞争着彼此都可以访问的数据的相关业务。

到目前为止，卡特彼勒、小松、沃尔沃等传统的产品竞争对手都选择驻守在生产生态系统范围内。海克斯康和天宝、拓普康（Topcon）等同类企业则涉足数字地形、远程信息处理和 GPS 领域，并在相应的消费生态系统领域确立了一席之地。这样看来，主要的数字竞争者对生产生态系统和消费生态系统各有聚焦选择。双方也因为各自相平衡的生态系统壁垒，达到了竞争均衡。

什么是生态系统壁垒？ 生态系统壁垒是企业从生产生态系统转向消费生态系统时面临的困难，反之亦然。让我们看看海克斯康面临的生态系统壁垒。海克斯康在建筑设备的制造和销售方面不具备与卡特彼勒竞争的专有技术和能力。它是一家数据和软件驱动的技术公司，产品非其所长。如果海克斯康想用自己的产品进入建筑设备业务的生产生态系统空间的话，其需要建立一个强大的价值链网络，在产品研发、产品设计、规模化制造、庞大的经销商网络和售后服务等方面打造基础实力，然后将这个网络变成一个充满活力的生产生态系统。

此外，海克斯康的客户是那些拥有施工设备并用其实施项目的承包商，当该公司的数字化工作计划上传到任何一台机器时，客户都能发现价值。皮茨希是海克斯康的高管，他曾在卡特彼勒工作了 23 年，是领导其数字化转型工作的关键人物之一。他描述了新雇主的理念："我们的大多数客户都兼有卡特彼勒、小松、沃尔沃等设备。我们喜欢采用中立的方法，强调我们的软件与各种设备兼容。"进入生产生态系统领域会削弱海克斯康的中立性。因此，海克斯康也没什么动机进入卡特彼勒所在的生产生态系统领域。

对于从生产生态系统空间向消费生态系统空间进军，卡特彼勒也面临生态系统壁垒。卡特彼勒基本上将自己视为一家产品公司，其围绕制造规模建立起来。它高效的销售和服务流程历经数十年打磨，已然成为核心竞争力。因此，在数据驱动型服务中产生同等的效率和规模非常困难。实际上，卡特彼勒并不是没有考虑进入消费生态系统领域。其与海克斯康在消费生态系统领域的竞争对手天宝建立了合作伙伴关系。卡特彼勒可以借助天宝的能力，利用合作伙伴关系开发一个完整的系留数字平台，从而发力进入消费生态系统领域。这一数字平台可能会提供一系列新的服务，通过项目参与者之间的数据共享协调建筑工作。但卡特彼勒最终没有选择这样做，它疏离消费生态系统，留守在生产生态系统中打造实力。

自从安博骏（Jim Umpleby）接替道格拉斯·欧博赫曼担任卡特彼勒首席执行官之后，该公司的战略愿景出现变化，从中也可以推断其对消费侧不感兴趣的态度。在安博骏的领导下，卡特彼勒已投入大量资源，对在各种建筑工地运行的 100 万台设备进行改造，为它们配备传感器和远程信息处理系统。这是对欧博赫曼先前工作的继续深入，旨在确保卡特彼勒出厂的所有新机器都彼此连接。有了来自施工现场的机器使用数据和磨损数据，卡特彼勒起码能够知道哪些客户需要新的设备，哪些客户需要更多服务。利用这些数据，它可以更好地配置销售和服务资源，从而提高经营效率。换言之，安博骏选择的战略进一步强调发挥来自生产生态系统的数据的价值。来自消费生态系统空间的海克斯康等企业的竞争性攻击概率很低，这进一步影响了卡特彼勒对于风险回报的权衡认知，使之更加倾向于据守在生产生态系统之中。在公司管理层看来，至少在目前,扩展到消费生态系统的风险和回报根本不成比例。

从一个生态系统进入另一个生态系统时,海克斯康和卡特彼勒都面临着对称的生态系统壁垒,这种对称的生态系统壁垒维系着数字竞争者之间的竞争均衡。

行业竞争的类似情形:对称的移动壁垒。一百多年来,钢琴制造商施坦威(Steinway)和雅马哈(Yamaha)一直保持着竞争均衡。就像卡特彼勒和海克斯康的生态系统定位不同,施坦威和雅马哈的市场定位也因价值链配置的差异而不同。同样,与卡特彼勒和海克斯康面临着对称的生态系统壁垒类似,施坦威和雅马哈也面临着对称的移动壁垒,这一壁垒阻碍它们从一种市场地位转换至另一种市场地位。[18]

施坦威的三角钢琴是其竞争对手艳羡的对象,也是钢琴演奏家的首选。超过98%的钢琴演奏家使用施坦威三角钢琴进行演奏。[19] 每架施坦威钢琴都采用自动化程度很低的独特工艺制造。正是因为拥有技能高超的工匠,该公司才能造出独一无二的钢琴。经验丰富的匠人耗时数年,与新手同事分享选材、组装及至实现高性能的真知灼见。从工厂车间下线的每架钢琴都有熟练工匠的印记。每架施坦威三角钢琴都有独特的音质、音色和手感,钢琴演奏家很可能在施坦威的产品中找到适合自己风格的钢琴,并使之成为自己创造性的思维与演奏技法的自然延伸。施坦威钢琴被演奏家选中,其所带来的演奏表现绝非其他钢琴所能比拟,帮助钢琴家达成自己期待的演绎效果。

另一方面,雅马哈是立式钢琴市场和品牌的领军企业。立式钢琴的琴弦垂直串起,它们更紧凑,占用更少的空间,价格也比三角钢琴便宜得多。购买立式钢琴的人比购买三角钢琴的人要多，所以立式钢琴的产量和销售量更大。雅马哈也制造三角钢琴来同施坦威竞争，但与施坦威不同，雅马哈在运营中强调自动化。因此，其车间出产的钢琴很可能一模一样。这种产品的一致性正是雅马哈的标志性品质。雅马哈员工的熟练程度源于该公司在重复性任务方面的效率、在细节上对减少缺陷的集体关注，以及遵循强调一致性的统一工作模式。

施坦威和雅马哈面临对称的移动壁垒。几十年来，施坦威在手工制造钢琴方面的能力历经淬炼。该公司培养了几代员工，使他们掌握了钢琴制造所需的技能。它还与钢琴演奏家建立了长达几十年的密切联系。换句话说，施坦威的战略性细分市场已经建立了很长时间。对于雅马哈来说，很难做到与施坦威的实力相匹敌，几乎不能在同一市场上找到一席之地。但雅马哈掌握自动化技术也已有几十年历史。它大批量销售立式钢琴，不断增强自动化生产的规模优势。施坦威既没有资源，也没有销量，更谈不上规模优势，无法撼动雅马哈的市场地位。因此，这两个竞争对手都保持各自的市场地位，实现了钢琴行业的竞争均衡。

如今，建筑业务的生产生态系统和消费生态系统虽然吸引了不同的数字竞争者，但它们处于竞争均衡状态，没有哪方企业有实力跨越各自的生态系统壁垒。图7.2描述了通过对称的生态系统壁垒所实现的竞争均衡。

然而，当生态系统壁垒非对称且无法阻止数字竞争者时，这种均衡可能不会持久。

第 7 章 数字竞争者

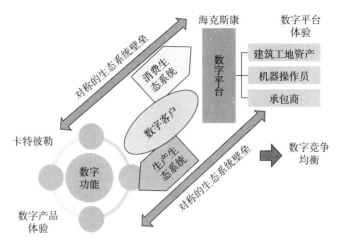

图 7.2 通过对称的生产生态系统和消费生态系统实现竞争均衡

模式 3：通过非对称生态系统壁垒进行数字化颠覆

对于数字竞争者跨越生产生态系统和消费生态系统的移动，对称的生态系统壁垒代表着同等的障碍。但生态系统壁垒也可能非对称。让我们回到本章开头讲到的阿里巴巴和腾讯的例子，看看非对称的生态系统壁垒如何影响数字竞争。

驱动阿里巴巴和腾讯数字平台的是五个相互关联的关键元素：搜索、电子商务、支付服务、社交网络和娱乐。[20] 通过这些元素，阿里巴巴和腾讯抓取了其客户在使用服务时的互动数据，从中发掘这些客户的消费需求和偏好。

假设某人正在求购汽车，而且正在寻求建议。他可能会使用阿里巴巴或者腾讯数字平台的搜索或聊天服务。这给了阿里巴巴和腾讯一个早期信号，即这个人可能需要汽车贷款。它们的电子商务和支付服务平台于是收集有关此人消费习惯、借贷能力和信用程度的其他信息。通过数字平台上的互动历史，阿里巴巴和腾讯对数亿客户的需求有着精准的判断。它们知道客户住在哪里，可能想要什么样的汽车，有哪些经销商能够以合适价格提供客户喜欢的汽车。同样的模式也适用于住房贷款、教育贷款、家电购买和短期度假贷款等。

对于中小企业，阿里巴巴和腾讯能做的事情也很多，包括提供数字支付处理服务和电子商务平台上的数字店面服务，还有数字营销和物流服务。通过这些服务，两家数字巨头获得了小企业主营运资金需求和信用程度的有关数据，这种情况与数字平台获取个人消费者数据相似。阿里巴巴和腾讯积极发挥数据力量，发出提供贷款的早期信号。它们抓取的数据还给出了可靠的信用评估，方便它们及时提供有竞争力的贷款。它们的不良贷款记录只有1%。[21] 相比之下，传统银行只有在消费者和中小企业提交申请时才能了解到他们的贷款要求，评估客户信用程度的数据处理工作也只能在接受贷款申请之后开始，而这通常花费了大量的文书工作时间。这样的过程不仅极大地延误了传统银行的贷款决策，也给客户带来了很大的麻烦。

贷款业务取得成功之后，阿里巴巴和腾讯很快又进入了存款业务领域。此举进一步加强了它们的贷款业务。存款增加，不仅意味着有更多的现金可供放贷，阿里巴巴和腾讯还可以发挥贷款业务的杠杆作用，使存款业务更具吸引力。那些使用阿里巴巴和腾讯的服务以满足大部分日常需求的客户看到了"在平台存款"的内在便利。对于那些将80%的钱花在阿里巴巴的生态系统并且在阿里巴巴存款的客户来说，他们能通过阿里巴巴更快获得贷款。这是因为阿里巴巴从客户贷款业务交易中获得洞见，加快了贷款的数字化处理速度，并使用智能算法提供具有竞争力的利率。客户对阿里巴巴和腾讯数字生态系统的参与程度越高，其在存贷款方面享受的数据驱动型效益就越多。

阿里巴巴和腾讯可以访问有关消费者如何开销的数据。通过提供搜索、电子商务、支付服务、聊天、社交网络和娱乐服务的平台，它们抓取了大量与开销有关的数据。对于任何使用平台服务的客户，平台所有者都会自动获知他（她）正在搜索什么、打算购买什么，以及在购买时向朋友寻求的建议。因此，阿里巴巴和腾讯处于银行业务消费生态系统的中心。

相比之下，中国的传统银行主要围绕吸引存款、发放贷款和发行现钞而组织起来，其商业模式以生产生态系统为基础，需要通过分支机构开展与存贷款相关的各种管理活动。它们一味聚焦生产生态系统，缺乏消费侧的数据和能见度，难以发现客户的贷款需求，也难以详细了解银行放贷的使用情况。因此，当阿里巴巴和腾讯运用其在消费生态系统的强大影响力时，传统银行就容易遭受来自它们的冲击。

海克斯康在处理与卡特彼勒的关系时面临生态系统障碍，对于阿里巴巴和腾讯来说，它们无须担心这类问题。这两家数字巨头最初存在于银行的消费生态系统，其后进入生产生态系统。它们先是通过数据打造贷款业务实力，然后迅速向存款业务拓展。它们还吸引了几家运营数字理财业务的小型金融科技公司作为其平台的供应商。这些金融科技公司被阿里巴巴和腾讯承包，它们运用数字化的存贷款处理手段，执行后台的生产生态系统流程。传统银行既无法从这些攻击中脱身，也不具备与阿里巴巴和腾讯相匹敌的、对等的数据衍生实力。这是数字生态系统竞争动态的一个重要方面——竞争者可以首先在传统企业的消费生态系统中站稳脚跟，然后向传统企业的生产生态系统发起攻击。这样的举动代表了来自新生代数字竞争者的巨大颠覆性威胁。

行业竞争的类似情形：非对称移动壁垒。 传统企业还会面临数字竞争者直接攻击生产系统，对其构成颠覆性威胁。例如，自从互联网出现以来，一些金融科技公司试图通过数字化的存贷款处理手段颠覆传统银行。行业竞争也有类似的颠覆情形出现，其中，在位企业发现通过价值链建立的既定市场地位受到攻击。这些攻击具有的颠覆性证明传统企业现有的移动壁垒被证明不足以自我防御。施乐（Xerox）和佳能（Canon）的案例就是明证。

直到20世纪80年代初期，施乐还主导着复印机行业。该公司拥有专利技术、品牌、强大的售后服务网络以及牢固的大型企业客户关系，由此确立了市场主导地位。然而，在20世纪80年代初期，日本公司凭借小型复印机进入市场，佳能的表现尤为突出。在那个时候，施乐的专利已经过期，竞争者以此为契机进入市场。它们瞄准了牙科诊所、律师事务所等不需要大型复印机的小单位。它们的产品体积更小，价格比施乐的大型复印机更具吸引力。此外，它们的产品配备了基本的必需备件和简单说明，使客户能够在需要时自行解决大多数服务问题。这项性能消除了客户对大型服务中心网络的需求。总而言之，新进入者找到了避开施乐的战略壁垒的方法。受需求拉动，这些新进入者的市场份额显著扩大，成为强大的竞争对手。

施乐发现自己被逼入困境。它的核心客户是大公司，它们不断要求有更大、更快的复印机,以便满足大量复印的需求。然而,佳能和其他日本公司在规模日益增长的小型复印机市场上的实力越来越强。如果施乐想与核心客户"同甘共苦",那么就意味着它将不得不忽略一个更大的、不断增长的市场。另一方面,契合新的市场则要求施乐对现有价值链实力进行根本性重置。克莱顿·克里斯坦森(Clayton Christensen)对颠覆性技术素有研究,他将这种情况描述为"创新者的窘境"。[22] 如果在位企业陷入与施乐类似的处境,那么它们将面临同样艰难的抉择。与核心客户保持一致可能意味着施乐要困守不断萎缩的市场;改变方向以契合新的、更大的市场则需要对公司的现行做法进行有风险的艰难改变。简言之,施乐面临非对称的移动壁垒。佳能可以攻击施乐既有的市场地位,但施乐不能攻击佳能新的市场地位,无法做到"以牙还牙"。

为什么施乐难以回应佳能用小型复印机进行的竞争攻击?施乐并不是不了解小型复印机,也不是不知道如何制造它。大小型复印机的底层技术也差别不大,两者的关键差异在于生产和销售流程,亦即价值链。想与小型复印机竞争,施乐就需要重新配置产品开发流程、制造流程和装配线,同时还需要重新配置销售人员与客户的互动方式,因为大公司和小单位需要不同的销售方法。简言之,施乐需要重新配置既有的价值链。这样做并非不可能,但很困难。

困难之处在于:随着时间的推移,大型组织的传统流程和规例会变得僵化。员工接受了特定方式的培训,习惯于现有的工作流程;员工和客户之间的沟通渠道已经固化;保护现有技术和流程的权力结构已然确立。因此,大型组织会习惯性地抵制对旧有规则的任何变革,尤其是在过往取得成功的情况下。理论上看似简单的变革,在实践中变得寸步难行。

丽贝卡·亨德森（Rebecca Henderson）和金·克拉克（Kim Clark）将小型复印机之类的创新称为架构创新。[23] 这些创新没有从根本上改变现有的产品技术，然而，它们重新安排了产品各组件之间的关联方式，带来了产品的架构变化。与大型复印机相比，小型复印机有着相同的底层技术，但它重新设计了产品组件，并且重新安排了它们的关联方式。这样的创新要求在位企业重新配置价值链，以便应对类似的产品架构变化。对大型在位企业来说，这是难以做到的事情。创新颠覆了它们。

大多数竞争性攻击并不要求企业重新配置价值链。但是，如果真的要求这样做，那么就很可能出现颠覆性的结果。施乐花了几年的时间应对小型复印机的冲击，终于恢复了元气。其他企业可就没那么幸运了。在大型计算机和小型计算机领域，昔日王者 DEC 公司（Digital Equipment Corporation）于 20 世纪 90 年代受台式机的竞争冲击而一蹶不振，其僵化的价值链直接导致公司倒闭。

在数字世界中，当传统企业未能改变业务流程并将价值链网络提升为生产生态系统时，类似的僵化现象也会出现。换句话说，站在生产生态系统的角度，传统企业更有可能看到行业环境同数字世界颠覆性竞争动态的相似之处。然而，在消费生态系统中，颠覆性竞争动态可能非常不同，甚至完全陌生。

消费生态系统构成新的竞争威胁。来自消费生态系统的攻击构成了另一种类型的颠覆性威胁。对于许多传统企业领导者来说，消费生态系统仍然是新的概念，他们可能没注意到新的数字竞争者在该领域的存在。当新的数字竞争者在消费生态系统建立起非对称的实力，传统企业可能还未充分重视它们的生产生态系统将要受到的攻击。这类攻击会分解或削弱在位企业与客户的联系。有了及时、优质的数据，新的数字竞争者可以用更智能、更丰富、更个性化的服务吸引客户，从而碾压在位企业。它们还可以将产品价值转移到以消费为基础的服务，从而将在位企业的传统产品商品化。

相机行业的"一代天骄"柯达公司（Kodak）于2012年申请破产，并且在实际上退出了相机业务。[24] 该公司的没落可归因于消费生态系统崛起的强大新生代数字竞争者，这些竞争者控制着照片的物质载体（智能手机等数码产品）和分享平台（各种社交类应用程序）。苹果、谷歌和脸书等数字巨头在这一消费生态系统中起主导作用。它们建立了强大的非对称生态系统壁垒，将相机降格为智能手机的组件。时至今日，柯达甚至都没能成为智能手机制造商的供应商角色。

我们在本书的导言部分指出，无人驾驶汽车的出现可能对传统汽车制造商造成类似的商品化威胁。如果客户将个人偏好从购买汽车转移到购买乘车平台上的预订服务，竞争优势就会转移到那些主导汽车消费生态系统的数字竞争者那里。这些竞争者可能是谷歌、苹果或优步，它们可能更了解客户的用车习惯，而传统汽车制造商只知道如何生产汽车。谷歌、苹果和优步是强大的数字竞争者，它们持有的客户乘车需求数据不仅仅来自其平台上提供服务的智能汽车，而且还来自从若干平台接口收集整理的消费者数据档案。这些数字巨头的运作方式类似于阿里巴巴和腾讯开展银行业务的手法。相比传统银行通过各自App所能收集的数据，阿里巴巴和腾讯从多维度平台收集到的资金消费数据要多得多。与此类似，凭借在数据采集方面的优势,谷歌、苹果和优步能更好理解用户需求。它们可能在提供乘车期间的优异数字体验方面具有优势。因此,用户最关心的可能不是什么品牌的汽车来接他们,而是哪个平台能为他们提供优异的数字体验。在这种情况下,作为产品的汽车面临着被商品化的风险。传统企业必须警惕这类威胁,它们来自因具有非对称实力而能够跨越生态系统壁垒的数字竞争者。图 7.3 描述了由于非对称的生态系统壁垒而造成的数字竞争颠覆。

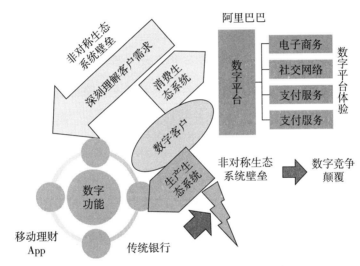

图 7.3 非对称生态系统壁垒造成的竞争分布

表 7.1 总结了数字竞争者和传统竞争者之间的总体区别。

表 7.1 数字竞争者和传统竞争者的区别

竞争属性	数字竞争者	传统竞争者
市场目标	建立数据服务市场份额	建立产品市场份额
竞争基础	类似数据	类似产品
竞争驱动力	数据驱动的服务性能,数字体验	产品性能

续表

竞争属性	数字竞争者	传统竞争者
竞争领域	数字生态系统	行业
竞争资源	生产生态系统和消费生态系统的网络效应	价值链的规模
竞争均衡的驱动因素	生态系统平权，生态系统壁垒	价值链平权，移动壁垒
颠覆性竞争的驱动因素	非对称生态系统壁垒，无法抵御来自生产生态系统和消费生态系统（或系统之内）的攻击	非对称移动壁垒，无法重新配置价值链以应对创新或新进入者

对抗数字竞争者的分析框架

我们在前面介绍了三个场景——电动牙刷之类的消费品、建筑设备和银行——由此说明数字生态系统的竞争动态，以及传统企业可以预期的数字竞争者行动。这些场景还能帮助我们对比传统行业的竞争动态和数字生态系统的竞争动态。我们所举的三个例子未必能捕捉到数字生态系统竞争的所有细微之处，但它们确实提醒企业留意一些重要的新概念。回顾一下，这些重要的概念包括：（1）生态系统平权，它指的是数字竞争者具有对称的生态系统和生态系统实力；（2）对称的生态系统壁垒，它指的是固守生产生态系统的数字竞争者发现很难进入消费生态系统，反之亦然；（3）非对称的生态系统壁垒，它指的是一组数字竞争者面临生态系统壁垒，而另一组则不然。传统企业可以利用这些概念探求应对数字竞争者的适当方法。图7.4代表了这样一个分析框架。

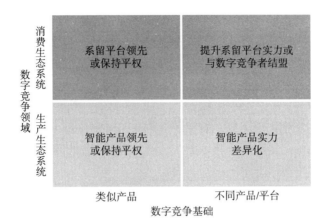

图 7.4 对抗数字竞争者的分析框架

传统企业可能面临来自两类数字竞争者的对抗：一种是与智能版的类似产品竞争，另一种是与不同的智能产品或数字平台竞争。宝洁的主要数字竞争者是高露洁和飞利浦，它们用类似的智能产品竞争。相比之下，中国传统银行面对的数字竞争者是阿里巴巴和腾讯，它们并非银行，而是电子商务和社交网络平台运营商。卡特彼勒面对的数字竞争者不仅有像小松这样拥有类似智能产品的厂商，而且还有像海克斯康这样从事软件和远程信息处理的公司。

传统企业还可以预见其数字竞争者将在不同的竞争领域与其进行竞争。数字竞争者可以进入在位企业的生产生态系统，如欧乐B面对高露洁与飞利浦的竞争；它们也可以进入在位企业的消费生态系统，如中国传统银行面对阿里巴巴和腾讯的竞争。基于这些考虑因素，以上分析框架展示了四种宽泛的竞争情景。它们助力传统企业开展评估，明晰建立领先地位或保持竞争均衡的时机和方法，同时促使企业对可能出现的数字化颠覆保持警惕。

智能产品领先或保持平权。在分析框架的左下部分，在位企业面对着提供类似智能产品的数字竞争者,而且竞争发生在生产生态系统。在智能牙刷的示例中,欧乐 B 面对的数字竞争者是熟悉的产品竞争对手,而目前的生产生态系统也代表了它们的竞争领域。为了在这种情况下取得领先,像欧乐 B 这样的在位企业可以打造网络效应以形成先发优势,而这需要积极吸引数字客户(如第 6 章所述)。更大的市场份额意味着更多的客户数据,从而使欧乐 B 的算法更具智能,其数据驱动的性能也会更加精致。因此,拥有更多用户的品牌会因其产品性能更加智能而吸引更多用户。为了防止欧乐 B 脱颖而出,Sonicare 和 Hum 必须做出反应,它们必须保持与欧乐 B 对等的生产生态系统实力才能保住市场地位。这意味着它们也将积极地吸引数字客户,应对欧乐 B 推出的每一项智能产品性能,它们目前的运作方法也似乎正是如此。

系留平台领先或保持平权。在分析框架的左上部分,彼此熟悉的产品竞争对手在消费生态系统空间展开竞争。我们继续以智能牙刷为例,要想在该产品领域居于领先地位,欧乐 B 就必须依托系留数字平台率先行动。它必须率先将数字客户与牙医和牙科保险公司连接起来。在这里,欧乐 B 还可以利用更多的数字客户、牙医和保险公司获取更多数据,从而强化平台的网络效应,形成先发优势。为了保持市场地位,Sonicare 和 Hum 必须打造与欧乐 B 相匹配的、对等的系留平台,形成相抗衡的网络效应。它们必须在消费生态系统中保持平权。

智能产品实力差异化。传统企业还可能遭遇新的数字竞争者,它们并不提供相似的产品,但却在生产生态系统空间进行竞争。右下部分代表了这种情况。最常见的是,此类数字竞争者就是在现有产品上加装传感器的软件公司。这些数字竞争者绕过了生产和销售产品的环节，但可以访问类似的数据。例如，海克斯康可以在卡特彼勒的机器上加装传感器，然后利用同等的预测性维护服务进行竞争。在这种情况下，卡特彼勒的最佳选择是打造自身的智能产品实力以实现差异化。毕竟，该公司比任何人都更了解自己的产品，它应该充分利用这一事实，提高产品的数据驱动型服务的可信度。换言之，卡特彼勒必须提高生态系统壁垒，捍卫生产生态系统空间。它可以发挥价值链的实力，建立更加强大的生产生态系统。例如，卡特彼勒可以运用胜人一筹的产品工程理解力，更好地解释来自机器的数据，并开发更好的、数据驱动的交互性能。它还可以更有效地将新的数据驱动型预测服务与管理可用备件和产品维护人员的传统能力结合起来，从而减少机器停机时间。在第 8 章，我们将在数字能力的主题下对这一点作进一步阐述。

提升系留平台的实力。最后，右上部分代表传统企业面对消费生态系统出现的新的数字竞争者的情况。卡特彼勒遭遇海克斯康是一个例子，耐克对抗 Fitbit 和苹果手表是另一个例子。如果 Fitbit 和苹果通过各自的系留数字平台将跑者社区和运动员社区与训练师联系起来，从而进入耐克的消费生态系统领域，右上部分代表的情况就会出现。其中，Fitbit 和苹果无需生产和销售鞋子，但可以提供类似的平台服务，与耐克进行竞争。

在这一部分，传统企业要做很多艰难的选择。对于大多数传统企业来说，消费生态系统是一个陌生的竞争领域。这一领域的新生代数字竞争者可能构成重大威胁，但很难准确预测它们的竞争影响。很大程度上，竞争影响取决于生态系统壁垒的强度，以及数字客户跨越这些壁垒的相对能力。传统企业面临的挑战是"两害相权"——

冒险进入不熟悉的消费生态系统空间或面对数字竞争者试图将产品商品化的风险。难上加难的是，传统企业还要评估向消费生态系统空间拓展的风险和回报。我们将在第 10 章总结各种数字竞争战略选择，到时将进一步讨论这个问题。

基于相关评估，传统企业可以选择打造并加强自身系留平台的实力，进行正面竞争。例如，银行开发 App，打开了解消费者消费习惯的窗口。传统企业也可以与新的数字竞争者在消费生态系统领域开展合作，避免直接的正面竞争。卡特彼勒与天宝的合作就是这样一个例子。无论采用哪种方式，传统企业都不能忽视消费生态系统空间的数字竞争者。对这些数字竞争者稍不留意，数字化颠覆就可能会出现。

数字竞争者情报

最后，为了应对数字竞争，企业必须收集新竞争者的情报。这项工作牵涉到三个问题，即谁是我们可能的数字竞争者，我们将在哪个生态系统面对它们，它们的威胁程度如何。让我们依次展开讨论。

可能的数字竞争者：熟悉的行业竞争对手还是新竞争对手？

如果传感器和物联网数据的生成来源是价值链资产，与产品无关，那么数字竞争者很可能是彼此熟悉的行业竞争对手。在石油和天然气行业，把传感器嵌入产品是不切实际的。然而，这一行业拥有价值数十亿美元的资产，它们生成了有用的数据。仅在石油勘探业务中，企业就可以使用 AI 等现代数字工具提高发现储量的可能性，从而节省高达 50% 至 60% 的运营成本（有关石油和天然气业务的更多信息见第 10 章）。在这种情况下，如果所有行业竞争对手动机相似，都想利用资产中的数据力量，那么它们都会变成数字竞争者。无法获得类似资产的企业则不太可能成为数字竞争者。

如果驱动竞争的数据是某个产品类别独有的，那么数字竞争者也可能是熟悉的行业竞争对手。欧乐 B 或 Sonicare 可能会发现其数字竞争者仅限于牙刷制造商，因为如果不直接向客户销售牙刷，企业就很难获得有关客户牙齿的数据。

另一方面，如果从产品中获得的数据并不是某产品类别独有的，那么企业将面临新的、不熟悉的竞争对手。配备传感器的灯泡用探测到的数据开展安全业务，但这类数据可从其他许多家居产品中获得，如摄像头、Alexa 设备等。在这种情况下，数字竞争者将是那些可以访问相同数据但不用类似产品开展竞争的公司。如果产品可以加装传感器，那么新的数字竞争者也可能出现。喜利得（Hilti Corporation）是一家成熟的工具制造商，它提供数据驱动型服务，帮助承包商及时找到适合作业的工具，避免工作延误。新的数字竞争者并没有像喜利得那样制造工具，但它们现在通过跟踪工具的 App 提供类似服务。

数字竞争的轨迹：生产生态系统还是消费生态系统？

当企业利用现代技术发现提高经营效率的机会，或者发现提供全新数据驱动型服务的方法时，生产生态系统就成为竞争的关键领域。在石油和天然气业务中，埃克森美孚、雪佛龙（Chevron）和英国石油（British Petroleum）等公司正花费数百万美元充实生产生态系统。它们竞逐更高的石油勘探效率、更好的管道维护和更高的炼油厂安全性。通用电气、普惠（Pratt and Whitney）和劳斯莱斯（Rolls Royce）是喷气发动机业务的主要竞争对手，它们都将竞争范围从传统制造的产品扩大到预测性维护之类的数据驱动型服务。

当企业产品的数字互补品越来越多时，消费生态系统成为数字竞争的热点。我们不妨考虑一下电信领域新近出现的5G技术。5G蜂窝网络可以高速传输大量数据，而且可靠性高。因此，这项技术非常适合通过资产共享大量数据的物联网应用，例如智能城市应用，又例如管理车辆互联的车队。对电信业务提供商来说，这些应用还开启了全新的、充满活力的消费生态系统。它们可以促进和参与数字连接的消费，从而突破销售数字连接的商业模式局限。竞争于是转入这个新兴领域。威瑞森通信公司（Verizon）最近投入数十亿美元开展收购，其中包括为智慧城市服务提供物联网平台的Sensity Systems公司，以及提供车队管理和移动劳动力解决方案的Fleetmatics公司。类似地，美国电话电报公司（AT&T）和Synchronos公司建立合作伙伴关系，提供物联网平台服务，帮助办公楼宇节约能源。我们将在第10章更详细地讨论5G技术的影响。

威胁程度：常规性还是颠覆性？

竞争情报的一个关键要素是评估新的竞争威胁的严重性。竞争不会消失，但它们通常可以作为常规业务处理的一部分进行控制和管理。关注企业的生态系统壁垒，这是在持续的数字竞争动态中把握先机的基本要求。在可能的情况下，企业必须努力保持生态系统平权。它们还必须密切关注生态系统壁垒的强度，通过投资来适当抬高竞争门槛，使对手望而却步。

数字竞争者甚至有可能超越老牌的竞争对手，其关键原因之一就是传统企业未能充分维系生态系统平权。在健身车业务领域，派乐腾公司相对于传统竞争者有很大的价格优势，原因在于它率先建立了由充满活力的用户和教练社区组成的消费生态系统。到目前为止，它的许多传统竞争对手还在沿用基于价值链的传统商业模式。如果生态系统壁垒非对称，那么数字竞争也可能具有颠覆性，正如我们在中国银行界的例子中看到的那样。诚然，在这种情况下，充分的生态系统壁垒可能并不容易建立。

表7.2 总结了关于数字竞争者情报的讨论。

表7.2 数字竞争者情报

我的数字竞争者可能是谁		数字竞争的轨迹是什么		它们的威胁程度怎样	
熟悉的行业对手	新竞争者	来自生产生态系统	来自消费生态系统	低	高
条件		环境		原因	
传感器和物联网数据可能只来自价值链 行业对手都有改善资产使用的动机 传感器数据为某类产品所独有	传感器数据并非某类产品所独有 产品可以加装传感器	现代技术提高经营效率或提供数据驱动型服务的机会不断增加	产品的数字互补品的数量不断增加	已有效形成生态系统平权 生态系统壁垒很强大	尚未有效形成生态系统平权 很难建立生态系统壁垒

第 7 章　数字竞争者

本章学习要点

随着战略范围从行业向数字生态系统扩展，传统企业将会遭遇数字竞争者。有些竞争者可能是行业竞争的老对手，大家的数字实力彼此对等。其他竞争者可能是不熟悉的对手，它们用不对等的数字实力开展竞争，构成陌生的竞争威胁。来自新老竞争对手的挑战将呈现出传统企业未必熟悉的竞争动态。基于价值链配置的竞争扩展成为基于每个组织的生产生态系统和消费生态系统的实力的竞争。

传统企业必须了解新的竞争动态。同时，它们也不能无视自己在行业竞争方面的固有实力。数字生态系统终究是建立在行业网络之上。企业无论是打造新的实力，还是在数字生态系统中进行竞争，都需要依赖企业开展传统行业竞争时建立的固有实力。即使作为数字竞争者，企业也必须继续利用历经行业竞争洗礼的固有实力。面对原本是昔日老对手的数字竞争者时，固有实力使企业能够保持生态系统平权。面对新出现的数字竞争者时，固有实力则支撑企业加强生态系统壁垒。

虽然固有实力依然发挥作用，但传统企业毕竟需要与时俱进。数字生态系统中的成功竞争需要有新的数字能力。第 8 章对数字能力的内容和构建方式进行了讨论。

第 8 章

数字能力

企业的能力是市场赢家和输家的分界线。作为竞争战略一个不可或缺的组成部分，企业的能力为企业的战略引擎注入动力，帮助企业实现战略目标。同样，数字能力是数字竞争战略的一个重要方面，它们使企业能够有效地释放数据的价值。数据也因此成为界定竞争输赢的标准。本章将讨论数字能力的内容和传统企业构建数字能力的方法。

与市场、客户和竞争者不同，能力不易觉察，隐匿于企业内部。能力的结果可能很明显，但能力本身很难被发现。例如，进行汽车故障分析时对制造商归类，结果可能揭示丰田公司的产品可靠性能力比竞争者更胜一筹。然而，导致这一结果的无数潜在因素很难观察得到。能力是隐性的，人们知道能力的存在，但无法直接看到它们，其细节难以捉摸。

能力源于企业内部的资源和流程的复杂组合。当企业将资源和流程用于特定的战略目标时，能力会产生价值。我们继续以丰田为例，其资源包括资产、运营设施、研发技术、庞大而且经验丰富的供应商网络、知识渊博的员工队伍和强大的财务储备，其流程包含各式各样的职能活动和跨职能活动，这些活动有效地运用资源，实现产品可靠性等方面的特定战略目标。

丰田在产品可靠性方面的关键流程围绕全面质量管理（TQM）、[1]精益制造（lean manufacturing）[2]和六西格玛（Six Sigma）[3]等原则而打造。全面质量管理涵盖供应链、运营、产品设计和客户服务等方面的管理，它使所有职能活动突出重点并保持一致，力争实现客户满意度目标。精益制造和六西格玛是类似的跨职能工作原理，旨在协调企业的流程以确保质量。丰田的资源实力与跨职能的流程协调相辅相成，使其在产品可靠性方面具有竞争优势。该公司的许多资源，例如工厂、材料和其他资产，都可以通过检查看得一清二楚，也可以通过公司的资产负债表推断出来。但是，对于组合、匹配资源并形成产品可靠性等方面特定能力的流程来说，情况并不如此。

与传统能力一样，数字能力源于企业资源和流程的结合。然而，数字能力不同于大多数传统企业所熟悉的能力，两者致力实现的战略目标类型不同。数字能力的主要作用是放大数据的价值，而传统能力则用于提升产品的竞争影响。因此，数字能力需要使用不同类型的资源，需要建立不同类型的流程，最终也会产生新类型的价值。

数字能力也像传统能力一样难以觉察。然而，人们可以对数字能力和熟悉的传统企业能力进行比较，从而推断数字能力的内涵。通过对两者之间差异进行比较，企业能够更好地开展评估，将传统能力扩展为新的数字能力。本章详细讨论数字能力与传统能力的不同之处，阐述传统企业将传统能力扩展为新的数字能力的方法。

了解数字能力

从根本上说，传统能力帮助企业提高在行业内的竞争力。与此不同，数字能力增强了传统企业在数字生态系统中的竞争力。有四个关键属性显示了数字能力和传统能力的异同，它们分别是战略目标、资源、流程和战略范围。表 8.1 描述了传统能力和数字能力在这些属性上的主要区别。

表 8.1 传统能力和数字能力的关键区别

属性	传统能力	数字能力
战略目标	提升产品实力	提升数据实力
资源	价值链资源	数字生态系统资源
流程	职能式及跨职能的价值链工作流	分享和集成数据的 API 网络
战略范围	公司范围 / 多元化程度	数据驱动型服务的广度

让我们依次讨论每个属性的重要性。

战略目标

传统能力旨在使给定企业的产品在竞争市场中的成就最大化。它们增强了产品实力，这些实力通过具有成本竞争力的产品设计、产品质量和产品可用性等特征而变得显而易见。从本质上讲，能力使传统企业能够更有效地生产和销售产品。数据也发挥作用，但其作用是支持产品的生产和销售，以及支持产品产生价值。

数字能力聚焦于数据，将数据的角色从支持产品提升到与产品并行产生价值。数字能力的一个关键战略目标是通过扩大数据的价值范围的方式增强数据实力。它们帮助传统企业用数据开辟全新的收入途径，这超出了传统上仅通过产品所能实现的范围。

本书第 1 章讨论了数字巨头如何优化数据的角色，数据为早期的数字平台赋能，现在数据则升级为数字平台生成价值的核心引擎。例如，在脸书社交网络平台中，数据的早期作用是促进无需物理接壤的社交互动。数字化社交互动是该平台当时的主要预期功能。随着时间的推移，这一功能帮助脸书提升了数字能力，使该公司能够深入了解用户并创建强大的用户数据档案。随着这些数字能力的增强，数据在脸书商业模式中的角色也进一步扩展。在这个扩展的角色中，数据吸引了更多用户，建立了强大的网络效应，因而持续改善了作为脸书主要产品的社交网络平台的功能。此外，数据开辟了新的价值创造前景，广告的表现尤为引人注目。现在，脸书的数据通过数字广告创造了数十亿美元的收入。换句话说，脸书的数字能力使数据成为收入来源。数据不仅是支持脸书主要产品的初始角色，还成为至少与产品同等重要的战略资产。

对传统企业而言，数字能力也促进了从产品到数据的战略转变。有了数字能力，像睡立能这样的床垫制造商就能够融合智能算法和传感器数据，大规模定制床垫（见第 4 章）。在此过程中，数据使睡立能的主要产品——床垫变得更加强大，延展了睡立能的产品性能。例如，床垫海绵能够调适形状以改善个人的睡眠体验。数据赋能的数字能力将睡立能的业务领域从床垫扩展到健康保障服务，在其传统的床垫销售业务之外开辟了新的创造收入前景。

与此类似，数字能力使州立农业保险公司（State Farm Insurance）能够跟踪个人客户的实际驾驶行为。该公司从跟踪数据中获得洞见，提高了个人车险风险评估这一关键业务的准确性,从而针对司机个人定制保单。数字能力还使州立农业保险公司得以通过App影响个人驾驶行为——当司机无意中超速或闯红灯时,App会发出提醒。这些基于实时驾驶数据的新性能使事故减少,降低了州立农业保险公司的总体保险承保成本,从而提高了保单盈利能力。新的数字能力提高了盈利能力,降低了风险,弥补了传统的精算和保单承保流程在风险预测上的不足。

传统企业开始打造数字能力时,来自数据的创收新机会可能并非呼之欲出。例如,初涉社交网络平台时,脸书并没有预见能从数字广告中获得数十亿美元的收入。然而,脸书的成功也彰显了数据驱动型能力的巨大潜力。即使规模比不上脸书,企业也可以通过数字能力来释放数据的全部价值并从中获益。

资源

由于传统能力和数字能力的根本战略目标不同,它们运用的资源类型也不一样。传统能力事关增强产品实力,因此要运用价值链资源,包括生产和销售产品所需的所有单位、资产和实体。对于制造企业来说,价值链资源为:材料和供应链;将材料转化为产品并促进销售的各种资产,例如品牌、分销网络和售后服务;企业的产品和客户群,它们可以产生基于规模的运营优势。对于保险公司之类的服务企业,价值链资源包括各式各样的投保人、精算和承保人才积累、销售保单的代理网络和产生收入流的保单。无论是制造企业还是服务企业,所有价值链都需要人力资源进行管理。价值链资源还包括嵌入价值链中的各种 IT 系统，它们旨在支持生产和销售产品的运营工作。

另一方面，数字能力事关增强数据实力。因此，它们要运用数字生态系统资源。数字生态系统资源包括建立和使用传统企业的生产生态系统和消费生态系统中的所有资源。其中，生产生态系统和消费生态系统所用的资源种类不同。为了更深入地研究它们的本质差异，我们需要讨论这些生态系统资源的两个方面，一是基础设施资源，它充实传统企业的生产生态系统，并使其消费生态系统充满活力；二是数据资源，它由生产生态系统和消费生态系统产生，并在其中共享和放大价值。

生产生态系统的基础设施资源

如第 3 章和第 4 章所述，生产生态系统出自价值链网络。企业的价值链资源也是其生产生态系统基础设施的基础资源。更具体地说，当企业的基础价值链资源（如价值链实体、单位和资产）以数字方式连接，形成一个生成和接收数据的网络时，生产生态系统基础设施就会出现。换言之，当数字技术利用价值链的固有产能增强数据连接性时，现有价值链就转变为生产生态系统基础设施。

将现有基础设施转变为数字基础设施。基础设施的数字化转型可以有多种方式。基本上，它要求价值链中的实体、单位和资产广泛配备传感器，支持物联网。转型的第一步通常是在现有价值链资产上加装传感器并使其支持物联网。元素机器公司及其建设研发实验室的示例（见第 4 章）说明了这样一个步骤。离心机、冷冻机和分光仪等研发实验室常规价值链资产通过加装传感器、接入物联网等改动，变成一个互联网络中的智能组件，从而转变为生产生态系统基础设施。

添加新的数字基础设施。 传统企业还可以用新型数字资产替换尚未联网的资产。新百伦公司是一家总部设在波士顿的运动鞋制造商，该公司正在试验用3D打印机取代传统模具。模具是规模密集型资产，用于生产鞋底。鞋厂预先设定标准鞋码，这些鞋码（比方说，40.5码）的模具一旦成型，就可被用于大规模生产同尺码的鞋底。单个模具通常需要月产至少2,000个鞋底才能证明对其投资的合理性，新百伦等老牌制鞋公司的产量远高于这个最低门槛。

3D打印机与模具逆向而行，它用上了传感器数据，对鞋底进行大规模定制。传感器数据来自用户实际足部尺寸和对用户足部轮廓的扫描，以及体重和行走步态的记录。新百伦在部分选定的零售店安装了新式扫描仪。该公司全球鞋类高级副总裁马克·克利纳德（Mark Clinard）说，"3D打印机为鞋底设计提供了更为细致入微的方法。"根据不同用户的传感器数据，同一台3D打印机可以生成尺码细化且高度连续的鞋子，相比之下，不同模具只能按一定间隔的尺码增量（例如40.5码、41码或42码）进行生产。并且，由于许多人左右脚的尺寸存在微小差异，3D打印机还可以为用户制作左右脚尺码略有不同的鞋子。

作为数字基础设施的智能产品和数字客户。 除了生产产品的智能资产之外，配备传感器的产品本身也加入到传统企业的生产生态系统基础设施中，同时加入的还有这些配备传感器的产品所吸引的数字客户。智能产品和数字客户扩充了企业生成数据的产能，为生产生态系统基础设施"添砖加瓦"。随着公司智能床垫销量和数字客户数量的增加，睡立能生成产品 – 用户交互数据的产能也不断增强。同理，州立农业保险公司的客户越是经常使用驾驶员安全App，该公司从客户身上生成数据的产能就越大。对睡立能和州立农业保险公司来说，智能产品和数字客户都是生产生态系统基础设施的一部分。它们帮助传统企业推出更具交互性的产品性能。

将IT系统扩展成为新的数字基础设施。嵌入价值链的IT系统也是生产生态系统基础设施的重要基础。IT系统通常经过设计，其运行边界限于特定价值链活动的相关数据源和接收者，第3章介绍的ERP系统就是一个示例。我们不妨考虑一下知名吉他制造商芬达（Fender）的ERP系统。该系统可以从吉他中心的零售连锁店（客户）那里接收数据，例如某位客户提出的不同型号吉他的交付数量需求。然后，系统在特定的各种价值链实体之间共享数据，使芬达得以将工作流程的若干方面自动化。吉他中心的订单提醒芬达准备和提供必要组件、安排生产、通知相关配送中心处理交付业务、生成必要的发票并提交付款收据。

对于那些用新型软件、机器学习算法和AI扩展而成的数据集成基础设施来说，IT系统是非常有用的基础。如前所述，众多资产配备传感器并接入物联网之后，企业可以期待它们成为更广泛的数据来源，因此，传统IT升级到新基础设施是至关重要之举。此外，企业还必须做好准备，应对来自数字客户的、呈指数级增长的实时数据流。这些数据可能来自数以百万计的个人数字客户。让我们想象一下，所有的芬达吉他都配备了传感器，又或者所有的州立农业保险公司客户都用上了该公司的驾驶员安全App。新的数据源还包括社交媒体之类的非结构化数据。例如，摇滚明星布鲁斯·斯普林斯汀（Bruce Springsteen）在音乐会或采访中提一下芬达吉他，那么早在吉他中心下单之前，需求就已经激增。[4] 这类数据的解释和处理需要用到新软件、新算法和 AI 引擎，这些都是企业生产生态系统基础设施的必备元素。

最后，正如价值链的管理需要人才一样，企业也需要有才之士管理生产生态系统。因此，人力资源是企业生产生态系统基础设施的另一个重要组成部分。管理生产生态系统需要具有软件和数据分析专业技能的人员。本章稍后将讨论如何构建数字能力，届时将详述企业所需的新型人力资源。

生产生态系统的数据资源

生产生态系统基础设施帮助传统企业生成、共享和处理新型数据。无论从数量还是从质量上看，这些数据都不同于传统上用于支持价值链运营的数据。新型数据也是企业生产生态系统资源的一个重要方面。

驱动生产生态系统资源的数据在数量上不同于传统能力用到的数据，它们的数据量更多，数据源也多得多。此外，数据的质量也不同，因为它们是交互式数据而不是偶发数据。机器发生故障时发送消息是偶发情节数据的一个例子；而持续监控机器，在故障发生之前发出预警，则是交互式数据应用的一个例子。销售发生时提交报告，这是偶发数据的一个例子；实时导流产品 – 用户之间的交换则是生成交互式数据的一个例子。交互式数据还来自个人客户、单一机件等精确定位的数据源。如第1章所述,在数字巨头的例子中,交互式数据提供的潜在价值要比偶发情节数据大得多。交互式数据促成了供应商、经销商等各种实体与机器、机器人等各种资产之间的实时交流。它们跟踪记录了每项资产及每次产品–用户的交互过程,带来了深刻洞见。

除了那些生成交互式数据的基础设施之外,数据本身也代表了生产生态系统资源有别于现有价值链资源的重要方面。图8.1总结了关于生产生态系统资源的讨论。如该图所示,生产生态系统资源的基础来自多个方面,包括传统的价值链资产、互联的资产、在这些互联资产之间生成和共享数据的基础设施,以及系统生成和共享的数据本身。

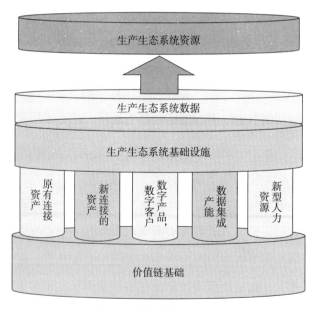

图8.1 生产生态系统资源

消费生态系统的基础设施资源

正如我们在第 3-5 章中所介绍的那样，消费生态系统建立在互补网络之上。互补网络是第三方实体网络，它与产品及其传感器数据互为补充。与价值链不同，互补品在传统商业模式中没有发挥任何重要作用。因此，企业需要把眼光投向价值链之外，寻找其消费生态系统基础设施的支持元素。当企业将业务范围从价值链扩展到系留数字平台时，这种基础设施就初现雏形。如第 5 章所述，系留数字平台是传统企业在消费生态系统中进行竞争的主要手段，它也因此成为企业消费生态系统基础设施的表现形式。

从企业的系留数字平台的角度看，消费生态系统基础设施还得益于内外部投入的结合。外部投入是指现代技术，它们为企业提供了实体和资产互联并接入物联网的环境。现代技术出自帮助连接实体和资产的开发者。内部投入包括企业的数字客户、新的软件资产和掌握新技能的人才储备。就构建强大的数字系留平台和消费生态系统基础设施而言，外部和内部的投入都是必不可少的。

例如，欧乐 B 受益于传感器的普及、支持物联网资产的快速扩散、智能手机 App 的广泛采用以及 5G 高速蜂窝网络的建立等（见第 7 章）。这些外部因素可以帮助欧乐 B 构建一个系留数字平台。来自外部的力量可以连接牙科诊所（用于牙科保健服务）和保险公司（用于降低保费）等实体，它们由此具备成为欧乐 B 系留数字平台用户的条件，并提供新的数据驱动型平台服务。此外，面对上百万技能高超的开发人员，欧乐 B 可以依靠其中一部分人，对接他们的外部 API，并将其连接到牙科诊所和保险公司的 App 或网站。

除了外部投入，欧乐 B 构建系留数字平台的工作还能从内部投入中受益。数字客户是该公司最重要的内部贡献者，他们为吸引其他平台用户打下了基础。欧乐 B 需要数字客户，由他们生成传感器数据，这些数据将互联的牙科诊所和保险公司吸引到公司的系留数字平台。其次，欧乐 B 还需要更新、更先进且专用于系留数字平台管理的软件和数据处理能力。为了形成这种能力，传统企业可能需要超越生产生态系统的原有选择或配置，进行新的投资或者追加投资。再次，具有数字平台管理经验和技能的新人力资源是消费生态系统基础设施的重要内部投入。

消费生态系统的数据资源

除了基础设施，数据也作为一种消费生态系统资源发挥重要作用，这与生产生态系统的情形相似。在这里，与企业用来支持具有传统能力的产品的数据相比，作为消费生态系统资源的数据也不一样。与生产生态系统数据一样，消费生态系统的数据是交互式数据而不是偶发数据。数据既来自企业的数字客户，也来自作为平台用户并与客户数据互补的外部实体。交互式数据对于推动系留数字平台用户之间的交流至关重要。例如，当牙刷连接到牙科诊所时，客户刷牙时生成的交互式数据可以带动更好的牙科保健服务。这些数据为企业提供了产品使用和用户行为方面的信息，使企业能够"投桃报李"，为客户提供新的服务。图 8.2 描述了消费生态系统资源。这些资源是各种内外部数字资产、数字平台基础设施以及数字平台产生的数据的组合。

第 8 章 数字能力

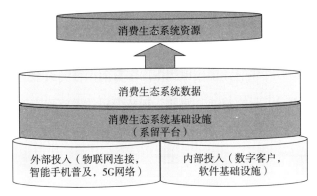

图 8.2 消费生态系统资源

流程

由于战略目标的差异，传统能力和数字能力使用的资源类型不同。同理，它们使用的流程类型也不一样。传统能力所用的流程旨在增强产品实力，表现为职能式和跨职能式的工作规例，这些规例管理着价值链上的各种活动及其相互依赖性。

助推传统能力的流程：职能式和跨职能式规例

职能式工作规例反映了特定职能管理的既定流程。它们类似于"套路"，一旦建立起来就会多次重复。销售人员按规定方式拨打销售电话，这是销售职能规例的一个示例。与此不同，跨职能工作规例是跨职能交流的规定方式。它们包括跨职能的产品开发或客户服务团队会议之类的实务，以及为协调跨职能工作而建立的其他同类惯常程序。企业价值链上有一系列职能式和跨职能式工作规例，它们增强了生产和销售产品的传统能力。

规例如何助推传统能力

职能式和跨职能式工作规例在许多方面助推传统能力。职能式工作规例增进了职能技能。例如，制药公司的医疗代表有条有理地与医生和医院进行定期接触，这些规例增进了医疗代表的销售技能。同理，严格审查供应商并且系统地、科学地测定材料的成本和质量可以增进采购技能。当相关规例有丰富的资源支持时，这些技能会进一步放大。例如，在强大的品牌、高质量的产品以及知识渊博且积极进取的医疗销售代表团队的支持下，制药公司的销售规例会变得更有成效。同理，大规模运营和大量采购也会强化采购规例的作用。

跨职能规例管理着企业内部跨越职能和单位的相互依赖关系。之所以需要它们，是因为企业需要将多种职能结合在一起，以便管理价值链。任何一种职能都不是孤岛。本章开头提到丰田的示例，该公司需要协调多个职能部门才能产出可靠的产品。丰田用多年打磨的 TQM 原则指导若干跨职能规例，从而形成产品可靠性方面的能力。

与职能规例相比，跨职能规例要复杂得多。它们更难建立和管理，其因果关系（也就是与能力的联系）更难解剖。战略文献将这种困难称为"因果模糊"。[5] 例如，相对于理解 TQM 规例与产品可靠性之间的联系，理解销售规例与销售能力之间的联系要更容易一些。因果关系的模糊性也使跨职能规例难以被竞争对手模仿。究其原因，竞争对手会发现其很难复制自己知之甚少的流程。因此，跨职能规例不仅可以增强传统能力，而且还可以阻止竞争，帮助企业维持竞争优势。[6]

随着时间的推移，企业逐步完善规例，使之变得更加强势。经验也有助于强化既定规例，进而强化现有能力。如第 7 章所述，施坦威生产优质钢琴的能力随着时间的推移而不断提高。但反过来说，规例也会导致僵化。职能规例和跨职能规例一旦建立，就很难推倒重来。如第 7 章所述，规例僵化是施乐等公司被颠覆的一大原因。事实上，与工作规例的固有僵化相关的问题有很多，从而催生了庞大的咨询实践行业，该行业以流程再造等原则为基础。[7] 流程再造指导企业不断评估规例，删除不必要的规例，重新配置旧规例，添加新规例，以此注入活力。然而，流程再造并不容易。企业在流程再造方面投入数百万美元后也不确定投资的回报，这种情况并不少见。

总之，传统能力利用职能规例和跨职能规例对价值链活动及其相互依赖性进行管理。这些规例引导不同的价值链资源，以期在生产和销售产品方面取得更好的成果。此种做法符合传统能力的核心目标，即提升产品实力。

助推数字能力的流程：API 网络

数字能力不同于传统能力，它利用流程引导数字生态系统资源，从而提升数据实力。这些流程服务于多个目的——引导生产生态系统资源的流程可以提高经营效率，它们还可以推出新的数据驱动型产品性能，激发预测性服务和大规模定制的创新方法；引导消费生态系统资源的流程则会产生新的数字平台服务。如第 2 章所述，这些流程的核心是数据共享和集成机制，它们通过 API 网络得以实现。我们在第 2 章可以看到，API 利用软件创建了连接各种数据资源的管道。据此，API 网络为数据的共享和集成提供了动力，有利于获得更强大的数据结果。

回顾一下，我们在第 4 章重点介绍了卡特彼勒的多项数据驱动型举措。每台卡特彼勒机器配备传感器和远程信息处理系统，都是数据资源。这些机器生成不同方面的操作数据，如闲置时间、燃油效率、每天的土方移动量、机器位置，等等。合资伙伴天宝帮助卡特彼勒创建了一个复杂的 API 网络，该网络将来自每台卡特彼勒机器的数据连接到各种不同实体，而实体则将数据用于不同目的。柏克德（Bechtel）是其中的一个实体，作为世界上领先的工程和建筑公司，其旗下有数千台卡特彼勒机器在世界各地的建筑工地上运行。此外，还有大约 165 家卡特彼勒经销商也属于这类实体，卡特彼勒的各个办公地点则会接收这些数据。天宝总裁兼首席执行官罗伯特·佩因特（Robert Painter）表示："在非消费领域，各家公司正在寻找具有相关技术领域专长和深厚的垂直领域知识的合作伙伴。这顺应了将整个生态系统纳入流程的趋势，也是各家公司在数字化转型之旅中孜孜以求的。"

天宝的 API 网络向合适的实体提供合适类型的数据，提供方式切合实体所需。柏克德可能想得到整个工程车队的运营数据；经销商可能想得到有关哪些机器需要立即补充备件的数据；卡特彼勒可能想得到多种数据，以期改进产品设计、提供预测性维护服务，或者了解哪些客户可能需要更多机器或更多服务。这样看来，API 网络助推卡特彼勒用各种方式创造价值。该公司可以从客户身上创造新的收入，而客户则受益于数据赋能的产品性能和服务。更不必说公司内部经营效率的提高。

在以上示例中，API 网络引导生产生态系统资源，从而取得数据驱动型效益。第 2 章将这种 API 网络称为内部聚焦，它是传统企业的内部接口和供应链接口。除此之外，API 网络也可以引导消费生态系统资源获取数据驱动型效益。API 网络将客户家中的惠而浦冰箱和烤箱与 Yummly 的食谱 App 连接起来，[8] 助力惠而浦提供系留数字平台服务（见第 5 章）。这种 API 网络属于外部聚焦，是传统企业的互补接口。总而言之，无论是内部聚焦还是外部聚焦，API 网络都反映了企业生产生态系统和消费生态系统之内所有数据共享和集成流程的计划蓝图。

API 网络的透明性

API 网络使用软件进行编码，其计划蓝图清晰可见。因此，与跨职能流程相比，它们使数据共享和数据集成流程更加透明。API 网络也使数据集成比跨职能集成更加容易。究其原因，跨职能集成有赖于制定规程，而且期望人们照章办事。可想而知，与让人做事相比，让软件遵循常规指令更加容易。从另一方面看，API 网络的透明性也可能使它更容易被竞争者复制。例如，亚马逊电子商务平台上用于执行订单的 API 可能被竞争对手复制。不过亚马逊的数据存储库及其强大的数字生态系统基础设施的方方面面足以让竞争对手望而却步。归根结底，传统企业必须结合数字资源和数字流程，据此形成特色并加以维持。

API 网络的灵活性

与职能规例和跨职能规例相比，API 网络驱动的数据共享和集成流程也没有那么死板。它们可以相对容易地通过软件升级而重新配置。事实上，API 会通过软件升级进行常规修正和更改，以便重新排列内部数据流。对通信软件制造商 Twilio 等公司来说，重新配置 API 的便利性是其取得成功的秘诀。如第 2 章所述，Twilio 的 API 允许企业以业务需求主导的方式配置文本、语音和图片等多种消息传递能力。[9] 包括优步、爱彼迎、家得宝（Home Depot）和沃尔玛在内，众多公司都可以根据各自的需求配置 Twilio 产品，这一事实证明了 API 与生俱来的灵活性。API 网络可以连接各种资产或流程功能的细微方面，它们可以在软件允许的范围内不断细化。API 网络可以创建用于连接各种数据源的可替换架构，也可以通过软件重新配置这些架构。因此，对于数据共享和数据集成流程而言，API 是创造非凡灵活性的工具。正是由于这个原因，API 网络必须融合到传统的职能流程和跨职能流程之中。

API 网络为传统流程注入活力

API 在重新配置自身网络方面具有天然的灵活性，这一点可以为传统流程注入新的活力。举个例子，某家运动鞋公司为开发"鞋面"建立了新产品开发流程。开发鞋面需要对时尚趋势有敏锐的理解，还需要具备根据不同消费者口味调整设计的能力。这项工作涉及跨职能团队，由其集成分门别类的信息输入，以期达成若干可用于构建原型的备选设计方案。设计师从销售和市场营销部门获取时尚趋势的信息；采购部门和供应链合作伙伴提供有关以合理成本及时获得必要材料的可能性的意见；本地和离岸运营部门说明制造该产品的可行性；财务部门协助计算成本，表明什么样的预算才算现实。这个过程可能需要4到5个月。

现在让我们考虑一下，植入 API 网络之后，传统的产品开发流程会发生什么样的变化。市场趋势数据来自若干专门跟踪市场的公司的 API 端口。有些 API 提供不同地理区域流行的鞋子颜色和款式的数据，其他 API 则提供汽车、服装等行业的颜色趋势。此外，还有一些 API 可以为设计团队成员提供其他相关数据，包括材料特性、可靠供应商、可能价位和设计团队可以考虑的各种面料的交付预期等。这些 API 端口配合鞋面设计的工作步骤，补充了跨职能团队的活动。这个流程现在更加动态。端口既可以重新配置，加入新的数据源，剔除不必要的数据源；也可以纳入更多的选项，各种可能场景的解决方法来得更快，设计的创意更多。设计团队可以更快地响应不断变化的趋势，因此设计更具适应性。更好的设计也可以在更短的时间内提出来。正如新百伦公司全球 IT 副总裁拉维·尚卡瓦拉姆（Ravi Shankavaram）所说，"将 API 网络集成到传统流程后的一段时间，更多选项的出现似乎会减慢工作的速度，但它们最终可以显著提高工作效率。"这个流程可以在几天或几周内完成，并不需要花费几个月。

在战略文献中，动态能力的概念引起了人们很大的兴趣。它们被视为企业随着市场和技术的变化对资产和组织流程进行重组和重新配置的能力。[10] 由于传统企业流程固有的刚性，传统能力很难保持动态，企业也因此难以跟踪不断变化的市场动态。数字能力可以更加动态，究其原因，API 网络为企业的底层流程注入了更多的灵活性，并且可以重新配置数据资产的生成和共享方式，具有更大的流动性。

战略范围

战略范围是指企业可以介入的价值创造机会的范围。传统企业的战略范围体现为公司业务范围或其维系经营的行业数量。例如，强生公司（Johnson & Johnson's）的战略范围涵盖医疗器械、制药和包装消费品行业。理论上，只要一家企业有足够的现金，[11] 它就可以收购任意数量的公司，并在选中的任何行业开展业务。但人们普遍认为，企业不宜通过多元化进入"不相关"行业，它们必须保持在"相关"行业的范围内才能取得成功。大量关于企业多元化的文献支持了这一观点。[12]

相关业务是指与企业的传统能力相关的业务。企业一方面利用能力推动这些业务，另一方面又使自己的能力从中得到提升。如此"先予后取"的效果如何，取决于推动企业传统能力的具体价值链资源在多大程度上与其他业务的价值链资源产生协同作用。例如，迪士尼公司（Disney Corporation）的战略范围包括主题公园、酒店、电影制作、有线电视、邮轮和零售店等业务。迪士尼拥有在这些业务中进行竞争的能力，因为它在这些业务的资源中发现了潜在的互补性和协同效应。迪士尼酒店的客人可以尊享迪士尼主题公园的贵宾通道，主题公园又反过来从吸引忠实顾客的酒店中受益。因此，尽管房价较高，但奥兰多迪士尼酒店的入住率仍高于其竞争对手。同理，迪士尼的邮轮业务与其主题公园业务相辅相成。迪士尼的电影也与该公司的主题公园形成互补，使公园得以开发小飞象、白雪公主等流行游乐设施。主题公园提升了迪士尼的家庭友好品牌，进而推高了该公司许多电影的受欢迎程度。这种协同效应也适用于迪士尼的有线电视业务以及商店零售业务。

一些价值链资源比其他资源的用途更广，它们在更广泛的业务中产生协同效应，使企业有更大的"能力带宽"（capability bandwidth）来进行竞争。C.K.普拉哈拉德（C.K.Prahalad）和加里·哈默尔（Gary Hamel）将这种能力带宽称为核心竞争力。[13] 例如，迪士尼的资源为该公司带来了广泛的能力，可以在众多行业中有效竞争。其他一些价值链的资源（如航空公司的资源）则只能产生狭窄的能力带宽。航空公司的价值链资源包括飞机、机场枢纽和飞行员、飞机维修人员之类的专业化人力资源，这些价值链资源是航空公司业务独有的，只能推动狭小的战略范围，不太可能与其他类型的业务产生互补的协同效应。相应地，许多企业最终成为"单方独味"的企业。由于这些原因，美国约有一半的企业是单一行业内的企业。[14]

现在让我们考虑一下数字能力。驱动数字能力的重点资源是数字生态系统资源。正如价值链资源所做的那样，数字生态系统资源会影响传统企业的战略范围。它们将产品扩展到数据驱动型服务，增加了价值创造机会，从而扩大传统企业的战略范围。在这一过程中，生产生态系统和消费生态系统资源以自己独特的方式扩大了战略范围。

生产生态系统资源将传统企业的战略范围从产品扩展到数据驱动型服务，在很大程度上保持着企业在其主营业务领域的存在。例如，在生产生态系统资源的支持下，卡特彼勒为建筑工地机械提供了新的数据驱动型性能和预测性维护服务。这种扩张拓宽了公司价值创造的来源，同时也保持了公司在现有建筑设备业务领域的地位。

另一方面，消费生态系统资源可以将传统企业的战略范围扩大到其主营业务领域之外。这是因为消费生态系统资源通过基于数字平台的服务扩大了创造收入的机会。根据数据及其所吸引的平台用户的类型，平台服务可以朝着多个方向扩展产品范围。如前所述，一个与灯泡相关的系留数字平台及其数据将灯泡引入了家居安全、仓库物流和街区安全等多个系统。

与价值链资源一样，消费生态系统资源在扩大传统企业战略范围方面的潜力也各不相同，很大程度上取决于产品在参与系留数字平台时生成的传感器数据的性质（见第5章）。牙刷和建筑设备的系留数字平台可能只在产品领域内产生新的服务。相比之下，灯泡的系留数字平台会产生远远超出主要产品领域的新服务。

消费生态资源扩大战略范围的潜力有两个显著特点：其一，与价值链资源相比，传统企业可能会通过消费生态系统资源找到更多扩大战略范围的选择；其二，与通过价值链资源扩大战略范围的风险相比，通过消费生态系统资源扩大战略范围的风险更低。以下示例说明了这些特点。

当通用磨坊（General Mills）希望在欧洲扩展业务时，它选择与雀巢公司一起组建名为"全球谷物合作伙伴"（Cereal Partners Worldwide）的联盟。两家公司都通过这一联盟扩大了战略范围，这一扩张植根于其各自价值链资源的潜在协同效应。通用磨坊受益于雀巢在欧洲的分销网络，雀巢则受益于将通用磨坊品牌添加到其包装消费品组合中。适合这种联盟的公司为数不多，因为只有少数公司能通过品牌和分销网络产生必要的协同效应。尽管价值链资源存在明显的协同效应,但通用磨坊和雀巢的联盟仍面临相当大的风险,归根结底,它们需要为各自的范围扩张进行大量投资。

现在让我们看看雀巢利用消费生态系统资源扩展战略范围的例子。[15] 消费生态系统的相关资源涉及数字平台,它们将消费者与各种第三方服务提供商连接起来。第三方服务提供商既包括推荐食谱和烹调方式的初创企业或公司,也包括通过标明过敏原或热量以倡导健康意识的公司。就像 App 经济一样,虽然并非所有合作伙伴关系都能结出硕果,但有些可能会一鸣惊人。雀巢可以和数以千计的潜在实体建立合作伙伴关系,这一点不同于价值链资源提供的有限选择。该公司还可以将合作伙伴关系的业务风险转移到平台合作伙伴身上。如果任何特定服务失败,相关第三方服务提供商的负担将比雀巢更重,这就与价值链联盟合作伙伴平摊风险不同。雀巢的数字平台可以专注于吸引各类合作伙伴,无需担心创造收入过程的风险或前期协同效应的有效性。

建立数字能力

传统企业的数字能力不是在真空中发展出来,它们源于企业传统能力的基础。当企业的传统资源和流程扩展成按照数字能力"量身定做"的新资源和新流程时,数字能力就会出现。当传统资源和数字资源、传统流程和数字流程融合起来,完美地交付新成果时,数字能力便会不断增强。正如价值链流程受益于强大的价值链资源一样,数字生态系统流程也受益于强大的数字生态系统资源。例如,传统企业连接的实体越多,其 API 网络就会变得越精细,数据共享和数据集成流程也因此更加强大。

例如，在提供预测性维护方面的数据驱动型服务时，卡特彼勒的数字能力建立在协同效应之上。该公司需要：（1）生产生态系统资源（配备传感器的机器，来自这些机器的数据）；（2）消费生态系统资源（建筑工地的公司资产之间的物联网连接）；（3）API 网络，它将磨损数据从一系列资产传输到卡特彼勒、经销商、备件仓库和技术服务人员；（4）跨职能流程（在销售、服务、计费单位和经销商之间），它们执行服务和维修工作，并收取付款。这些资源和流程，无论是传统的还是数字的，所有元素都必须同步，以期发展强大的数字能力，取得更好的成果。在这种情况下，更好的成果包括减少卡特彼勒资产在建筑工地的停机时间。如果没有新的数字能力，这样的成果就不可能取得。图 8.3 描述了传统的和数字的资源及流程如何融合起来构建数字能力。传统资源和数字资源融入生产生态系统和消费生态系统资源；同理，职能和跨职能流程（传统流程）融入内部和外部 API 网络（数字流程），新的数字能力随之形成。

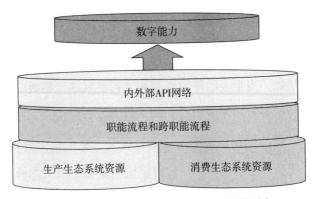

图 8.3　传统资源和流程及数字资源和流程的融合

为数字能力营造组织氛围

为了创造价值,传统企业还必须引导新融入的资源和流程,以期实现新的数字战略目标。为此,企业需要营造一种组织氛围,让数字能力在其中蓬勃发展。这项工作的成功有赖于三个组织属性,它们分别是领导愿景、员工技能和员工支持(见图8.4)。

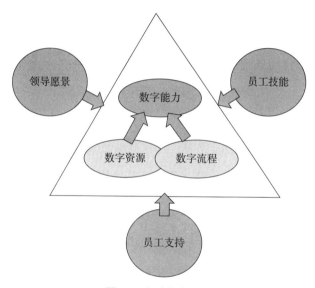

图 8.4 打造数字能力

领导愿景

数字能力的发展始于领导愿景。正是因为有了领导愿景,企业才能设定新的数字战略目标。领导愿景使必要投资的可用性和流动性得以实现,使企业得以建设新的数字生态系统基础设施,形成生产新型数据的产能,并建立数据共享和集成的必要流程。有远见的领导者都知道，数据具有尚待开发的价值，他们认识到数据可以释放新的机遇。这些领导者向组织的其他员工阐明新的战略目标，这些目标可能仅限于提高经营效率，也可能涉及新的、通过数据驱动型服务进行的雄心勃勃的战略性范围扩张。他们理解数字世界不断演化的本质，认识到进行实验的必要性，并且为管理者建立了一种勇于承担必要风险的文化。他们敏锐地意识到新的数字竞争者，并准备打造必要的数字能力与之抗衡。

建立新的数字能力是数字化转型的主要内容，它既涉及传统资源和流程的彻底改革，也涉及新的战略方向的确立。任何业务转型都有困难。况且实现数字战略目标有诸多不确定性，数字化转型也因此更加困难。根据麦肯锡的一项调查，只有不到30%的业务转型取得成功。[16] 在该项研究中，只有16%的受访者表示其数字化转型工作或多或少取得了成功。面对这些挑战，领导者及其战略决心要有更大的责任担当。对于高层管理人员来说，实现从产品到数据的转变是对其领导愿景正确性的重大考验。

员工技能

新的数字资源和流程带来了对新的员工技能的需求。数字生态系统要求员工具备更高的数字素养，其中部分涉及专门的软件技能。有了软件技能，传统企业能够为其员工的产出品注入不同的质量属性，如设计的灵活性、用户友好的界面、快速的开发周期以及敏捷的迭代开发流程。这些属性补充了典型的传统员工技能，如产出的一致性和可靠性等。软件技能、API的设计技能以及编写机器学习和 AI 算法的技能都是高度专业化的。福特、宝洁和沃尔玛等传统企业发现它们正在与脸书、谷歌和亚马逊等数字巨头竞争具有这些专业技能的人才。

然而，数字素养并不是少数专家的专利。随着数字基础设施推陈出新，所有员工都需要熟悉新的数字工具和软件。软件和 AI 也必然会消除对许多传统技能的需求。例如，智能机器可以相互交谈、自我引导操作、自我纠正错误，可能会取代那些手动完成类似工作或操作自动化程度较低的机器的工人。这些机器操作员需要掌握新技能，将自己的工作从操作机器转移到根据数据解释做出决策。同样的原则适用于营销专业人士，他们需要掌握如何管理社交媒体。会计师也需要了解最新的软件工具。几乎每个职能都会发现旧流程与新的数字流程竞相融合。如果没有足够的工作技能，传统企业将在打造新的数字能力方面停步不前。

员工支持

新的数字旋风席卷传统企业，它们无一例外地颠覆旧有的权力结构，给员工带来新的不安全感。杰夫·伊梅尔特发出通用电气从工业公司向软件公司转变的信号，它植根于一个大胆的战略愿景。然而，这一信号也在员工队伍中产生了不确定性，导致许多员工对自己在公司中的角色感到焦虑。一家由工程师统治了几十年的公司将软件专家视为新晋精英。许多人不清楚自己的旧式工程技能如何与最新要求的软件技能相结合。销售人员习惯于销售产品，不清楚如何销售基于结果的服务。通用电气也不容易说服客户，与熟悉的产品性能相比，数据的好处更难理解。通用电气之所以面临这样的挑战，可能是因为该公司曾经是工业企业的先驱，却要率先引领数字化浪潮。当时，对所有人来说，数字战略的必要组成部分并不明晰。今天的情况则有所不同，在打造新的数字能力时，组织不能承受瘫痪之重。

在尝试将传统能力与数字能力合并时，员工的支持对于避免组织瘫痪至关重要。高层领导的明确表态是良好开局，必须传达到其他员工。要让所有员工对新举措的必要性感到高兴或者确信无疑并不容易。打造新的数字能力时，确保大多数人心悦诚服是一个需要克服的重大挑战。因此，企业需要有新型的培训计划和新的方法，激励并推动人们朝着新的战略目标努力。

本章学习要点

数字能力是传统企业在现代数字世界开展竞争的关键因素。虽然是新的能力，但其仍可以建立在原有能力的基础之上。本章强调了数字能力的不同之处，但企业内部的新旧能力实际上并不是彼此脱节地存在。传统能力背后的资源与数字能力所需的新资源相融合，旧的资产成为互联资产，传统产品成为数字产品，传统客户成为数字客户。它们和谐共处，实现了实力互补。

类似地，传统能力的相关流程受益于新的 API 网络，与支撑数字能力的新流程交织在一起。为了取得成功，传统企业必须想方设法，将传统能力和数字能力无缝地融合在一起。

最后，数字能力可以被不断精炼，用于实现特定的战略目标。

例如，某家企业可以专心致志，在提供交互式产品性能方面表现出色，或者在智能产品的数据驱动型大规模定制方面独领风骚。在这种情况下，该企业将投资于生产生态系统基础设施、必要的数据资源和内部 API 网络，以期打造强大的数字能力来实现战略目标。企业也可能会专注于将价值链延伸到系留数字平台。在这种情况下，该企业将投资于消费生态系统基础设施、数据资源和外部 API 网络，以期打造另一组不同的数字能力。企业也可以双管齐下，用新的数字能力实现生产生态系统和消费生态系统的均衡发展。在第 10 章，我们将立足这些想法，提出一个数字竞争战略的总体框架。但在考虑如何用这些想法构思传统企业的数字竞争战略之前，我们必须先讨论一些与数据使用的道德相关的重要问题。下一章将对此进行分析。

第 9 章

迫在眉睫的数据之争

至此，我们几乎可以将数据的相关知识转化为贯彻数字竞争战略的分析框架。我们理解了数字生态系统、数字客户、数字竞争者和数字能力等关键概念。这些概念是重要的分析基础，可用于考察各种因素如何重塑传统企业，使之从数据释放价值，进而开辟新的竞争优势来源。这些概念也是必要的分析工具，可用于构建总体框架，制定数字竞争战略。然而，在走到最后这一步之前，我们还需要再看看数据，它是这本书的核心成因。我们需要承认和理解数据的另一个方面，一个充满争议的方面。

到目前为止，我们仅仅将数据视为将业务范围扩展到数字领域的价值发动机。从这个积极的角度看，数据是传统企业的新一代灵丹妙药。据此，数据的主要作用是重振企业声威，为战略目标注入新的活力。然而这并不是数据的全部，并不是每个人都以同样的方式看待数据，也不是所有人都对数据的分享如此兴奋。许多人认为，企业肆无忌惮地使用数据有可能对社会造成严重损害。事实上，利用数据打造企业优势的确会产生一些负面影响。

未来几十年，包括消费者团体、监管机构和公司在内的各种利益相关者将纷纷登场，就数据的控制权归属展开激烈争夺。各种相互竞争的势力将竭尽所能，在放松数据访问以求得利益和限制数据访问以避免伤害这两者之间找到适当的平衡，可能的伤害包括但不限于：数据控制者积累市场势力，数据使用者侵犯个人隐私，等等。围绕这些负面因素及其所代表的棘手问题出现了争论，要想分门别类给出答案还为时过早，本章也不打算偏袒争论的任何一方。相反，我们打开一个视角，观察围绕数据力量展开的争议事项，以及正反双方的势力分布。在开启数字计划之前，传统企业必须意识到这些势力。从数据到数字战略是一个旅程，在我们到达最终目的地之前，本章是必不可少的站点。

为了明确本章的背景，让我们讨论一下2020年马萨诸塞州的"问题1"（*Question 1*）投票提案。这项提案体现了传统企业未来使用数据时可能面临的对抗。

马萨诸塞州2020年投票提案：问题1

您是否赞同以下所述的提案——允许机动车所有者和独立维修设施更广泛地访问与车辆维护和维修相关的机械数据。

这就是"问题1"的框架。它在2020年11月大选前夕引起了极大关注，论辩双方向电视频道投放了价值数百万美元的广告来宣传己见。如果提案被通过，汽车制造商将不得不向消费者选择的任何独立维修机构开放其汽车零部件的传感器数据，从而保障了消费者在其喜欢的地方维修自家汽车的权利。如果提案被否决，汽车制造商就可以把其传感器数据限制在自己选择的实体范围——通常是制造商自己的经销商和选定的维修设施。这将使消费者维修汽车的权利被限制在制造商选定的地点。"维修权"是一系列立法工作的总称，这些工作循序渐进，旨在允许消费者选择他们所购产品的维修时间和地点。

对于投赞成票的消费者来说，支持的理由很简单。车子是他们自己的，因此他们保留在自己喜欢的地方修理它的权利。对维修权的任何限制都无异于汽车制造商将市场权力强加给消费者。赞成者还认为，更多的汽车维修选择也会降低维修成本。同理，对于独立的汽车维修店主来说，他们也没有反对的理由。该法案将使他们能够获得维修现代汽车所需的数据，否则他们就会被拒之门外。由于汽车变得越来越数字化，人们越来越担心失去生计，许多小型的独立维修店便联合起来进行游说。[1] 根据《全球汽车OEM①远程信息处理市场报告》，在2018年全球销售的所有新车中，有41%配备了远程信息处理系统（传感器）。在北美，这一比例更是高达53%。[2]

对于汽车制造商来说，利害关系也显而易见。该提案会削弱其数字竞争战略的重要基础，对它们在传感器和配备传感器的产品上的投资回报造成不确定性。提案将挑战制造商对传感器数据的控制权。毕竟，数据控制是本书所讨论的系留数字平台的一个显著例证。

---

① OEM（Original Equipment Manufacturer）：原始设备制造商，也称为定点生产，俗称代工（生产），其基本含义为品牌生产者不直接生产产品，而是利用自己掌握的关键的核心技术负责设计和开发新产品，控制销售渠道。——译者注

基于传感器数据的汽车维修是制造商通过系留数字平台推出的性能之一，它促进了汽车用户和选定的维修店之间的数据交换。从汽车制造商的角度来看，汽车维修店是重要的平台用户，它们决定了数字驱动型汽车维修服务的质量。取消制造商对传感器数据的访问控制权限，等于剥夺它们选择谁应该在平台内互补数据、谁应该被邀请作为数字平台用户的权利，最终将剥夺它们塑造产品数字体验的独立性。更严重的是，赞成票会削弱汽车制造商对自身产品所生成数据的权利。

在反对该提案的一方，一些活动组织担心，无节制地访问汽车传感器数据会引发网络安全威胁。例如，一个名为"安全可靠数据联盟"的群体在 2020 年大选前夕发布了一则广告，显示一名男子轻轻一点就打开了一所房子的车库门，而这并不是他的房子。这则广告继续警告说，在不加控制的情况下，开放汽车的传感器数据可能会使不怀好意者将这些数据与车库密码配对，从而闯入私人住宅。一些反家庭暴力团体也支持投反对票，它们担心开放访问汽车传感器数据会导致更严重的跟踪和虐待。有一则电视广告声称，如果可以追踪伴侣的位置甚至禁用伴侣的车辆，那么逃离施虐伴侣的女性将面临更大的风险。

网络安全威胁是"问题 1"辩论中的另一个重点。一些倡导者认为，对数据管控的松懈会增加网络安全威胁。其他人坚持认为这些担忧被夸大了，并指出投票提案是针对"机械数据"，而不是 GPS 数据或来自手机的数据。此外，无论是否开放数据访问，他们都将黑客视为永久威胁。[3]

与大多数投票提案一样，"问题 1"既有支持者，也有反对者。

从消费者的角度看，汽车公司向所有维修店提供数据似乎是公平的。这样一来，他们可以不受限制地决定在哪里修车。但这样的规则也意味着取消对汽车传感器数据的互补实体的限制。从制造商的角度看，保持对产品的互补品的控制很重要。毕竟剃须刀制造商限制了可以互补其产品的刀片；智能手机制造商同样将其充电端口的适配性限制在专有充电器范围。从这些制造商的角度看，大家的数据没什么不同，应该享有同样的特权。为了监测产品质量和塑造用户体验，控制数据是必要的。

最终，"问题1"以75%的赞成率通过。然而，在这场关于企业恰当使用数据的辩论背后，更广泛问题还远未解决。这项提案预示着即将到来的其他争议和较量，它们将为企业的数据使用范围划定界限。"问题1"背后的问题远远超出了汽车公司和马萨诸塞州，它们影响所有传统企业，并将波及全球。那么，传统企业应该怎样做呢？企业需要对争议保持敏感，保持道德底线，找到在社会关注、监管提级和利用数据获取竞争优势三者夹缝之间穿行的方法。我们在展开对传统企业的讨论时必须时刻留意两大力量，即数据使用增加所引起的社会担忧和塑造数据角色的监管力量。

关于数据力量日益强大所引起的社会担忧

为什么我们要担心数据的无节制使用？在报纸、杂志和书籍中，强调我们应该担心的观点比比皆是。举个例子，2019年秋冬之际，《纽约时报》用长达数月的时间连载了题为"隐私项目"的系列报道。[4] 该报道在导言中指出，"公司和政府正在获得新的权力，可以在互联网和世界各地跟踪人们，甚至可以窥探他们的基因组。多年来，这种进步的好处显而易见。但其在匿名权乃至人身自由方面的代价也变得越来越清晰。隐私的边界存在争议，其未来也是一团混沌。公民、政治家和商界领袖都想知道社会是否正在做出最明智的权衡。"

其中一则报道记述了一场在拉斯维加斯举行的科学会议。那次会议邀请了医疗技术公司和专家，请他们评估医疗产品被黑客入侵的可能性。会议的本意是在虚构的医院环境中对智能医疗技术产品的数据安全性进行压力测试。然而，对一位与会的领军科学家的采访把讨论引到了不同的方向。受访者表示，智能起搏器或心电图机等医疗设备并不是健康数据安全风险的主要关注点，更大的担忧来自新技术。数字表型分析就是其中一例，[5] 它帮助用户从人们日常生活与各种数字技术的互动中获取有关健康的信息。表型是可观察到的人类特征，数字表型分析对通过智能手机、可穿戴设备和其他连接设备收集的个人特征数据进行汇总。就健康和疾病方面的人类特征而言，这些汇总数据可以提供可靠的测算。

我们在键盘上打字的方式可能会揭示帕金森病的早期迹象；我们在社交媒体平台上发布的内容可能会暴露抑郁症状；网上购物行为可能揭示我们或伴侣是否怀孕。我们周围更广泛的数字环境威胁着我们的私人生活。这个环境的很大一部分是由脸书、谷歌和亚马逊等数字巨头塑造的。这些数字巨头率先行动，以前所未有的规模释放静待开发的数据潜力。在此过程中，它们的商业模式积累了海量的个人数据。因此，数字巨头也理所当然地成为全社会对数据担忧的主要来源。它们引发了忧虑，对所有试图通过产品生成交互式数据的传统企业产生了影响。智能起搏器和心电图机会引发同样的忧虑，即便它们对隐私的影响微乎其微。传统企业必须考虑到这一现实。

数字巨头收集数据的规模是造成此类担忧的一个重要因素。不妨来看一下 Skywalk Labs，它是谷歌母公司 Alphabet 的一部分，其项目将多伦多一片 12 英亩①的海滨地带改造成一个微型智能城市，看起来就像一部关于未来的科幻电影。项目计划包括木质高层建筑、用于融雪的加热街道、AI 交通信号灯和气动垃圾收集系统。[6] 广泛使用传感器是该项城市规划工作的重要组成部分，传感器嵌入住宅和街道中，以此监测从医疗保健、分区法规，再到温室气体排放，及至交通流量的一切。[7] 对许多人来说，城市政府和企业联手收集城市居民和游客的广泛数据，这类合作让人想起一种监控状态，在其中，技术控制着我们的行为方式。

肖珊娜·祖博夫（Shoshana Zuboff）的著作《监视资本主义时代》(*The Age of Surveillance Capitalism*)就这种担忧的根本原因提供了一种观点。[8] 祖博夫认为，工业资本主义依赖于开发和控制自然资源。相比之下，她所描述的监控资本主义依赖于剥削和控制人性。通过分析借鉴脸书和谷歌等公司的行为，她认为这些强大的数字巨头通过收集个人数据，不仅可以预测我们的行为，而且还可以用来影响和修改行为。据她说，这种过度的权力损害了民主、自由和人权的制度。

Skywalk Labs 的计划目前已被搁置。这不一定是因为隐私问题，

---

① 1 英亩 ≈ 4 047 平方米。——译者注

也可能是因为新冠疫情及其带来的经济不确定性。不难想象，诸如此类的城市规划创新在不远的将来可能变得司空见惯。在城市政府看来，减少拥堵、降低犯罪率和减少车辆事故的好处可能超过了对个人隐私的威胁，个人也就失去了选择的机会。时至今日，尽管存在相关的隐私问题，但放弃互联网和智能手机对于大多数人来说并不现实。个人观点可能只有通过更广泛的社会运动才能产生影响。在马萨诸塞州，促使"问题1"成为投票提案的社会动员就是一个例子。当社会对数据的作用"积忧成势"时，政府最终会通过法规介入其中。

塑造数据作用的监管力量

用反托拉斯法限制不公平的市场势力或垄断势力，这是政府监管措施中最古老的方法之一。作为一个著名的案例，美国的反垄断当局在1911年肢解了标准石油公司（Standard Oil）。当时，该公司主导着石油和煤油的生产。对这些产品的垄断控制自然被视为是危险因素，因为假使该公司选择减产甚至断供，那么政府和军队就将陷于瘫痪。政府还认为，标准石油公司利用其市场势力不公平地限制竞争。在这一里程碑式的案件中，最高法院同意了一项"合理原则"（rule of reason），[9] 该原则持续影响所有反垄断案件。在此原则指导下，政府可以根据具体情况决定是否有任何企业以不公平的方式主导市场。如果发现情况属实，企业很可能被拆分成更小的公司，合并和收购也将被禁止。

今天，对潜在反竞争行为的审查仍在继续。监管机构还担心，

第 9 章 迫在眉睫的数据之争

当少数企业主导市场时，它们之间可能会发生默契串谋。当只有少数几家企业控制市场时，协调"固定"价格、制造人为短缺或从事其他反竞争行为会变得更加容易。对市场势力负面影响的担忧从老牌工业企业转向数字巨头也就成为自然而然的事。当然，正如我们在本书中所论证的那样，数据是新的价值驱动力，因此它也是市场势力的新来源。

以美国司法部 2020 年 10 月对谷歌的诉讼为例。[10] 美国司法部称，谷歌以 88% 的市场份额占比控制着美国"搜索市场"。此外，94% 的移动搜索是通过谷歌的产品来进行的。美国司法部表示，谷歌巨大的市场份额缩减了消费者的选择空间，阻碍了搜索引擎领域的创新，因而损害了消费者的利益。在此前的 2017 年，谷歌就曾因违背反垄断规则被欧盟罚款 27 亿美元。欧盟的指控是：谷歌不公平地利用其在搜索引擎和智能手机操作系统的主导地位，限制了购物服务、广告投放服务和智能手机 App 等领域的竞争。

政府和数字巨头之间的"碰撞"在意料之中。毕竟，数字巨头从数据中获得了过度的市场势力，这样的力量势必会引起反垄断审查。然而，行业的市场势力和由数据驱动的市场势力的动态并不相同。

认定行业垄断存在反竞争效应并不困难。当行业垄断者为谋求公司利润最大化而限制供给时，反竞争效应就确然存在。如果垄断企业大肆进行价格欺诈，那么它们对消费者福利的负面影响将变得更加明显。数据驱动型垄断的反竞争效应则并不容易确定。谷歌可能在搜索引擎市场占有主导地位，但搜索引擎的服务是免费提供的，并不存在哄抬物价的现象。谷歌还会争辩说，它的搜索引擎并不是限制彼此竞争的购物服务,而是让人们的购物更加便捷。谷歌甚至可以宣称它提高了消费者的福利。

此外,尽管谷歌在搜索引擎市场占有 88% 的市场份额,但是在搜索服务方面,目前仍不清楚美国司法部能否确定其占据不公平的市场支配地位。人们通过各种方式进行搜索,并非所有搜索都要用到搜索引擎。例如,人们可能会在推特或脸书上搜索新闻;通过亿客行搜索航班;或通过 Open Table 查找餐厅。[11] 换言之,当竞争遍布多个相互关联的数字生态系统时,数据驱动的不公平市场势力地位就很难确认。[12] 相比之下,行业的市场主导地位则是在明确界定的行业边界内出现。

面对行业的市场势力和数据驱动的市场势力,反垄断立法的执行机制可能也有差异。阻止占有主导市场份额的企业之间的合并或结盟是避免行业市场势力集中的常用方法。然而,有了数据驱动的商业模式之后,合作伙伴关系也可以通过 API 建立起来。这种基于 API 的伙伴关系未必意在联合起来用产品主导市场,它们实际上旨在共同加深伙伴企业对消费者的了解。网飞可能只了解消费者的一部分,亚马逊也了解一部分,脸书则了解另外一部分。从理论上讲,如果这些公司决定通过 API 共享消费者信息片段,那么它们就可能共建出一个个人消费者图谱,从而更好地预测消费者需求。在此基础上,每家公司都可以利用对客户的深入理解为自己谋取利益。在这种情况下,公司串通的威胁来自这些公司共享 API 的方式,而不仅仅是它们的市场份额形成的主导地位。也就是说,监管 API 的共享方式应与监管企业吞并一样重要。反垄断政策很快就会根据这些变化进行调整。传统企业必须紧密跟进,了解它们与自身商业模式演化的关系。

除了反垄断之外,新兴监管力量还重点关注消费者权利和隐私的保护。在监管企业数据使用方式方面,欧洲进行了一些大刀阔斧的变革。通用数据保护条例（General Data Protection Regulation, GDPR）是2018年推出的一项相关举措。这一新的监管框架旨在让个人掌控自己的数据。而且,作为全欧洲通用的规则,GDPR还着眼于简化欧盟成员国数百万企业的监管环境。GDPR重要的条款包括：在收集数据之前必须征得消费者的同意；确保消费者匿名权；要求企业报告任何数据泄露事件；在组织内部进行结构性变革,如设置数据安全官职位等。这些规则适用于与欧盟居民开展业务的任何实体,无论该项业务位于何处。

毫无疑问,这些法规会使企业付出代价。企业必须建立新的数据管理流程。它们也必须为可能高达2 000万欧元或全球收入4%(以较高者为准)的违规处罚做好准备。而且,这类法规对各家企业的冲击可能不尽相同。如小企业可能会受更大的影响,而银行等具有较长数据合规历史的行业可能会比其他行业更容易适应新法规。[13]

信息受托人

围绕数据使用的另一种改革思路是将企业塑造为"信息受托人"。[14]受托人是接受了委托,有义务保护他人利益的个人或企业。常见的受托人例子是医生、律师和会计师。例如,医生有义务对患者的隐私信息保密。这里的改革思路是让企业成为受托人,并在消费者数据方面充当值得信赖的代理人。正如杰克·巴尔金（Jack

Balkin）和乔纳森·齐特林（Jonathan Zittrain）在《大西洋月刊》（The Atlantic）的署名文章中指出的那样，"谷歌地图不应该只因 IHOP 付的 20 美元，就将 IHOP 的连锁店作为'最佳路线'的必经之处。"[15] 与 GDPR 等更严格的法规相比，沿着这种思路提出的举措对企业的预期限制可能更少。

其他人指出，对于数据驱动的商业模式，受托人角色可能不像医生或律师那样容易适用。[16] 医生或律师对客户信息保密与其利益并不冲突，他们的业务不会因为与第三方共享保密信息而明显受益或系统性受益。对于数据驱动的商业模式（尤其是数字平台）来说，它们可以通过共享信息获得很多好处，与外部实体共享数据也正是它们的核心优势。让它们心甘情愿地充当受托人，其实际效果还有待观察。但这个想法正在引起人们的兴趣。脸书首席执行官马克·扎克伯格明确对此表示支持，[17] 一些参议员也参与推动了相关立法。[18] 传统企业理应关注这一领域。

传统企业该怎么做？

对于一个有效的竞争战略来说，市场势力既是秘而不宣的目标，也是梦寐以求的境界。拥有市场势力的企业未必就是垄断企业，它也可以是行业内唯一的生产商。星巴克、耐克和可口可乐都拥有强大的市场势力，它们各自面对着咖世家（Costa Coffee）、阿迪达斯（Adidas）和百事可乐等强大的竞争对手。尽管如此，它们仍有足够的力量在各自行业发挥巨大影响力，赚得盆满钵满。没有哪家企业希望身处完全竞争的行业，那里的产品雷同，盈利能力差，而且没有任何保护市场地位的壁垒。无论如何，企业必须在运用市场势力实现股东财富最大化和保障社会福利这两者之间取得平衡。

多年来，传统企业已经学会如何处事。它们了解业内的反垄断政策，建立了在监管范围内开展业务的操作规范。它们很清楚，除了盈利之外，履行企业社会义务对品牌的长期生存非常重要。

在这方面，数字世界也不例外。传统企业一方面需要从数据中获得最大收益，另一方面也必须树立良好的企业公民形象。传统企业必须时刻保持警醒，在提供美妙数字体验和管理社会隐私期望两者之间进行权衡。为此，它们必须为组织注入新的技能和专业知识，必须在公司政策框架内发展新的治理方法，更好地管理数据。这一类新的做法可包括以下内容：

- 在组织中进行结构变革，例如任命首席数据官，由其负责数据的道德、法律和安全事务。
- 建立新的流程，针对数据使用的社会期望和势将变革的监管制度，收集有关变化趋势的情报。
- 实施严格的"数据质量"措施和流程，坚决维护和履行数据加密、数据匿名和稳健制衡，确保数字客户的自愿选择。
- 提高透明度，让客户清楚他们将会从数据中得到什么好处，以及他们的数据被怎样用来生成这些好处。

本章学习要点

全社会对数据滥用的担忧促使政府监管机构开始行动，这些行动的大部分精力都被集中于数字巨头。然而公众对企业使用数据的担忧与不断变化的新生监管机制最终会影响传统企业。在冒险进入数字世界后,传统企业也将被带入时代激流。密切关注社会观念和新的监管框架非常重要,建立良好的数据治理机制已经是箭在弦上。商界和消费者之间正在就数据形成新的社会契约,传统企业正处在风口浪尖。它们必须站在这一社会契约的向好一边。

讲到这里,我们可以说,这本书的主题是数字竞争战略。因此,它的观点支持利用数据使竞争优势最大化。诚然,为了使数据驱动型优势最大化而采取的方法不得跨越道德底线,更不能故意伤害社会。传统企业在新的数字世界中竭尽全力谋求发展,它们有时面临着艰难的权衡取舍,并不存在简单的方案。

第 10 章

数字竞争战略

四十多年来，我们对竞争战略的理解建立在产品之上，我们的战略选择也建构自行业结构之中。这种从产品到行业的竞争战略观代代相传，对传统企业大有裨益。稳健的经济理论为其提供了概念基础，那些阐明行业及其属性以何种方式影响着企业绩效的实证研究则对其加以确认。通过产品发挥企业的能力，在行业内构思竞争，这已经成为传统企业广泛接受的战略决策思维模式。

然而，现在是传统企业建立新思维模式的时候了。企业想在新的数字世界中成长壮大，只凭以产品和行业为基础的战略思维还不足够。在现代数字技术作用下，数据的使用范围比传统方法要广泛得多，竞争优势的驱动因素也无可置疑地从产品转向数据。为了充分释放数据的广泛价值，企业需要用上数字生态系统。正如行业结构放大了产品力量，数字生态系统也放大了数据力量。当竞争重点从产品转向数据时，战略的重点也需要从行业转向数字生态系统。当今世界，数据可以成就数字生态系统，释放显著的新价值，单纯依赖旧式的产品－行业思维的企业将会落后。现代商业环境需要以数据为中心的新战略思维，企业需要在数字生态系统中制定竞争战略。

采用新的思维模式时，传统企业不能忽视或舍弃现有的优势来源。向数据和数字生态系统转换，并不意味着产品和行业变得无关紧要，现代思维模式仍需要现有产品和行业作为基础。让我们回顾一下前面章节介绍的关键概念。数字生态系统从行业网络演变而来，但也改变了它们。生产生态系统从价值链网络发展而来，然后以新的方式充实了它们。消费生态系统利用了现有的互补者网络，然后利用连通性的进步扩大了它们。传统客户提供交互式数据时，数字客户随之出现。数字客户仍依赖企业现有产品，但他们生成新类型的交互式数据。数字竞争者可能仿效一些行业竞争互动，但它们也引入了新的竞争动态。此外，许多数字竞争者本是行业竞争的老对手，现在已利用数据来开展新竞争。最后，数字能力从现有能力中升华而出，并带来新的机遇。这些现代的数字能力还必须与企业现有的能力相结合，以期有效推动数字竞争战略。

本章利用上述工具概念，提出了一个数字竞争战略框架。它阐述了企业开展竞争并建立数字竞争优势的不同战略选择，同时探讨了传统企业在构思、选择和实施数字竞争战略时必须考虑的权变因素。这是从数据到数字战略的"战略旅程"的最后一站，也是最终目的。

数字竞争战略：一个分析框架

当传统企业利用其生产生态系统和消费生态系统释放数据的价

第 10 章 数字竞争战略

值时,数字竞争战略就会出现。图 10.1 描述了数字竞争战略的分析框架,它整合了前述章节介绍的所有想法和概念,是本书思想的封顶框架。以下,我们讨论它的细节。

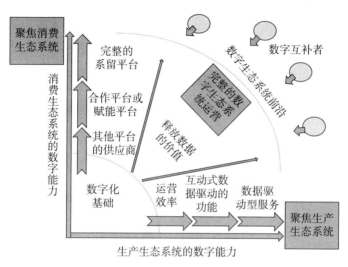

图 10.1 数字竞争战略的分析框架

图 10.1 中,横轴和纵轴分别代表生产生态系统和消费生态系统的数字能力。如第 8 章所述,每一项数字能力都是为放大数据价值而打造的资源和流程的组合。通过系留数字平台,消费生态系统的数字能力发挥了数据的价值,进而扩大了传统企业的价值创造范围。当企业从其他平台的供应商进化成为参与竞争的赋能平台、合作平台,抑或完整的系留数字平台(见第 5 章)时,纵轴的价值不断扩展。生产生态系统的数字能力善用数据,不仅提高了传统企业的经营效率,而且还进一步扩大了其价值创造范围。这种扩大的价值以新收入的形式出现,而新收入则来自交互式数据驱动的产品性能和数据驱动型服务(见第 4 章)。

要打造数字能力，传统企业首先必须建立数字基础。企业对生产生态系统基础设施、消费生态系统基础设施和数据资源进行投资，结合 API 网络来形成这些数字基础。如第 8 章所述，这项工作需要组建一个连接资产的网络。它需要培育数字客户，通过数字基础设施开发新的数据资源，还需要逐步升级 API 网络，从而在企业的数据共享和数据集成流程中形成活力。

数字基础为传统企业利用数据开展竞争提供了基础。随着实力不断增强，企业的生产生态系统和消费生态系统的数字能力也不断提高。由此，企业越来越多地释放数据价值，逼近数字生态系统前沿。数字生态系统前沿代表了企业可以从其数字生态系统中释放的最大数据价值。有两组力量塑造了企业数字生态系统前沿的弧线：一是内部力量，企业的数字能力越强，其数字生态系统前沿的弧线就越开阔；二是外部力量，其源于企业的竞争环境，数字竞争者越强大，企业可以为自己释放的数据价值就越少，其数字生态系统前沿可能就越有局限。有效的数字竞争战略就是使企业的数字生态系统边界最大化的战略。它帮助企业将自身数字能力转化为对数字竞争者的优势，还助力企业识别数字生态系统前沿的最优点，从而使企业直达该点开展经营。

传统企业可以在数字生态系统前沿的任一点开展经营。在数字生态系统前沿的弧线上，每个点都代表一个独特的数字竞争战略选择，都代表企业可以采取的一个独特定位，由此释放数据的全部潜力，并在此过程中建立竞争优势。有三种通用战略，其中每一种都代表着企业数字生态系统前沿的一个选项，它们可作为一系列战略选项的关键参考点。这些通用战略帮助企业明确如何在数字经济中进行竞争。

第一种战略聚焦于生产生态系统。运用这一战略选择，企业将重心从经营效率推进到数据驱动的交互式产品性能或数据驱动型服务（详见第4章），一步步从数据中释放更多价值。**第二种战略聚焦于消费生态系统**。运用这一战略选择，企业从其他平台的供应商做起，发展到自有平台（可以是合作平台、赋能平台或完整的系留平台，详见第5章），逐步提升从数据中释放的价值。**第三种战略意味着完整的数字生态系统运营**，它对企业优势进行平衡，通过生产生态系统和消费生态系统的数字能力来释放数据的价值。

面对数字生态系统前沿上不同弧点选择所涉及的权衡取舍，上述三种通用的数字竞争战略起着参考点的作用，帮助企业加深理解。例如，企业可以在聚焦生产生态系统和全面数字角色之间选择一个弧点，分析在该点（战略位置）释放数据价值开展竞争所需的能力组合。此外，企业还可以评估其能力如何应对该位置可能出现的竞争威胁。

必须指出的是，大多数传统企业可能会从聚焦生产生态系统开始进行竞争，并由此向完整的数字运营角色的方向发展。毕竟，无论是制造业还是服务业，大多数传统的经营业务都以价值链为基础。生产生态系统可能是企业数字竞争战略的首选着力点。由于纯粹聚焦消费生态系统的定位代表着经营业务的主要价值来自数字平台，所以在已经立足于价值链的传统企业中间，这种聚焦不太可能普遍存在。即使企业将价值链延伸到系留数字平台，它们也可能接近于完整的数字角色，而不是纯粹的消费生态系统战略。

对那些自己不生产产品，只是通过传感器来进行改装的企业来说，纯粹聚焦消费生态系统的战略可能出现。此外，那些发现自身价值链趋于商品化，难以在自身生产生态系统提取到价值的企业，也很有可能采用聚焦消费生态系统的战略。对于此类企业而言，新的价值机会可能仅来自激发其消费生态系统。我们将在本章稍后部分讨论这一点。

前几章讨论的几家企业可以映射到这三种不同的通用数字战略之中。例如，卡特彼勒公司的战略代表着聚焦生产生态系统。该公司的产品提供了数据驱动的交互性能，并利用数据提供预测性服务，减少产品的停机时间，等等。海克斯康公司和天宝公司是聚焦消费生态系统的例子。它们在其他企业（如卡特彼勒公司和小松公司）制造的建筑设备上加装传感器来开展运营。它们同时也建立自己的数字平台，协调建筑工地的工作。福特公司是选择完整数字生态系统开展竞争的例子。这家传统的汽车制造商打造生产生态系统，提供数据驱动的交互式产品性能。该公司还运营消费生态系统，提供平台服务，例如将司机与汽车维修店相连接。

企业所从事的业务很大程度上决定了其最终落脚于数字前沿弧线某一位置的方式。企业的位置受到所在行业朝着数字生态系统的演变方式的影响，这些演变方式类型决定了释放数据价值的相关机遇来自何处。然而，企业也可以选择自己独立的数字目标。面对新的价值创造机会，它们可以各自判断竞逐其中的风险和回报，据此绘制自己的数字化路线。

下一节重点介绍正在转变为数字生态系统的三个传统行业，它们是石油和天然气、电信、保险。各种力量正在推动这些行业转变为数字生态系统。在每一个新兴的数字生态系统中，由于不同的风险回报权衡，在位企业倾向于采用不同的通用策略。

新兴数字生态系统的数字战略推动力

以下讨论的三个行业代表了美国经济不同的重要部门。通过对这些不同经营业务的趋势分析，我们可以理解推动数字生态系统转型的各种力量，发现它们如何在企业寻求数字生态系统前沿理想落点时塑造企业的选择。通过理解这些推动力，各种业务性质的企业都有可能为自己制定最佳的数字竞争战略。

石油和天然气业务：提高经营效率的激励

石油和天然气是价值 3.2 万亿美元的经营业务。[1]从事这一行当的企业设法勘探油气储量，管理着油气田，还负责提取、提炼、生产和分销石油产品。其最大宗的产品是燃料油和汽油。该行业的领军企业包括埃克森美孚公司、英国石油公司和雪佛龙（Chevron）公司。在体量方面，中国石油化工集团公司（中石化）居于首位，在2019年约获收入 4 330 亿美元。[2]荷兰皇家壳牌公司（Royal Dutch Shell）位居第二，其 2019 年的收入约为 3 830 亿美元。[3]

石油和天然气业务有三个不同的部分：上游部分包括寻找油井、钻探石油和天然气；中游部分涉及将钻探查明的储量从油井运到炼油厂；下游部分则是精炼原油储备，然后销售汽油、喷气燃料等产品。该行业的一些企业只聚焦于上游、中游或下游的某一环节。但比如埃克森美孚之类的大型企业，则涉足行业的所有环节来开展一体化经营，它们拥有自己的油井、管道和炼油厂。

  石油和天然气是高度资本密集的业务。⁴ 油井、管道和炼油厂需要数十亿美元的巨额投资，市场的波动也会给投资带来巨大风险。因此，提高经营效率是这类业务的重要需求。尽可能降低成本，在不确定的市场环境中尽快回收投资价值，这些都是重要的经营目标。众所周知，现代数字技术为此提供了有用的解决方案。

  例如，在勘探活动中，预测失准会使成本飙升。误判钻孔位置或钻孔量可能会造成数百万美元的损失。企业可以使用 AI、建模技术等现代数字工具，进一步提高发现储量的可能性，从而节省高达 50% 到 60% 的运营成本。⁵

  输送石油和天然气的管道长达数千英里①，经常穿越不同的国家甚至大陆。有了关于土壤条件和管道内材料流动状况的传感器数据，企业就可以预测庞大的管道阵列中腐蚀可能开始的位置、时间，以及腐蚀的传播方式。使用数据和分析工具，在管道腐蚀受损之前进行管理可以节省大量成本。

  大多数炼油厂是安全的，但即使是罕见的事故也会带来巨大风险。企业有很强的动机把危险的工作自动化，用 AI 赋能的技术替代人类活动。石油和天然气业务的各个方面，无论是上游、中游还是下游，都依赖昂贵的设备，都涉及资本密集型项目，造成了高昂的停摆代价。使用预测性服务则可以显著减少停机时间，从而节省运营成本。

  企业有提高经营效率的动机，现代数字技术又提供了玉成其事

---

① 1 英里 ≈ 1.61 千米。——译者注

的各种方法，这就解释了聚焦生产生态系统这一战略选择在石油和天然气行业备受青睐的原因。事实上，该行业的企业几乎全都采用这一战略定位。它们的大部分数字计划都着眼于建立和引导数字能力，提高经营效率。

电信和 5G：消费生态系统的新兴机遇

5G 面世是电信领域的重大事件。5G 在无线电频率上运行，但包含新频谱。与前几代相比，5G 的性能显著提高。这些改进为威瑞森通信公司、美国电话电报公司、T-Mobile U.S. 等美国企业以及日本电报电话公司（NTT）、中国电信和德国电信（Deutsche Telekom）等运营商提供了新的机遇，促使它们在不断发展的数字生态系统中制定新的数字竞争战略。

让我们看看 5G 对物联网应用的影响。本质上，物联网要求各种资产接入互联网，从而形成数据共享网络。Wi-Fi 是资产接入企业网络或互联网的常用协议，但接入距离太短。近年来，NB-IoT 和 LoRa 等物联网专用协议越来越多地用于维持更长距离的连接。蓝牙或紫蜂等无线协议有时也会被采用，尽管它们的覆盖范围更小。与 Wi-Fi 和其他用于物联网应用的流行协议相比，5G 蜂窝网络具有多项优势。

5G 蜂窝网络以高速传输大量数据，其延迟可低至 1 到 2 毫秒，[6] 且数据传输更加可靠。5G 技术由此产生的巨大优势使其特别适合那些需要共享大量资产数据和快速反应的物联网应用。举个例子，自动驾驶汽车需要快速反应，以避免可能发生的碰撞。使用机器人进行远程手术的外科医生也需要快速的反应时间，中国有一名外科医生就借助 5G 技术为一名患者进行了远程脑部手术。[7] 鉴于这类工作的复杂性，远程机器人切实作出实时反应将会带来很大好处。同样，制造业中的产品缺陷检测亦能从中受益，即时的操作能够帮助企业止损。对于这些类型的应用，5G 即使只减少毫秒级的延迟，结果也是大不相同的。

5G 减少延迟的特性还有助于企业涉足边缘计算。边缘计算是指在数据生成和共享之处（即"边缘"）进行数据计算。它可能发生在工厂车间，多台机器和机器人正在执行交互式任务并实时生成大量数据。传统上，这类海量数据必须来回传输到集中式服务器（或新近出现的云）以进行计算、分析并提出操作建议，而数据传输协议则减慢了机器和机器人之间的交互式任务的交互速度。可以说，边缘计算正是为了让云更接近边缘。5G 技术的速度、功率和可靠性使之成为可能，同时也为各种不同的物联网应用提供了动力。

5G 还有另一项优势。蜂窝网络具有可以长距离传播的强大无线电信号，蜂窝网络塔可以为大约 45 英里外的手机提供连接。[8] 相比之下，Wi-Fi 网络的覆盖范围要小得多，在家庭、咖啡馆或办公楼内的覆盖范围约为 100 英尺①。此外，Wi-Fi 网络的所有者需要为外部实体提供接入网络的访问权限。例如，我们向客人提供自家的 Wi-Fi 密码来让他们访问互联网。蜂窝网络不需要这种手动权限，它们拥有自己的自动化身份验证过程。在通过蜂窝网络塔提供服务的任何地方，人们都可以用手机拨打语音电话，实现数据

---

① 1 英尺 ≈ 30.48 厘米。——译者注

连接。

与 Wi-Fi 相比，5G 网络因其特性而在管理物联网方面有着更大的灵活性。不妨考虑一下护士家访，想将心电图或血压读数传输到医院设备的情形。护士会发现使用 5G 蜂窝网络更容易接入互联网。如果想使用 Wi-Fi 网络，那么护士就要征得患者同意，才能通过其家庭网络访问互联网。同样的道理，可口可乐的装瓶商可能会发现，当公司的卡车司机能与自动售货机无缝共享数据时，为各个建筑物的智能自动售货机补货更加容易。如果是 Wi-Fi 环境，那么每位司机都需要持有自动售货机的特别访问权限。在 5G 环境下，他们访问互联网便不会受到这些限制。通过将自动售货机便捷接入其支持传感器的设备，补货服务可以被轻易提供。此外，由于蜂窝网络范围更广，送货卡车即使在数英里之外也可以知道自动售货机是否需要及时补货。

显然，5G 的优势为威瑞森通信公司、美国电话电报公司等运营商提供了许多新商机。最明显的一点是，它们能以高价向个人和企业客户提供优质的数据连接服务。此外，它们还可以向更多客户销售大量的应用性数据连接，包括联网汽车、远程医疗服务、智慧城市或物流等新的物联网应用。新选择带来了新的价值，强化了电信提供商原有的销售数据连接的商业模式。价值来自"模式不变，选择更多"。

威瑞森通信公司或美国电话电报公司可以做些什么不同的事情呢？除了专注于提供数据连接，它们是否还可以提供数据连接所衍生的服务呢？不妨考虑以下两种情形。在第一种情形，威瑞森为家庭护士外出时所携带的医疗设备提供 5G 连接。此项服务额外收费，因为优质的 5G 覆盖使旅途中的护士能更稳定地接入互联网，促进与相关医院连接设备的数据交换。在第二种情形，威瑞森不仅提供与护士外出时携带的设备的数据连接服务，而且还开发出一个网络，为可以交换及使用护士设备所生成数据的其他互补资产和实体提供传感器。此外，威瑞森还建立一个平台，用于管理和提供远程医疗保健服务，它涵盖了旅途中的护士、医生和医院。有了这样的平台服务，护士外出时就可以拍摄 3D 图片并与专家远程实时分享，而且还可以查看和发送高清视频，以便在现场获取医疗指导。在提供这些服务时，威瑞森获知各种设备通过 5G 连接之后是如何使用，这是很有价值的交互式数据。

在第一种情形，威瑞森仍然是一家提供数据连接的管道企业①。9 在第二种情形，威瑞森将其业务范围扩展到消费生态系统，包括使用威瑞森数据连接起来的外出护士、医生和医院。因此，威瑞森从其提供的数据连接中释放了更多价值，将管道扩展成为一个平台。值得注意的是，5G 扩展了数据连接在各种物联网的应用，因此威瑞森和其他运营商可以选择扩展到一系列不同的消费生态系统。它们可以促进互联网汽车、智能城市的资产和实体、智能工厂的机器人，以及许多其他类似应用领域的交换。

在当前的 5G 部署阶段，大型电信运营商似乎把大部分精力用于强化现有业务，即面向支持 5G 的设备提供语音和数据连接。鉴

---

① "管道"（pipeline）是相对于"平台"（platform）的概念，"管道企业"（pipeline business）多指传统企业。它们从上游采购原材料、雇佣工人、在内部组织生产，然后到市场上销售或提供服务，这一创造价值的过程如"管道"般具有单向线性的特点。——译者注

于市场的巨大潜力，有充分的动机支持这种做法。其他的收入扩张战略包括寻找能够发挥 5G 优势的新领域，以及推出具备吸引力的蜂窝网络服务计划。为移动应用和固定应用提供 5G 无线"路由器"就是一例，通过将这些"5G 路由器"配备在消防车、警车和救护车上，救援人员就可以获得快速可靠的连接。在新的建筑物、制造工厂及建筑工地中布置 5G 路由器，就可以免去耗时耗资的有线网络铺设工程。

还有其他一些的早期的战略雏形。让我们看看威瑞森新近的一些收购对象。其中之一是 Sensity 公司，它为智慧城市服务等提供物联网平台。[10] 另一家收购对象是 Fleetmatics 公司，收购额为 24 亿美元。它提供车队管理和移动劳动力解决方案。[11] 这些都是威瑞森将其管道业务扩展到物联网解决方案平台的强烈信号。美国电话电报公司也在采取类似行动。[12] 例如，它与 Synchronos 建立了合作伙伴关系，提供物联网平台服务来帮助办公楼宇节约能源。

物联网应用的活力不断增加，势将吸引更多企业推出新的平台业务模式。威瑞森公司收购 Sensity 和 Fleetmatics 等公司就是例子。至于这些收购将如何演变，以及像威瑞森这样的运营商又将在物联网平台服务方面产生多大影响，则需要留待时间验证。如果运营商将目前的工作置于试验阶段，又或者选择退出这些早期行动，那么它们在未来就只能扮演第三方平台供应商的角色。为了在消费生态系统中塑造地位、开展广泛的物联网应用，电信运营商需要打造新的能力。为了将自身角色从平台供应商提升到自营数字平台运营商，它们需要确立战略视野和战略决心。归根结底，具体结果将取决于每家运营商如何权衡风险和回报。

保险业：数据角色的转变

长期以来，保险公司一直靠数据做生意。它们对大量的历史汇总数据进行分析，据此评估风险和保单，同时运用精算技能，发现可能影响风险的重要参数。如年龄、人口特征、病史、居住地和工作性质等参数，它们有助于预测寿险等业务的风险。凭借多年的数据分析经验，保险公司善于制定有利可图的保单。雄厚的资本储备使其能够承受大规模参保人群带来的风险，这一庞大的参保人群又使得它们能够用低风险标的补贴高风险标的。此外，保险公司还对复杂的法规有着深刻理解。以上因素都成为保险业的进入壁垒，在位企业受益长达数十年，延续至今。

现代数字技术正在动摇原本稳定且备受保护的保险业。使用历史汇总数据本是流行方法，但使用实时个人数据评估风险的新方法已对其发起挑战。现代技术能够以前所未有的方式对单个标的的风险进行密切精准的监测。例如，保险公司无需用到年龄、人口特征以及从汇总数据中推断出的其他参数，通过直接监测司机就可以预测其车险的风险。这种观察得到的驾驶习惯数据，可以帮助保险公司形成更加准确的预测。这些数据还可以用来影响驾驶行为，帮助用户改善驾驶习惯，从而降低车险的风险。总而言之，现代数字技术正以各种方式改变传统的保险实务。

以受理、处理和解决索赔的做法为例，保险公司价值链的这部分工作可以通过实现自动化来降低30%的理赔流程成本。[13] 例如，发生车祸时，保险公司可以远程抓取有关事故发生地点、发生方式的详细信息和车辆损坏的详细视觉效果。蚂蚁金服有一款名为"定损宝"的产品,它使用 AI 驱动的深度学习型图像识别工具分析车祸数据,这些工具甚至可以逼真地重构事故现场。[14] 该项技术可以在几秒钟内准确评估损失,使保险公司能够以数字方式快速理赔,无需任何文书工作。基于 AI 的工具还可以检测并帮助减少欺诈性索赔。

由于资产和标的的实时监控可以被用于风险评估,一大波新进入者可能很快就会与保险业的老牌企业正面交锋。该行业曾经需要大量标的才能降低平均风险,但现在这种进入壁垒不再能够形成有效的阻遏。究其原因,个人数据已然可得,新进入者甚至可以只挑选低风险标的开展业务。车险、家庭险等传统保险领域便可能会受到新的数字竞争者的冲击。

新的竞争者可以从多个"新缺口"涌入。企业销售用于收集天气和土壤状况实时数据的传感器,其在帮助农民提高生产率的同时,还可以顺势向农民提供农作物保险。这些企业所收集的数据不仅有助于精准分析风险,而且有助于在传感器检测到害虫或恶劣天气造成的损害时迅速理赔。与此类似,企业可以搭配家庭保险来销售监测漏水或火灾风险的家居传感器。销售车载远程信息处理系统的电信运营商也可以提供汽车保险。借助实时数据和持续监控,这些新的保险业参与者不仅可以预测风险,而且还可以提前干预来降低风险。例如,监测到家居水管爆裂的传感器可以自动关闭供水系统。麦肯锡的一项研究预言,要不了多久,客户支付保费的首要原因将变成预测风险、预防风险,而不是赔偿损失。[15] 为了服务这一类的客户,保险公司迫切需要更新数据使用手段。

与前述电信业务一样,保险承保一直是传统的价值链驱动型业务，其标准的商业模式是承保和销售保单。在此类传统的商业模式中，现代技术从生产生态系统打开新的机遇，助力释放更多数据价值。诸如索赔流程数字化、用高级分析工具检测和预防欺诈等，都是保险公司利用现代技术提高经营效率的例子。App获取个人的交互式数据，促成了新的服务性能，例如对投保人面临的健康风险发出预警。进而言之，这类数据可用于帮助大规模定制保单，它们用较低的保费激励个人消费者抛弃高风险行为。

此外，从保险业务的现代趋势看，现有的价值链还需要扩展成为平台。仅有承保和销售保单业务将不再能够支撑保险公司。控制影响风险的外部因素，由此提高保单的盈利能力在当下变得同等重要。例如，如果买保险能影响消费者广泛的生活方式，使之变得更长寿，更健康地生活，那么人寿保险和健康保险公司的利润就会更高。为了产生这种影响力，保险公司可能需要在数字平台上运营，由此将消费者与各种保健资产（如可穿戴设备）或实体（如瑜伽教练或体育教练）连接起来。

换句话说，除了完善生产生态系统，保险公司还需要打造消费生态系统，一些公司也正在这样做。中国的平安保险在医疗保健、汽车销售和房地产领域推出各种App和平台。通过这些App和平台，平安进入了其健康、汽车和家庭保险业务的消费生态系统。第8章重点介绍的微信（腾讯的超级应用）于2017年进入在线保险领域。我们之前看到，这家公司通过App发掘了大量的交互式数据，在银行业的消费生态系统建立了显著的优势。至于它能否在保险业复制成功，唯有时间能给出答案。

数字竞争的战略选择

从上述不同业务的发展趋势看，有三点值得注意。首先，利用数据新价值的机会既可能来自生产生态系统，也可能来自消费生态系统。其次，企业对这些新机会的反应各不相同，一家企业眼中的冒险选择，在另一家企业眼里则可能很有吸引力。不同企业对数字计划的重点也可能会做出不同选择。再次，企业的选择将影响不同数字生态系统的竞争性质和竞争动态。

在石油和天然气行业，新机会主要存在于企业的生产生态系统中。这些机会对在位企业也相当明显。因此，石油和天然气领域的大部分竞争仅限于企业的生产生态系统，这种状态也可能继续持续。在电信领域，运营商的消费生态系统正在出现新机遇，在位企业也表现出利用这些机会的兴趣。它们如何推动、管理新型物联网应用，如何建立自身的地位，又如何利用自身的平台和平台服务开展竞争，这一切都将随着时间的推移而变得清晰。在保险业，生产生态系统和消费生态系统的数字竞争都蓄势待发，参与者正在做出不同的战略选择。有些企业满足于使用现代数字技术提高内部效率，其他企业正在尝试更加具雄心的新商业模式。

换句话说，企业如何看待不断演化的新价值机会，竞争压力又如何在企业的数字生态系统之中演化，这些因素将影响每家企业的战略决策。图10.2描述了在这些因素作用下，各家企业可能做出的数字竞争战略选择。

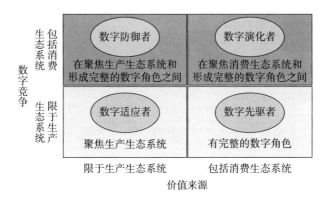

图10.2 数字竞争的战略选择

图10.2中，矩阵的横轴代表企业认为值得关注的数据新价值来源。公司有时只会看到其生产生态系统中值得追求的价值，当大多数传统企业都扎根于价值链时，这种情况会尤其明显。但某些公司也会发现其消费生态系统中的价值机会。纵轴代表形成数字竞争的方式。数字竞争者可能仅限于企业的生产生态系统内，但也可能进军消费生态系统。

在左下象限，企业认识到，只有在生产生态系统之中存在值得追求的数据价值——其数字竞争者也持相同看法。石油和天然气行业中的埃克森美孚就是一个例子。该公司看到的是通过现代数字技术提高经营效率的新价值，其大多数竞争对手也是如此。这些企业选择聚焦生产生态系统的战略，建设那些能够充实现有价值链的新能力，并将价值链转化为生产生态系统。在这一过程中，企业还将适应新的数字现实，即认识到现有的价值链必须调整适应，发挥生产生态系统的功能。我们将做出这种选择的企业称为"**数字适应者**"。石油和天然气行业的大多数领军企业都属于这一类型。

在右下象限，企业发现了消费生态系统中值得追求的新价值，但其大多数竞争者却没有这样做。智能恒温器生产商内斯特率先认识到其消费生态系统的价值，它抢在竞争者之前出手，将智能恒温器扩展成为一个平台，连接汽车、家电和安全系统相关的平台用户。与此相似，耐克是第一家认识到消费生态系统价值的运动鞋制造商，它设立耐克社区论坛，由此组建慢跑者和运动员社区。[16] 这一举措使该公司从聚焦生产生态系统转向完整的数字生态系统运营。耐克公司先行一步，成为"**数字先驱者**"，它冒着风险，先于其他对手采用这一新的战略定位。派乐腾是一家智能运动设备公司，该公司将用户与培训师相联系，组建了强大的健康爱好者社区，这是数字先驱者的另一个例子。如果威瑞森公司和美国电话电报公司先于其他运营商提供自己的物联网平台服务，那么它们也可能会成为数字先驱者。这类行动会带来更高风险，如耐克公司已经撤回了它的社区论坛。但企业毕竟必须权衡利弊，虽然会带来更高风险，但及早提升网络效应会给竞争对手设置更高的进入壁垒。

在右上象限，企业之间日益取得共识，即肯定消费生态系统中存在值得追求的价值。例如，越来越多的保险公司将会关注消费者广泛的生活方式，以便更好地了解他们的保单风险。也许将如麦肯锡公司的研究所预测的那样，[17] 保险可能更多地是为了预测和预防风险，而不仅仅是为了赔偿损失。如果这些趋势蓄力齐发，所有在位企业都不得不更加关注消费生态系统。许多企业会将业务扩展成为数字平台。我们将这样做的企业称为"**数字进化者**"。

把数字进化者、数字先驱者及数字适应者相区分开来非常重要。只有少数数字先驱者在消费生态系统中发现了价值，而数字进化者普遍做到了这一点。数字先驱者是例外，它们比其他对手更早发现新机会，并为此做好准备，选择更具风险的战略。数字进化者则随大流行动，在消费生态系统不确定性大幅降低时行动。数字进化者也有别于数字适应者，后者谨守基于价值链的业务，用现代数字技术加以增强。另一方面，数字进化者通过扩展其现行价值链而"进化"成平台。它们原本与其他数字竞争者一样聚焦生产生态系统，随后演进到一个介于完整数字生态系统和聚焦消费生态系统的新位置。

数字进化者与纯粹聚焦消费生态系统两者之间有多少区别？这取决于前者的业务价值转移到消费生态系统的程度，以及其原有生产生态系统的地位是否稳固。我们不妨看看杂货店业务。Instacart 等企业已通过在线杂货配送服务进入该项业务的消费生态系统。Instacart 的采购员从现有杂货店挑货，然后交付给客户。Instacart 的所有客户都是数字客户，他们通过该公司的 App 和数字平台提供了与他们日常杂货需求有关的、有价值的交互式数据。利用这些数据，Instacart 可以通过预测、推荐等手段，为客户提供创新性数字体验。

根据此种价值定位，Instacart 自然而然会选择从廉价仓库供货的供应商。与位于市中心街区昂贵的品牌商店相比，选择这些仓库供货可以降低成本。此外，如果 Instacart 能够在管理杂货需求方面提供有吸引力的数字体验，其客户可能就不太关心杂货的具体来源。

如果以上趋势加剧，传统杂货店便将面临困扰。它们的业务价值将在生产生态系统中走弱，在消费生态系统中则趋于上升。与其他领域的在位企业一样，随着经营业务逐渐向提供数字化交付服务转变，传统企业也可能进入这个新的领域。企业越是感受到自身品牌杂货店被商品化的威胁，其转型就越接近纯粹聚焦消费生态系统。

最后，在左上象限，企业认为仅在生产生态系统中存在值得追求的价值，但它们同时也注意到消费生态系统中的数字竞争者。由于企业认为消费生态系统不存在值得追求的价值，其首选的战略定位仍是保持聚焦于生产生态系统。但企业还是可能介入消费生态系统，以此作为竞争战略选择的对冲手段。这样的企业可能会移向其数字生态系统前沿的某一点，该点介于聚焦生产生态系统和完整数字生态系统之间。

第4章讨论的卡特彼勒与天宝的合资企业就是这样的例子。这样的合资企业通常在消费生态系统试点运营，以此评估该领域数字竞争者的实力和生态系统壁垒的韧性，观察如何最好地保护其在生产生态系统中的地位。因此，合资企业在消费生态系统领域的举措重在稳守固防而非稳步进取，我们将这样的企业称为"**数字防御者**"。

大多数传统企业采用基于价值链的商业模式，它们大多会以数字适应者的身份开始数字化转型的努力。在这些企业看来，确立生产生态系统聚焦似乎是合乎逻辑的出发点。其后，在数字先驱者、数字防御者和数字进化者之间，企业的发展选择将取决于若干因素。这些因素包括经营业务的基本性质、经营业务领域的数字竞争动态以及企业自身在寻求新回报时的风险倾向。图10.2划分出的企业类型可以帮助企业评估目标，并将其数字化计划要点与数字竞争者进行比较，跟踪经营业务中广泛的数字化趋势。

制定行动计划

为了运用这些方法，传统企业必须制定行动计划以打造有效的数字竞争战略。它们对传统业务的战略行动计划可谓轻车熟路，即制定行动计划包括评估行业、评估自身的资源和能力、构思相对于竞争者的产品范围，以及寻找最佳方式以定位自身产品，由此获得竞争优势。数字竞争战略的行动计划步骤与之相似，但在具体内容上存在差异。数字竞争战略的重点是数据和数字生态系统，而非产品和行业。以下五个步骤描述了为数字竞争战略制定行动计划的任务结构。

第一步：绘制数字生态系统蓝图

正如制定传统竞争战略需要了解行业，制定数字竞争战略也需要了解数字生态系统。企业首先要全面了解其在数字世界创造价值的范围，这项工作可以分解为以下一组任务：

- 创建价值链网络蓝图，列出组成企业传统商业模式的所有活动、资产、单位和实体。
- 确定该网络可以实现数字连接的方方面面。价值链网络的各个组件越是细化，将它们连接起来的机会就越多。
- 绘制各组件的连接方案，将生产生态系统图像化。把商业模式中所有的物理依赖关系可视化，思考如何使它们生成交互式数据并进行交换。

- 制定计划，为产品配备传感器。责成研发部门推出具有创新性的传感器，并建立流程来跟踪那些初创公司和科技公司正在开发的传感器。理解传感器"无远弗届"的可能，探索可以跟踪产品与用户交互的软件传感器和基于 App 的传感器。
- 创建互补网络蓝图。考虑与自身产品的传感器数据互补的所有资产、单位和实体，从已知的互补者入手。互补者通常与产品的主要功能相关，以 iRobot 的真空吸尘器为例，其已知的互补者包括可更换的垃圾过滤器或垃圾袋，它们可以借助真空吸尘器的传感器数据及时补货。接着，通过"头脑风暴"列出可能的对象，以此发现新的互补者。如第 6 章所述，如果传感器检测到老鼠粪便或白蚁，那么就可以将害虫防治服务作为 iRobot 新的互补者。
- 绘制互补者的连接方案，将消费生态系统图像化。将互补者与产品彼此依赖的关系可视化，找到使之生成数据并实现共享的方法。例如，iRobot 如何将顾客家中的产品传感器数据连接到公司仓库，从而既自动又及时地补充垃圾袋？

- 针对图像化的生产生态系统和消费生态系统，设想在其中生成数据并实现共享所需的所有数字技术。

第二步：评估数字基础

第一步让企业明晰了自身数字生态系统的边界，第二步将帮助企业了解自身相对于这些边界的位置。这个步骤的工作旨在对照企业充分利用数字生态系统所需的数字能力，评估企业的现状。让我们来看看以下活动：

- 评估生产生态系统的基础设施。在第一步绘制出的价值链网络中，有多少资产、单位和实体已经连接？
- 评估价值链网络生成的交互式数据的范围。在企业的资产、单位和实体中，能提供交互式数据的占多大比例？
- 预估客户中数字客户的数量，评估其所提供的交互式数据的价值。企业可以在多大程度上跟踪产品与用户的交互活动？这些数据有多少被投入使用？使用数据的目的是什么？
- 评估消费生态系统的基础设施。在第一步绘制的互补者网络中，有多少资产、单位和实体是彼此连接的？评估它们所提供的交互式数据的价值，有多少互补者提供数据？这些数据有多少被投入使用？使用数据的目的是什么？
- 创建 API 网络蓝图，评估其范围和复杂性。API 网络中，内部和外部各占多少？有哪些治理机制能将它们用作数据管道？

第三步：构思数字生态系统的前沿

第三步需要将企业数字生态系统可以释放的全部数据潜力可视化。它描绘了企业必须努力实现的数字化目标。让我们考虑以下任务：

- 确定所有可以提高价值链效率的领域，列出所有的经营效率目标。只要目标能够识别并被具体化，现代化技术就能够找到提高经营效率的方法。
- 构思企业产品可能为数字客户提供的所有数据驱动型性能和服务。参照第 4 章卡特彼勒公司的示例（其中，表 4.1 显示了一种列出所有可能的数据驱动型性能和服务的方法），根据企业的业务特点进行调整，建立一个类似的描述矩阵。
- 评估数字竞争者提供的竞争性服务。与自己的企业相比，它们的强项是什么？在企业自己的数据驱动型服务中，网络效应有多强？与数字竞争者相比，企业能在多大程度上发挥这些效应？
- 构思企业产品传感器数据的全部潜力，以期创建一个系留数字平台。回顾第 5 章的讨论，思考如何评估传感器数据的价值、独特性和可控性，进而评估企业传感器数据的潜力。
- 构思系留数字平台可能提供的所有数据驱动型服务。回到第一步的 iRobot 案例，这些服务可能包括垃圾袋补货、害虫防治及通过"头脑风暴"发现的其他服务。
- 评估数字竞争者提供的竞争性平台服务。与自己的企业相比，它们的强项是什么？
- 评估生态系统进入壁垒的强度。竞争对手复制企业在生产生态系统中所做工作的难度有多大？如果是消费生态系统，情况又会怎样？是什么推动了企业的网络效应？该怎样强化它们？

第四步：在数字生态系统前沿选择一个希望开展竞争的弧点

这一步旨在达成一个现实的数字竞争战略目标。它以企业对数字基础的评估（第二步）和企业在数字生态系统前沿发现的机会（第三步）为依据。让我们考虑以下任务：

- 考虑数字竞争者的实力，评估企业可以从数字生态系统所有机会中真正实现的目标。为了提高经营效率，企业可以做些什么？可以从生产生态系统开发出哪些数据驱动型性能和服务？企业的产品可以扩展成为平台吗？企业设想怎样的平台服务？它们能实现企业寄予厚望的数字客户价值吗？企业有执行这些计划的财力吗？

- 思考战略偏好：是成为数字适应者还是数字先驱者？企业对风险的承受能力有多大？在结果仍未确定时，企业是否希望率先进入新的数字领域？企业是否更愿意观察竞争对手的行动并跟上它们的步伐？企业希望多长时间能看到投资回报？

- 考虑在企业经营业务中出现的数字化力量。所有竞争对手是否都进入了企业经营业务的消费生态系统？企业能设计怎样的生态系统进入壁垒？对企业来说，数字防御者或数字进化者何者更有意义？

- 根据企业的风险回报偏好，选择数字生态系统前沿的最优点。

第五步：为企业所希望的数字竞争战略打造必要的数字能力

这一步旨在实现企业的战略目标。企业需要建立一种方法，使自己从数字基础的位置起步前进，并抵达预期的数字生态系统前沿弧点。

- 将企业的数字基础推向数字生态系统前沿的选定弧点，确定这样做所需要的数字能力。
- 建设必要的生产生态系统和消费生态系统基础设施。企业是否对第一步所确定的价值链网络和互补者网络的方方面面进行了充分连接？
- 生成必要的数据资产。企业是否已将前述步骤中确定的生产生态系统和消费生态系统的数据生成潜力最大化？
- 扩展 API 网络，以期运用数据资产并在选定的战略位置上脱颖而出。
- 抵达企业预期的数字生态系统前沿弧点。持续评估企业的位置，并根据需要细化和修正，努力保持高度熟练状态。

结束语

本书为传统企业提供了在当今数字时代开展竞争所必需的关键知识。在导言部分，我们概述了三个方面的知识：一是对数字技术如何改变现有数据利用方式的新认识；二是对商业环境作为数字生态系统的全新理解；三是采用新的思维模式制定战略，在数字生态系统竞争中建立数据驱动型优势。本书的每一章都围绕着这些话题展开，各个章节也引领企业经历了从数据到数字竞争战略综合框架的思维之旅。

我们希望本书能扩展传统企业的战略愿景，同时帮助领导者克服数字近视陷阱。当传统企业继续倚重产品–行业思维获取竞争优势时，它就会受制于数字近视。使用这种思维的传统企业可能会陷入若干数字近视陷阱。它把数据的作用局限为支持产品，仅将数据用于提高经营效率。它看不到可以从交互式数据中获得的更多好处，虽然企业在努力改进产品的现有性能，但将错过通过产品提供新型数字体验的机会。它不会注意到消费生态系统的存在，从而错过将产品扩展成为数字平台的所有机会。本书介绍的概念和框架旨在使企业避免陷入此类数字近视陷阱。

传统企业必须看到，未来几年充满着令人振奋的新机遇。这些机遇可以帮助企业与客户建立新的、富有成效的关系，创新的数字体验将给它们带来惊喜。机遇开辟新的发展前景，企业必须牢牢把握这一机遇。如本书所述，它们必须采用新的思维方式，借助战略分析框架来打造全新能力。它们必须努力成长为不负数字新时代的数字企业。

竞争战略的未来已来，现在正是采取行动的时候。

致 谢
Acknowledge

本书能够面世需要感谢很多人。首先要感谢我才华横溢的妻子米拉，她耐心地阅读了早期的草稿，并与我的想法呼应；我可爱的女儿基兰总是鼓励她的父亲；还有我们心爱的金色小狗拉加，在我写作的时候，它一直陪在我身边。在这份手稿完成一个月之后，拉加不幸去世，当时距它 16 岁还有几周的时间。

感谢麻省理工学院出版社策划编辑艾米丽·泰伯以及《前沿管理》系列丛书的主编罗伯特·霍兰德和保罗·米歇尔曼，他们很早就看到了我的出书计划的潜力。艾米丽对手稿的编辑非常之棒，与她一起工作非常愉快。感谢黛博拉·康托尔－亚当斯和玛乔丽·潘内尔出色的编辑协助工作，感谢麻省理工学院出版社的整个团队，包括助理策划编辑劳拉·基勒、艺术协调员肖恩·赖利、图书设计师艾米丽·古泰因茨、制作经理吉姆·米切尔和高级公关人员莫莉·格罗特。

感谢桑德拉·沃多克、乔恩·瑞林、拉吉·西索迪亚和德布贾尼·慕克吉，他们对本书的早期草稿提出反馈并给予鼓励。感谢迈克尔·戈德堡在我写作每一章时提供的出色的编辑协助工作。

其他一些人以各种方式帮助我写作这份手稿。有些人在我写作时提供了对所有或部分章节的反馈。其他人提供了他们在特定领域的专业知识，或者帮我联系各种主题的专家和数据源，使本书框架进一步明晰。我想感谢阿南德·班加罗尔、阿希什·巴苏、拉吉·巴西、约翰·卡彭特、艾琳·达利、利亚姆·费伊、兰詹·达莫达尔、艾伦·费瑟斯顿、拉胡尔·格豪斯、拉杰尼什·古普塔、普拉卡什·伊耶、拉杰·乔什、阿南德·卡派、米希尔·凯迪亚、阿希姆·库马尔、尼拉杰·库马尔、罗希特·麦赫拉、拉胡尔·莫迪、亚什·莫迪、施里帕德·纳德卡尼、瓦桑特·提拉克·奈克、霍尔格·彼得什、拉吉尼坎特·拉奥、拉维·桑卡尔、舒布拉·森、拉维·尚卡瓦拉姆、亚当·赛义德、A.瓦迪亚纳坦、A.V.瓦迪亚纳坦博士、安吉特·范班、库马尔·范班和于铁英。

感谢波士顿学院卡罗尔管理学院院长安迪·博因顿对写作本书的支持。

我将本书献给我已故的双亲K.S.苏布拉马尼亚姆博士和萨维特里·苏布拉马尼亚姆，他们都是优秀的教育家，也是我生命中的灯塔。

译后记
Postscript

2022年夏秋之交，我们正在准备MBA的教学材料。在亚马逊网站上的一次搜索，使我们偶然发现了刚刚出版的《数字战略大未来》英文版。我们在被其承接理论经典、直抵实践前沿的内容和风格所吸引的同时，也萌生了译而用之的念头。承中译出版社鼎力支持，这本全新的竞争战略佳作的翻译版权被及时竞得，我们的初衷也得以实现。

在数字经济突飞猛进、数字化转型方兴未艾的时代，商业人才的培养创新面临着挑战和机遇，商学院从课程体系到教学模式都在发生变革。以战略管理课程为例，教学内容的更新和重组凸显向数字化靠拢的趋势。然而现有教材大多沿用传统经济时代建立的理论和模型，在解释和预见数字经济时代的企业行为时存在局限，使人产生"隔靴搔痒"的感觉。究其原因，数字经济的发展使得数据与产品相辅相成。在市场竞争中，数据的重要性几近与产品等量齐观，大有后来居上之势。技术因素也在这一时期嵌入管理过程，成为战略管理不可分割的一部分。因此，以产品和行业为基础、缺少数据和技术相关性的战略分析思路越来越显得捉襟见肘。简言之，数字化的竞争环境呼唤数字化的战略管理理论。

本书在数字竞争战略方面进行了有意义的探索。如作者所言，本书的构想始于思考一个战略问题："以生态系统而非行业为基础的竞争战略会是什么样子？"作者与来自信息系统的技术专家合作，在研究中引入技术视角，拓展基于产品的竞争思路，剖析嵌入产品的传感器所生成数据的商业性质及价值创造机制，进而在行业网络的基础上构建数字生态系统，形成新的竞争战略框架。更为重要的是，新的竞争战略框架不仅适用于那些基于平台商业模式运营的新技术企业，还与绝大多数采用价值链商业模式开展竞争的传统企业息息相关。由此，作者阐释企业如何从日益强大的数据作用中受益，如何将"产品之力"与"数据之力"有效结合起来。这能帮助企业制定新的竞争战略，建立切合自身实际的数字生态系统，提高经营效率，创新业务价值，获取持续的竞争优势。

为了更好地理解本书如何"继往开来"并展示"未来已来"，我们需要对竞争战略的"前世今生"做一个简要回顾。

20世纪80年代，"竞争战略之父"迈克尔·波特在源远流长的产业组织研究的基础上提出了竞争战略理论，将复杂的竞争动态呈现为既严谨又通俗的分析模型。例如，"五力模型"可用于界定有利可图的行业环境，成本领先、差异化、聚焦等"通用"战略均可指导扬长避短的产品竞争。这套理论风靡一时，被称为企业管理"圣经",塑造了成千上万经理人的行业-产品思维。① 及至世纪之交,互联网崭露头角,开放互联的信息环境弱化了行业进入壁垒,加剧同业竞争。与此同时,快速崛起的电子商务不断拉低各行各业的利润率,"行业为先"的竞争战略理论遂受到质疑。但在波特看来,互联网并不是竞争战略的颠覆者,而是竞争战略的有效补充。它可以作为强大的竞争工具,助力企业整合各职能和流程环节,形成竞争对手难以模仿的可持续竞争优势。②

数字经济的发展步伐超出了大多数人的预料。最近十几年,移动互联、物联网、云计算、AI 等新一代数字技术以迅雷之势登堂入室,倒逼企业数字化转型。在这样的背景下,波特及其合作者发文论述传统产品升级为智能互联产品之后的竞争含义。他们认为,智能互联产品将重塑现有的价值链,带来一系列新的战略选择。并且随着行业边界的极大拓展,很多企业需要反思"我们从事的业务到底是什么"这一基本问题。在波特等人看来,虽然智能互联将使产品的边界扩展到产品系统及包含子系统的产品体系,但竞争战略的基本原则并未发生改变。③ 然而,在面对日新月异的产品进化态势时,人们也不免对传统的竞争战略产生如下困惑和思考:

- 当产品系统借智能互联之力快速升级换代、频频跨界,甚至呈"无远弗届"之势时,行业的边界该如何界定?行业视角

---

① 迈克尔·波特. 竞争战略 [M]. 陈小悦,译. 北京:华夏出版社,1997.
② Porter M. E. Strategy and the Internet[J]. Harvard Business Review,Mar 2001.
③ 迈克尔·波特,詹姆斯·贺普曼. 物联网时代企业竞争战略 [J]. 哈佛商业评论,2014–11.

又该如何奏效？
- 对于数字属性强大的智能互联产品，仅仅关注其物理属性，运用成本领先、差异化、聚焦等"通用战略"开展竞争的思维是否还适用？
- 在数字经济的大环境下，有没有可能建构创新的、更加契合智能互联产品的竞争战略体系？如果有的话，它与传统的竞争战略又有什么样的承接关系？

本书从一开始确定了竞争战略和数字技术相结合的基调，作者的思想脉络与其提出的模型框架既体现传统竞争战略理论的影响，也提供了更为包容的视野与更具创新性的方法。与以往的竞争战略著作相比，本书阐释的对象和内容"与时俱进"，已经与传统经济时代不可同日而语。作者抓住数据这个数字经济的"牛鼻子"，立足 API 打通数据在智能互联环境下的价值创造机制，建构数字生态系统（即生产生态系统和消费生态系统），从而指导传统企业将"产品－行业"思维升级到"数据－数字生态系统"思维，使竞争战略更加贴近迫在眉睫的数字化转型实践。作者指出，行业网络的主要目的在于放大产品的价值，而数字生态系统则着眼于放大数据的价值。通过对两者兼容并包，传统业务也能带来巨大的利益。换句话说，传统企业可以在既有行业竞争基础上构建"鱼与熊掌兼得"的数字生态系统，在不同层面释放数据的价值，包括提高经营效率、创建新的数据驱动型服务、将传统产品转化为数字平台等。与此相应，客户、竞争者和能力等竞争要素被"更新"成为数字客户、数字竞争者和数字能力。这些新竞争要素的性质和特征得到了充分展示,"聚焦生产生态系统"、"聚焦消费生态系统"和"完整的生态系统运营"也顺理成章地成为数字竞争时代新的"通用"战略。于是,对于熟悉战略管理的读者而言,本书读起来就很容易产生既"似曾相识"又"耳目一新"的感觉。

本书建构的数字竞争战略框架还有助于思考一系列与数字经济相关的战略管理问题。例如,鉴于数据安全的重要性,它是否应该纳入企业社会责任的讨论范围?又例如,在区块链、虚拟现实、增强现实等新技术的作用下,数据的内涵更丰富、力量更强大、呈现方式更加丰富多彩,数据的战略视角又该怎样深化、怎样拓展,以便预见并解释即将到来的元宇宙商业世界?同时,面对ChatGPT的井喷之势,未来的竞争战略又能否将机器智能融入战略决策过程,进而优化人机在战略决策方面的分工,最终形成人机协同战略决策的"可持续竞争优势"。

竞争战略著作的现实意义在于指导企业实践,这本书也不例外。在数字经济时代,企业纷纷踏上数字化转型之路,作为企业一项重要资产的数据也正通过各种方式影响着企业的生存与发展。但在当下企业的数字化转型实践中,数字技术对战略的影响仍然有限。根据麦肯锡公司新近的一项人工智能应用调查显示,只有7%的受访企业表示他们将数字技术用于战略及财务规划,而在营销、供应链和服务运营等领域运用数字技术的企业比例已经高达25%~30%。[①]由于战略在企业经营实践中发挥着"牵一发而动全身"的作用,其

[①] Atsmon Y. Artificial intelligence in strategy[EB/OL]. (2023-1-11)[2023-02-08]. https://www.mckinsey.com/capabilities/strategy-and-corporate-finance/our-insights/artificial-intelligence-in-strategy.

数字应用滞后便会对企业的数字化转型造成深远的全局性影响。由此看来，本书对传统企业的数字化转型尤其是竞争战略数字化转型实践具有积极的借鉴和推动意义。

中译出版社知量编辑部的朱小兰、朱涵两位编辑对译稿进行了高水平的策划和编辑工作，孔博博士和姜大志博士提供了宝贵的技术咨询。在他们的帮助下，本书的翻译成为愉悦的思维之旅。在此，我们一并表示感谢。即使译稿几经修改，但错漏之处仍在所难免，还请读者指正。

最后，还要感谢清华大学经济管理学院副院长李纪珍教授、长江商学院创办院长项兵教授、泰国正大管理学院副校长徐二明教授在百忙中抽出时间为本书作序推荐，使本书增色良多。

林丹明　徐宗玲
2023 年 2 月
于桑浦山下

注　释
Notes

导　言

1. "The World's Most Valuable Resource Is No Longer Oil, but Data," *Economist*, May 6, 2017, https://www.economist.com/leaders/2017/05/06/the-worlds-most-valuable-resource-is-no-longer-oil-but-data.

2. Jacques Bughin, James Manyika, and Tanguy Catlin, "Twenty-Five Years of Digitization: Ten Insights into How to Play It Right," McKinsey & Co., May 2019, https://www.mckinsey.com/~/media/mckinsey/business%20functions/mckinsey%20digital/our%20insights/twenty-five%20years%20of%20digitization%20ten%20insights%20into%20how%20to%20play%20it%20right/mgi-briefing-note-twenty-five-years-of-digitization-may-2019.ashx.

3. 本书用"产品"一词泛指实体产品和实体服务。

4. Nicholas Shields, "Ford Is Pouring Billions into Digital Transformation," *Business Insider*, July 27, 2018, https://www.businessinsider.com/ford-corporate-restructuring-digital-transformation-2018-7.

5. "Carmakers Are Collecting Data and Cashing In—and Most Drivers Have No Clue," *CBS News*, November 13, 2018, https://www.cbsnews.com/news/carmakers-are-collecting-your-data-and-selling-it.

6. Taylor Soper, "Starbucks Teams Up with Ford and Amazon to Allow In-Car Orders via Alexa," GeekWire, March 22, 201, https://www.geekwire.com/2017/starbucks-partners-ford-amazon-allow-car-orders-via-alexa.

7. "Smartphones on Wheels," *Economist*, September 4, 2014, https://www.economist.com/technology-quarterly/2014/09/04/smartphones-on-wheels.

8. "Ford Strives for 100% Uptime for Commercial Vehicles with Predictive Usage-Based Maintenance Solution," Field Service Connect UK 2020, March

5, 2020, https://fieldserviceconnecteu.wbresearch.com/blog/ford-strives-for-100-uptime-for-commercial-vehicles-with-predictive-usage-based-maintenance-solution.

9. Arielle Pardes, "Old-School Mattress Brands Join the Sleep-Tech Gold Rush," *Wired*, July 29, 2019, https://www.wired.com/story/tempur-sealy-sleep-tech.

10. Erik Brynjolfsson and Andrew McAfee, "The Business of Artificial Intelligence," *Harvard Business Review*, July 2017.

11. James Manyika, Michael Chui, Peter Bisson, Jonathan Woetzel, Richard Dobbs, Jacques Bughin, and Dan Aharon, "Unlocking the Potential of the Internet of Things," McKinsey & Co., February 13, 2020, https://www.mckinsey.com/business-functions/mckinsey-digital/our-insights/the-internet-of-things-the-value-of-digitizing-the-physical-world.

12. Mohan Subramaniam, "Digital Ecosystems and Their Implications for Competitive Strategy," *Journal of Organizational Design* 9 (2020): 1–10.

13. John Joseph, "CIMCON Lighting Launches the NearSky Connect Program to Accelerate Smart City Transformations," Cimcon, October 3, 2018, https://www.cimconlighting.com/en/cimcon-blog/cimcon-lighting-launches-the-nearsky-connect-program-to-accelerate-smart-city-transformations.

14. Mohan Subramaniam and Mikołaj Piskorski, "How Legacy Firms Can Compete in the Sharing Economy," *MIT Sloan Management Review* 61, no. 4 (2020): 31–37.

15. Mohan Subramaniam, "The Four Tiers of Digital Transformation," *Harvard Business Review*, September 21, 2021. https://hbr.org/2021/09/the-4-tiers-of-digital-transformation.

16. Michael Porter, "How Competitive Forces Shape Strategy," *Harvard Business Review* 57, no. 2 (1979): 137–145.

17. Amrita Khalid, "Ford CEO Says the Company 'Overestimated' Self-Driving Cars," Engadget, April 10, 2019, https://www.engadget.com/2019-04-10-ford-ceo-says-the-company-overestimated-self-driving-cars.html.

18. David P. McIntyre and Arati Srinivasan, "Networks, Platforms, and Strategy: Emerging Views and Next Steps," *Strategic Management Journal* 38, no. 1 (2016): 141–160, https://doi.org/10.1002/smj.2596.

19. Paul A. David, "Clio and the Economics of QWERTY," *American Economic Review* 75 (1985): 332–337.

20. David P. McIntyre and Mohan Subramaniam, "Strategy in Network Industries: A Review and Research Agenda," *Journal of Management* 35, no. 6 (2009): 1494–1517.

21. T. R. Eisenmann, "Internet Companies' Growth Strategies: Determinants of Investment Intensity and Long-Term Performance," *Strategic Management Journal* 27, no. 2 (2006): 1183–1204.

22. Ted Levitt, "Marketing Myopia," *Harvard Business Review* 38 (1960): 45–56.

第 1 章

1. Rupert Neate, "$1tn Is Just the Start: Why Tech Giants Could Double Their Market Valuations," *Guardian*, January 18, 2020, https://www.theguardian.com/technology/2020/jan/18/1-trillion-dollars-just-the-start-alphabet-google-tech-giants-double-market-valuation.

2. "The World's Most Valuable Resource Is No Longer Oil, but Data," *Economist*, May 6, 2017, https://www.economist.com/leaders/2017/05/06/the-worlds-most-valuable-resource-is-no-longer-oil-but-data.

3. Marshall W. Van Alstyne, Geoffrey G. Parker, and Sangeet Paul Choudary, "Pipelines, Platforms and the New Rules of Strategy," *Harvard Business Review*, April 2016.

4. Mikołaj Jan Piskorski, *A Social Strategy: How We Profit from Social Media* (Princeton, NJ: Princeton University Press, 2016).

5. Erik Brynjolfsson, Yu Hu, and Michael Smith, "From Niches to Riches: The Anatomy of the Long Tail," *MIT Sloan Management Review* 7, no. 21 (2006).

6. Chris Anderson, *The Long Tail: Why the Future of Business Is Selling Less of More* (New York: Hachette, 2014).

7. David P. McIntyre and Mohan Subramaniam, "Strategy in Network Industries: A Review and Research Agenda," *Journal of Management* 35, no. 6 (2009): 1494–1517, https://doi.org/10.1177/0149206309346734.

8. Geoffrey Parker, Marshall Van Alstyne, and Sangeet Paul Choudary, *Platform Revolution: How Networked Markets Are Transforming the Economy—and How to Make Them Work for You* (New York: W. W. Norton, 2017).

9. Carl Shapiro and Hal R. Varian, *Information Rules: A Strategic Guide to the Network Economy* (Boston: Harvard Business School Press, 1998).

10. J. Rohlfs, "A Theory of Interdependent Demand for a Communications Service," *Bell Journal of Economics and Management Science* 5 (1974): 16–37.

11. Michael E. Porter, "Strategy and the Internet," *Harvard Business Review*, March 2001, 11.

12. Ingrid Lunden, "Amazon's Share of the US e-Commerce Market Is Now 49%, or 5% of All Retail Spend," TechCrunch, July 13, 2018, https://techcrunch.com/2018/07/13/amazons-share-of-the-us-e-commerce-market-is-now-49-or-5-of-all-retail-spend.

13. George Carey-Simos, "How Much Data Is Generated Every Minute on Social Media?," WeRSM, August 19, 2015, https://wersm.com/how-much-data-is-generated-every-minute-on-social-media.

14. Rose Leadem, "The Insane Amounts of Data We're Using Every Minute (Infographic)," *Entrepreneur*, June 10, 2018, https://www.entrepreneur.com/article/314672.

15. Simon Kemp, "Digital Trends 2019: Every Single Stat You Need to Know about the Internet," The Next Web, March 4, 2019, https://thenextweb.com/contributors/2019/01/30/digital-trends-2019-every-single-stat-you-need-to-know-about-the-internet.

16. Bernard Marr, "How Much Data Do We Create Every Day? The Mind-Blowing Stats Everyone Should Read," *Forbes*, September 5, 2019, https://www.forbes.com/sites/bernardmarr/2018/05/21/how-much-data-do-we-create-every-day-the-mind-blowing-stats-everyone-should-read.

17. Josh Constine, "How Big Is Facebook's Data? 2.5 Billion Pieces of Content and 500+ Terabytes Ingested Every Day," TechCrunch, August 22, 2012, https://techcrunch.com/2012/08/22/how-big-is-facebooks-data-2-5-billion-pieces-of-content-and-500-terabytes-ingested-every-day.

18. Breanna Draxler, "Facebook Algorithm Predicts If Your Relationship Will Fail," *Discover*, November 20, 2019, https://www.discovermagazine.com/the-sciences/facebook-algorithm-predicts-if-your-relationship-will-fail.

19. "Google and Facebook Tighten Grip on US Digital Ad Market," eMarketer, September 21, 2017. https://www.emarketer.com/Article/Google-Facebook-Tighten-Grip-on-US-Digital-Ad-Market/1016494.

20. Mohan Subramaniam and Bala Iyer, "The Strategic Value of APIs," *Harvard Business Review*, January 7, 2015, https://hbr.org/2015/01/the-strategic-value-of-apis.

21. Carlos A. Gomez-Uribe and Neil Hunt, "The Netflix Recommender System: Algorithms, Business Value, and Innovation," *ACM Transactions on Management Information Systems* 6, no. 4 (December 2015).

22. Kartik Hosanagar, *A Human's Guide to Machine Intelligence: How Algorithms Are Shaping Our Lives and What We Can Do to Control Them* (New York: Viking, 2019).

第 2 章

1. Bala Iyer and Mohan Subramaniam, "Corporate Alliances Matter Less Thanks to APIs," *Harvard Business Review*, June 8, 2015, https://hbr.org/2015/06/corporate-alliances-matter-less-thanks-to-apis.

2. Bala Iyer, Nalin Kulatilaka, and Mohan Subramaniam, "The Power of Connecting in the Digital World: Understanding the Capabilities of APIs," Working Paper, May 2016.

3. Matt Murphy and Steve Sloane, "The Rise of APIs," TechCrunch, May 22, 2016, https://techcrunch.com/2016/05/21/the-rise-of-apis.

4. Daniel Jacobson, Greg Brail, and Dan Woods, *APIs: A Strategy Guide* (Cambridge, MA: O'Reilly Media, 2011).

5. Shanhong Liu, "Microsoft Corporation's Search Advertising Revenue in Fiscal Years 2016 to 2020," Statista, August 12, 2020, https://www.statista.com/statistics/725388/microsoft-corporation-ad-revenue.

6. Mohan Subramaniam, Bala Iyer, and Gerald C. Kane, "Mass Customization and the Do-It-Yourself Supply Chain," *MIT Sloan Management Review*, April 5, 2016, https://sloanreview.mit.edu/article/mass-customization-and-the-do-it-yourself-supply-chain.

7. Bala Iyer and Thomas H. Davenport, "Reverse Engineering Google's Innovation Machine," *Harvard Business Review*, April 2008, https://hbr.org/2008/04/reverse-engineering-googles-innovation-machine.

8. Jeff Dunn, "Here's How Huge Netflix Has Gotten in the Past Decade," *Business Insider*, January 19, 2017, https://www.businessinsider.com/netflix-subscribers-chart-2017-1.

9. Shanhong Liu, "Slack—Total and Paying User Count 2019," Statista, March 17, 2020, https://www.statista.com/statistics/652779/worldwide-slack-users-total-vs-paid.

10. Salesforce bought Slack for $27.7 billion in December 2020.

11. Matthew Panzarino, "Apple and Google Are Launching a Joint COVID-19 Tracing Tool for IOS and Android," TechCrunch, April 10, 2020, https://techcrunch.com/2020/04/10/apple-and-google-are-launching-a-joint-covid-19-tracing-tool.

12. Mishaal Rahman, "Here Are the Countries Using Google and Apple's COVID-19 Contact Tracing API," xda, February 25, 2021, https://www.xda-developers.com/google-apple-covid-19-contact-tracing-exposure-notifications-api-app-list-countries.

13. Geoffrey Fowler, "Perspective: Alexa Has Been Eavesdropping on You This Whole Time," *Washington Post,* May 8, 2019, https://www.washingtonpost.com/technology/2019/05/06/alexa-has-been-eavesdropping-you-this-whole-time.

14. Jonny Evans, "How to See Everything Apple Knows about You (u)," *Computerworld,* April 30, 2018, https://www.computerworld.com/article/3269234/how-to-see-everything-apple-knows-about-you-u.html.

15. Bala Iyer, Mohan Subramaniam, and U. Srinivasa Rangan, "The Next Battle in Antitrust Will Be about Whether One Company Knows Everything about You," *Harvard Business Review,* July 6, 2017, https://hbr.org/2017/07/the-next-battle-in-antitrust-will-be-about-whether-one-company-knows-everything-about-you.

第 3 章

1. Michael E. Porter, *Competitive Strategy: Techniques for Analyzing Industries and Competitors* (New York: Free Press, 1980).

2. Mohan Subramaniam, Bala Iyer, and Venkat Venkatraman, "Competing in Digital Ecosystems," *Business Horizons* 62, no. 1 (2019): 83–94, https://doi.org/10.1016/j.bushor.2018.08.013.

3. See, for instance, Richard P. Rumelt, "How Much Does Industry Matter?," *Strategic Management Journal* 12, no. 3 (1991): 167–185, http://www.jstor.org/stable/2486591; and Anita M. Mcgahan and Michael E. Porter, "The Emergence and Sustainability of Abnormal Profits," *Strategic Organization* 1, no. 1 (2003): 79–108, https://doi.org/10.1177/1476127003001001219.

4. Joe Staten Bain, *Industrial Organization: A Treatise* (New York: Wiley, 1959).

5. Michael E. Porter, "How Competitive Forces Shape Strategy," *Harvard Business Review,* March 1979.

6. Michael E. Porter, *Competitive Advantage: Creating and Sustaining Superior Performance* (New York: Free Press, 1985).

7. 许多研究将行业划归生态系统，因为两者都建立在相互依赖性上面。有关文献评论可参见：Mohan Subramaniam, "Digital Ecosystems and Their Implications for Competitive Strategy," *Journal of Organization Design* 9, no. 1 (2020), https://doi.org/ 10.1186/ s41469-020-00073-0 .

8. Peter Campbell, "Ford and Volkswagen Unveil 'Global Alliance,'" *Financial Times*, January 15, 2019, https://www.ft.com/content/40d67c72-18c9-11e9-9e64-d150b3105d21.

9. 例如，可参见：Ming-Jer Chen and Danny Miller, "Competitive Attack, Retaliation and Performance: An Expectancy-Valence Framework," *Strategic Management Journal* 15, no. 2 (1994): 85– 102, http:// www.jstor.org/ stable/ 2486865 .

10. 借助博弈论等经济理论的很多实证研究支持的观点：行业是相互依赖的竞争行动网络的一部分。可参见：Adam Brandenburgerand Barry Nalebuff, "The Right Game: Use Game Theory to Shape Strategy," *Harvard Business Review* , 1995.

11. Tieying Yu, Mohan Subramaniam, and Albert A Cannella Jr., "Competing Globally, Allying Locally: Alliances between Global Rivals and Host-Country Factors," *Journal of International Business Studies* 44, no. 2 (2013): 117–137, https://doi.org/10.1057/jibs.2012.37.

12. Tieying Yu, Mohan Subramaniam, and Albert A. Cannella, "Rivalry Deterrence in International Markets: Contingencies Governing the Mutual Forbearance Hypothesis," *Academy of Management Journal* 52, no. 1 (2009): 127–147, https://doi.org/10.5465/amj.2009.36461986.

13. Thomas H. Davenport, *The AI Advantage: How to Put the Artificial Intelligence Revolution to Work* (Cambridge, MA: MIT Press, 2019).

14. Sara Zaske, "Germany's Vision for Industrie 4.0: The Revolution Will Be Digitised," ZDNet, February 23, 2015, https://www.zdnet.com/article/germanys-vision-for-industrie-4-0-the-revolution-will-be-digitised.

第4章

1. Mohan Subramaniam, "The Four Tiers of Digital Transformation," *Harvard Business Review*, September 21, 2021, https://hbr.org/2021/09/the-4-tiers-of-digital-transformation.

2. Hau L. Lee, V. Padmanabhan, and Seungjin Whang, "The Bullwhip Effect in Supply Chains," *Sloan Management Review* 38, no. 3 (1997).

3. "Average Research & Development Costs for Pharmaceutical Companies," Investopedia, September 16, 2020, https://www.investopedia.com/ask/answers/060115/how-much-drug-companys-spending-allocated-research-and-development-average.asp.

4. Leonard P. Freedman, Iain M. Cockburn, and Timothy S. Simcoe, "The Economics of Reproducibility in Preclinical Research," *PLOS Biology* 13, no. 6 (June 9, 2015), https://journals.plos.org/plosbiology/article?id=10.1371%2Fjournal.pbio.1002165.

5. "Caterpillar and Trimble Form New Joint Venture to Improve Customer Productivity and Lower Costs on the Construction Site," Trimble, October 5, 2008, https://investor.trimble.com/news-releases/news-release-details/caterpillar-and-trimble-form-new-joint-venture-improve-customer.

6. "Caterpillar and Uptake to Create Analytics Solutions," Caterpillar, March 5, 2015, https://www.caterpillar.com/en/news/corporate-press-releases/h/caterpillar-and-uptake-to-create-analytics-solutions.html. This was a three-year experiment that has since ended and was only marginally successful. Caterpillar, however, continues to develop internal predictive capabilities, as well as work with third parties.

7. "About Us," Sleep Number Corporation, http://newsroom.sleepnumber.com/about-us.

8. "Leading Tools Manufacturer Transforms Operations with IoT," Cisco, https://www.cisco.com/c/dam/en_us/solutions/industries/docs/manufacturing/c36-732293-00-stanley-cs.pdf.

9. Chet Namboodri, "Digital Transformation: Sub-Zero Innovates with the Internet of Everything," Cisco, September 18, 21014, https://blogs.cisco.com/digital/sub-zero-innovates-with-the-internet-of-everything?dtid=osscdc000283.

10. "Industry 4.0: Capturing Value at Scale in Discrete Manufacturing," McKinsey & Co., https://www.mckinsey.com/~/media/mckinsey/industries/advanced%20electronics/our%20insights/capturing%20value%20at%20scale%20in%20discrete%20manufacturing%20with%20industry%204%200/industry-4-0-capturing-value-at-scale-in-discrete-manufacturing-vf.pdf.

第 5 章

1. Mohan Subramaniam and Mikołaj Jan Piskorski, "How Legacy Firms Can Compete in the Sharing Economy," *MIT Sloan Management Review* 61, no. 4 (June 9, 2020): 31–37.

2. 麻省理工学院《斯隆管理评论》2020年夏季号上题为《传统企业如何在新的共享经济中竞争》的论文首次提出系留数字平台框架。我感谢我的共同作者米科瓦杰·扬·皮斯科斯基在形成论文框架概念方面的贡献，同时感谢麻省理工学院《斯隆管理评论》发表那篇论文。

3. Mark Raskino and Graham Waller, *Digital to the Core: Remastering Leadership for Your Industry, Your Enterprise, and Yourself* (Boston: Gartner, 2015).

4. Steven Kutz, "What It's Like to Play Tennis with a 'Smart' Racket That Sends You Data," MarketWatch, September 4, 2015, https://www.marketwatch.com/story/what-its-like-to-play-with-a-smart-tennis-racket-2015-09-03.

5. Stuart Miller, "Turning Tennis Rackets into Data Centers," *New York Times*, December 23, 2013.

6. "FDA Approves Pill with Sensor That Digitally Tracks If Patients Have Ingested Their Medication," US Food and Drug Administration, November 13, 2017, https://www.fda.gov/news-events/press-announcements/fda-approves-pill-sensor-digitally-tracks-if-patients-have-ingested-their-medication.

7. 关于阿里巴巴和腾讯如何拥有相对于中国银行的传感器数据优势，可参见：Mohan Subramaniam and Raj Rajgopal, "Learning from China's Digital Disrupters," *MIT Sloan Management Review*, January 16, 2019, https:// sloanreview.mit.edu/article/ learning-from-chinas-digital-disrupters .

8. Bon-Gang Hwang, Stephen R. Thomas, Carl T. Haas, and Carlos H. Caldas, "Measuring the Impact of Rework on Construction Cost Performance," *Journal of Construction Engineering and Management* 135, no. 3 (2009): 187–198, https://doi.org/10.1061/(asce)0733-9364(2009)135:3(187).

9. See Subramaniam and Rajgopal, "Learning from China's Digital Disrupters," for a discussion of how traditional banking services are being affected by platform-based business models.

10. Jacob Kastrenakes, "Alexa Will Soon Be Able to Directly Control Ovens and Microwaves," The Verge, January 4, 2018, https://www.theverge.com/2018/1/4/16849306/alexa-microwave-oven-controls-added-ge-kenmore-lg-samsung-amazon.

11. "Yummly® Guided Cooking Is Here!," Whirlpool Corporation, December 13, 2018, https://www.whirlpoolcorp.com/yummly-guided-cooking-here.

12. Natt Garun, "Whirlpool's New Smart Oven Works with Alexa and Yummly to Help You Avoid Burning Down Your Kitchen," The Verge, January 8, 2018, https://www.theverge.com/ces/2018/1/8/16862504/whirlpool-smart-oven-range-microwave-yummly-alexa-google-assistant-ces-2018.

13. Andrei Hagiu and Elizabeth J. Altman, "Intuit QuickBooks: From Product to Platform," Harvard Business School Case 714–433, October 2013 (revised December 2013).

14. Mike Murphy, "More Than Just Vacuums: IRobot Is Building the Platform for the Robots of the Future," Protocol, August 25, 2020, https://www.protocol.com/irobot-builds-platform-for-future-robots.

15. Arielle Pardes, "Old-School Mattress Brands Join the Sleep-Tech Gold Rush," Wired, July 29, 2019, https://www.wired.com/story/tempur-sealy-sleep-tech.

16. Benjamin Edelman, "How to Launch Your Digital Platform," *Harvard Business Review*, April 2015, 90–97.

17. 产品企业如何向数字巨头学习API应用的有关讨论可参见：Bala Iyer and Mohan Subramaniam, "The Strategic Value of APIs," Harvard Business Review, January 7, 2015, https:// hbr.org/ 2015/ 01/ the-strategic-value-of-apis; and Bala Iyerand Mohan Subramaniam, "Are You Using APIs to Gain Competitive Advantage?," Harvard Business Review, August 3, 2015, https:// hbr.org/ 2015/ 04/ are-you-using-apis-to-gain-competitive-advantage .

18. 例如，可参见：Bala Iyer and Mohan Subramaniam, "Corporate Alliances Matter Less Thanks to APIs," *Harvard Business Review*, June 8, 2015, https:// hbr.org/ 2015/ 06/ corporate-alliances-matter-less-thanks-to-apis .

第6章

1. Victoria Dmitruczyk, "Nanotechnology and Nanosensors—Our Future as a Society?," Medium, March 31, 2019, https://medium.com/@12vgt2003/nanotechnology-and-nanosensors-our-future-as-a-society-33522e84c202.

2. P. K. Kopalle, V. Kumar, and M. Subramaniam, "How Legacy Firms Can Embrace the Digital Ecosystem via Digital Customer Orientation," *Journal of the Academy of Marketing Science* 48 (2020): 114–131, https://doi.org/10.1007/s11747-019-00694-2.

3. Stacy Lawrence, "Startup Partners with AstraZeneca on Smart Inhalers Ahead of Aussie IPO," FierceBiotech, July 23, 2015, https://www.fiercebiotech.com/medical-devices/startup-partners-astrazeneca-smart-inhalers-ahead-aussie-ipo; Carly Helfand, "Novartis Matches Respiratory Rivals with 'Smart Inhaler' Collaboration," FiercePharma, January 6, 2016, https://www.fiercepharma.com/sales-and-marketing/novartis-matches-respiratory-rivals-smart-inhaler-collaboration.

4. "What Do You Want to Know about Asthma?," Healthline, https://www.healthline.com/health/asthma.

5. "Chronic Respiratory Diseases: Asthma," World Health Organization, https://www.who.int/news-room/q-a-detail/asthma.

6. Sandra Vogel, "Foobot—The Smart Indoor Air Quality Monitor," Internet of Business, May 5, 2017, https://internetofbusiness.com/foobot-smart-indoor-air-quality-monitor.

7. "My Air My Health," PAQS, http://www.paqs.biz.

8. Dara Mohammadi, "Smart Inhalers: Will They Help to Improve Asthma Care?," *Pharmaceutical Journal*, April 7, 2017, https://www.pharmaceutical-journal.com/news-and-analysis/features/smart-inhalers-will-they-help-to-improve-asthma-care/20202556.article.

9. Sumant Ugalmugle, "Smart Inhalers Market Share Analysis 2019: Projections Report 2025," Global Market Insights, Inc., September 2019, https://www.gminsights.com/industry-analysis/smart-inhalers-market.

10. Tenzin Kunsel and Dheeraj Pandey, "Smart Inhalers Market by Product (Inhalers and Nebulizers), Indication (Asthma and COPD), and Distribution Channel (Hospital Pharmacies, Retail Pharmacies, and Online Pharmacies): Global Opportunity Analysis and Industry Forecast, 2019–2026," Smart Inhalers Market Size Analysis & Industry Forecast 2019–2026, June 2019, https://www.alliedmarketresearch.com/smart-inhalers-market#:~:text=The%20global%20smart%20inhalers%20market,58.4%25%20from%202019%20to%202026.

11. Donald G. McNeil Jr., "Can Smart Thermometers Track the Spread of the Coronavirus?," *New York Times*, March 18, 2020, https://www.nytimes.com/2020/03/18/health/coronavirus-fever-thermometers.html.

12. "How Smart Is Your Inhaler?," GlaxoSmithKline, November 8, 2016, https://www.gsk.com/en-gb/behind-the-science/innovation/how-smart-is-your-inhaler.

第 7 章

1. Lauren Debter, "Amazon Surpasses Walmart as the World's Largest Retailer," *Forbes*, May 25, 2019, https://www.forbes.com/sites/laurendebter/2019/05/15/worlds-largest-retailers-2019-amazon-walmart-alibaba.

2. Trefis Team, "Amazon vs Alibaba—One Big Difference," *Forbes*, May 22, 2020, https://www.forbes.com/sites/greatspeculations/2020/05/22/amazon-vs-alibaba--one-big-difference.

3. "Qq.com Competitive Analysis, Marketing Mix and Traffic," Alexa, https://www.alexa.com/siteinfo/qq.com.

4. "Tencent Announces 2020 Second Quarter and Interim Results," Tencent, August 12, 2020, https://static.www.tencent.com/uploads/2020/08/12/00e999c23314aa085c0b48c533d4d393.pdf.

5. Bani Sapra, "This Chinese Super-App Is Apple's Biggest Threat in China and Could Be a Blueprint for Facebook's Future. Here's What It's like to Use WeChat, Which Helps a Billion Users Order Food and Hail Rides," *Business Insider*, December 21, 2019, https://www.businessinsider.com/chinese-superapp-wechat-best-feature-walkthrough-2019-12.

6. Zarmina Ali, "The World's 100 Largest Banks, 2020," S&P Global Market Intelligence, April 7, 2020, https://www.spglobal.com/marketintelligence/en/news-insights/latest-news-headlines/the-world-s-100-largest-banks-2020-57854079.

7. Ali, "The World's 100 Largest Banks, 2020."

8. Andrea Murphy, Hank Tucker, Marley Coyne, and Halah Touryalai, "Global 2000—The World's Largest Public Companies 2020," *Forbes*, May 13, 2020, https://www.forbes.com/global2000.

9. Jon Russell, "Alibaba's Digital Bank Comes Online to Serve 'The Little Guys' in China," TechCrunch, June 26, 2015, https://techcrunch.com/2015/06/25/alibaba-digital-bank-mybank/; Catherine Shu, "Tencent Launches China's First Private Online Bank." TechCrunch, January 5, 2015, https://techcrunch.com/2015/01/04/tencent-webank.

10. "ICBC Releases 2018 Annual Results," ICBC China, March 28, 2019, https://www.icbc.com.cn/icbc/en/newsupdates/icbc%20news/ICBCReleases2018AnnualResults.htm#:~:text=As%20at%20the%20end%20of,balance%20of%20loan%20was%20RMB1.

11. "ICBC Releases 2018 Annual Results."

12. Qing Lan, "Tencent's WeBank: A Tech-Driven Bank or a Licensed Fintech?," EqualOcean, August 4, 2020, https://equalocean.com/analysis/2020080414410.

13. Stella Yifan Xie, "Jack Ma's Giant Financial Startup Is Shaking the Chinese Banking System," *Wall Street Journal*, July 29, 2018, https://www.wsj.com/articles/jack-mas-giant-financial-startup-is-shaking-the-chinese-banking-system-1532885367.

14. "Bank of China Limited 2017 Annual Report," April 2018, https://pic.bankofchina.com/bocappd/report/201803/P020180329593657417394.pdf.

15. Jay Peters, "Oral-B's New $220 Toothbrush Has AI to Tell You When You're Brushing Poorly." The Verge, October 25, 2019. https://www.theverge.com/circuitbreaker/2019/10/25/20932250/oral-b-genius-x-connected-toothbrush-ai-artificial-intelligence.

16. Alessandra Potenza, "This New Bluetooth-Connected Toothbrush Brings a Dentist into Your Bathroom," The Verge, June 9, 2016, https://www.theverge.com/circuitbreaker/2016/6/9/11877586/phillips-sonicare-connected-toothbrush-dentist-app.

17. Medea Giordano, "Colgate's Smart Toothbrush Finally Nails App-Guided Brushing," *Wired*, August 25, 2020, https://www.wired.com/review/colgate-hum-smart-toothbrush.

18. R. E. Caves and M. E. Porter, "From Entry Barriers to Mobility Barriers: Conjectural Decisions and Contrived Deterrence to New Competition, *Quarterly Journal of Economics* 91, no. 2 (May 1977): 241–261.

19. Anne Midgette, "Pianos: Beyond the Steinway Monoculture," *Washington Post*, September 5, 2015, https://www.washingtonpost.com/entertainment/music/the-piano-keys-of-the-future/2015/09/03/9bbbbfee-354c-11e5-94ce-834ad8f5c50e_story.html.

20. Mohan Subramaniam and Raj Rajgopal, "Learning from China's Digital Disrupters," *MIT Sloan Management Review*, January 16, 2019, https://sloanreview.mit.edu/article/learning-from-chinas-digital-disrupters.

21. Evelyn Cheng, "China Wants to Boost Loans to Small Businesses: Tech Companies May Be the Answer," CNBC, January 29, 2019, https://www.cnbc.com/2019/01/29/chinese-fintech-companies-find-new-opportunities-in-business-loans.html.

22. Clayton M. Christensen, *The Innovator's Dilemma: When New Technologies Cause Great Firms to Fail* (Boston: Harvard Business School Press, 1997).

23. R. M. Henderson and K. B. Clark, "Architectural Innovation: The Reconfiguration of Existing Product Technologies and the Failure of Established Firms," *Administrative Science Quarterly* 35, no. 1 (March 1990): 9–30.

24. Ron Adner, *Winning the Right Game* (Cambridge MA: MIT Press, 2021).

第 8 章

1. Nikolaos Logothetis, *Managing for Total Quality: from Deming to Taguchi and SPC* (New Delhi: Prentice Hall, 1992).

2. Jeffrey K. Liker and James K. Franz, *The Toyota Way to Continuous Improvement: Linking Strategy and Operational Excellence to Achieve Superior Performance* (New York: McGraw-Hill, 2011).

3. Michael Hammer, "Process Management and the Future of Six Sigma," *MIT Sloan Management Review* 43, no. 2 (2002).

4. Will Levith, "Get to Know Bruce Springsteen's One-of-a-Kind Fender Guitar," InsideHook, May 26, 2020, https://www.insidehook.com/article/music/get-to-know-bruce-springsteens-one-of-a-kind-fender-guitar.

5. Ingemar Dierickx and Karel Cool, "Asset Stock Accumulation and the Sustainability of Competitive Advantage," *Management Science* 35, no. 12 (1989): 1504–1511.

6. Jay Barney, "Firm Resources and Sustained Competitive Advantage," *Journal of Management* 17, no. 1 (1991): 99–120, https://doi.org/10.1177/014920639 101700108.

7. Michael Hammer, "Reengineering Work: Don't Automate, Obliterate," *Harvard Business Review*, July–August 1990.

8. "Whirlpool Corporation Announces Planned Acquisition of Yummly," Whirlpool Corporation, May 2, 2017, https://whirlpoolcorp.com/whirlpool-corporation-announces-planned-acquisition-of-yummly.

9. Bala Iyer and Mohan Subramaniam, "Corporate Alliances Matter Less Thanks to APIs," *Harvard Business Review*, June 8, 2015, https://hbr.org/2015/06/corporate-alliances-matter-less-thanks-to-apis.

10. D. J. Teece, "Explicating Dynamic Capabilities: The Nature and Microfoundations of (Sustainable) Enterprise Performance," *Strategic Management Journal* 28, no. 13 (December 2007): 1319–1350, at 1335.

11. The Boston Consulting Group, for example, had introduced a popular strategic tool called the BCG matrix, proposing how a corporation could leverage its divisions enjoying high market shares in low-growth industries as "cash cows" to acquire new businesses in high-growth industries.

12. Constantinos C. Markides, "Diversification, Restructuring and Economic Performance," *Strategic Management Journal* 16, no. 2 (February 1995): 101–118.

13. C. K. Prahalad and Gary Hamel, "The Core Competence of the Corporation," *Harvard Business Review*, May–June 1990.

14. Anita M. McGahan and Michael E. Porter, "How Much Does Industry Matter, Really?," *Strategic Management Journal* 18 (July 1997): 15–30.

15. Iyer and Subramaniam, "Corporate Alliances Matter Less Thanks to APIs."

16. Hortense de la Boutetière, Alberto Montagner, and Angelika Reich, "Unlocking Success in Digital Transformations," McKinsey & Company, January 24, 2020, https://www.mckinsey.com/business-functions/organization/our-insights/unlocking-success-in-digital-transformations.

第9章

1. Steph Solis, "Massachusetts Question 1: Right to Repair Ballot Initiative Explained," masslive, September 26, 2020, https://www.masslive.com/politics/2020/09/massachusetts-question-1-right-to-repair-ballot-initiative-will-determine-who-can-access-car-mechanical-data.html.

2. "Massachusetts Question 1, 'Right to Repair Law' Vehicle Data Access Requirement Initiative (2020)," Ballotpedia, https://ballotpedia.org/Massachusetts_Question_1,_"Right_to_Repair_Law"_Vehicle_Data_Access_Requirement_Initiative_(2020).

3. Matt Stout, "Mass. Has Been Pummeled by Ads on Question 1. They Veer into Exaggeration and 'Fearmongering,' Experts Say—*The Boston Globe*," *Boston Globe*, September 21, 2020, https://www.bostonglobe.com/2020/09/21/metro/massachusetts-has-been-pummeled-by-ads-about-question-1-they-veer-into-exaggeration-fear-mongering-experts-say.

4. "The Privacy Project," *New York Times*, April 11, 2019, https://www.nytimes.com/interactive/2019/opinion/internet-privacy-project.html?searchResultPosition=1.

5. Kit Huckvale, Svetha Venkatesh, and Helen Christensen, "Toward Clinical Digital Phenotyping: A Timely Opportunity to Consider Purpose, Quality, and Safety," *npj Digital Medicine* 88 (September 6, 2019).

6. Alissa Walker, "Why Sidewalk Labs' 'Smart' City Was Destined to Fail," Curbed, May 7, 2020, https://archive.curbed.com/2020/5/7/21250678/sidewalk-labs-toronto-smart-city-fail.

7. Sidney Fussell, "The City of the Future Is a Data-Collection Machine," *Atlantic*, November 21, 2018, https://www.theatlantic.com/technology/archive/2018/11/google-sidewalk-labs/575551.

8. Shoshana Zuboff, *The Age of Surveillance Capitalism: The Fight for Human Future at the New Frontier of Power* (London: Profile Books, 2019).

9. Alan J. Meese, "Price Theory, Competition, and the Rule of Reason," *University of Illinois Law Review* 77 (December 31, 2002).

10. Lauren Feiner, "Google Sued by DOJ in Antitrust Case over Search Dominance," CNBC, October 20, 2020, https://www.cnbc.com/2020/10/20/doj-antitrust-lawsuit-against-google.html.

11. 一场漏洞百出、对消费者毫无帮助的诉讼。

12. Bala Iyer, Mohan Subramaniam, and U. Srinivasa Rangan, "The Next Battle in Antitrust Will Be about Whether One Company Knows Everything about You," *Harvard Business Review*, July 6, 2017, https://hbr.org/2017/07/the-next-battle-in-antitrust-will-be-about-whether-one-company-knows-everything-about-you.

13. Maya Goethals and Michael Imeson, "How Financial Services Are Taking a Sustainable Approach to GDPR Compliance in a New Era for Privacy, One Year On," Deloitte, 2019, https://www2.deloitte.com/content/dam/Deloitte/uk/Documents/risk/deloitte-uk-the-impact-of-gdpr-on-the-financial-services.pdf.

14. Jack M. Balkin and Jonathan Zittrain, "A Grand Bargain to Make Tech Companies Trustworthy," *Atlantic*, October 3, 2016, https://www.theatlantic.com/technology/archive/2016/10/information-fiduciary/502346.

15. Balkin and Zittrain, "A Grand Bargain to Make Tech Companies Trustworthy."

16. David E. Pozen and Lina M. Khan, "A Skeptical View of Information Fiduciaries," *Harvard Law Review*, December 10, 2019, https://harvardlawreview.org/2019/12/a-skeptical-view-of-information-fiduciaries.

17. Russell Brandom, "This Plan Would Regulate Facebook without Going through Congress," The Verge, April 12, 2018, https://www.theverge.com/2018/4/12/17229258/facebook-regulation-fiduciary-rule-data-proposal-balkin.

18. "Democratic Senators Introduce Privacy Bill Seeking to Impose 'Fiduciary' Duties on Online Providers," Inside Privacy, December 21, 2018, https://www.insideprivacy.com/data-privacy/democratic-senators-introduce-privacy-bill-seeking-to-impose-fiduciary-duties-on-online-providers.

第 10 章

1. "Industry Market Research, Reports, and Statistics," IBISWorld, February 16, 2020, https://www.ibisworld.com/global/market-size/global-oil-gas-exploration-production.

2. Katharina Buchholz, "The Biggest Oil and Gas Companies in the World," Statista Infographics, January 10, 2020, https://www.statista.com/chart/17930/the-biggest-oil-and-gas-companies-in-the-world.

3. Buchholz, "The Biggest Oil and Gas Companies in the World."

4. Kathy Hipple, Tom Sanzillo, and Clark Williams-Derry, "IEEFA Brief: Oil Majors' Shrinking Capital Expenditures (Capex) Signal Ongoing Decline of Sector," Institute for Energy Economics & Financial Analysis, February 26, 2020, https://ieefa.org/ieefa-brief-oil-majors-shrinking-capital-expenditures-capex-signal-ongoing-decline-of-sector.

5. Ben Samoun, Marie-Helene, Havard Holmas, Sylvain Santamarta, and J. T. Clark, "Going Digital Is Hard for Oil and Gas Companies—but the Payoff Is Worth It," BCG Global, March 12, 2019, https://www.bcg.com/publications/2019/digital-value-oil-gas.

6. Stephen Shankland, "5G's Fast Responsiveness Is the Real Reason It'll Be Revolutionary," CNET, December 8, 2018, https://www.cnet.com/news/how-5g-aims-to-end-network-latency-response-time.

7. Julie Song, "Council Post: Why Low Latency (Not Speed) Makes 5G A World-Changing Technology." *Forbes*, February 6, 2020, https://www.forbes.com/sites/forbestechcouncil/2020/02/06/why-low-latency-not-speed-makes-5g-a-world-changing-technology/?sh=126229592141.

8. Bert Markgraf, "How Far Can a Cell Tower Be for a Cellphone to Pick Up the Signal?," Chron, October 26, 2016, https://smallbusiness.chron.com/far-can-cell-tower-cellphone-pick-up-signal-32124.html.

9. Marshall W. Van Alstyne, Marshall Geoffrey G. Parker, and Sangeet Paul Choudary, "Pipelines, Platforms and the New Rules of Strategy," *Harvard Business Review*, April 2016.

10. Ingrid Lunden, "Verizon Acquires Sensity Systems to Add LED Light Control to Its IoT Platform," TechCrunch, September 12, 2016, https://techcrunch.com/2016/09/12/verizon-acquires-sensity-systems-to-add-led-light-control-to-its-iot-platform.

11. Ingrid Lunden, "Verizon Buys Fleetmatics for $2.4B in Cash to Step up in Telematics," TechCrunch, August 1, 2016, https://techcrunch.com/2016/08/01/verizon-buys-fleetmatics-for-2-4b-in-cash-to-step-up-in-telematics/?_ga=2.35330721.1433828888.1607712936-763817211.1607712936.

12. Peggy Smedley, "AT&T Is All-In with IoT." Connected World, October 1, 2018, https://connectedworld.com/att-is-all-in-with-iot.

13. Tanguy Catlin and Johannes-Tobias Lorenz, "Digital Disruption in Insurance: Cutting through the Noise," McKinsey & Co., March 2017, https://www.mckinsey.com/~/media/mckinsey/industries/financial%20services/our%20insights/time%20for%20insurance%20companies%20to%20face%20digital%20reality/digital-disruption-in-insurance.ashx.

14. Tjun Tang, Michelle Hu, and Angelo Candreia, "Why Chinese Insurers Lead the Way in Digital Innovation," BCG Global, February 27, 2018, https://www.bcg.com/publications/2018/chinese-insurers-digital-innovation.

15. Catlin and Lorenz, "Digital Disruption in Insurance."

16. Sarah Judd Welch, "Nike's Forum Shows the Promise and Peril of Community," *Harvard Business Review*, March 25, 2014, https://hbr.org/2014/03/nikes-forum-shows-the-promise-and-peril-of-community?ab=at_articlepage_whattoreadnext.

17. Catlin and Lorenz, "Digital Disruption in Insurance."